创意产业
与经济研究
丛书

文化的伟力

金元浦

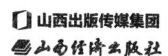

著

山西出版传媒集团
山西经济出版社

图书在版编目(CIP)数据

文化的伟力/金元浦著. -- 太原：山西经济出版社，2024.1

(创意产业与经济研究丛书/金元浦主编)

ISBN 978-7-5577-1178-8

Ⅰ.①文… Ⅱ.①金… Ⅲ.①文化产业—产业发展—研究—中国 Ⅳ.①G124

中国国家版本馆 CIP 数据核字（2023）第 148663 号

文化的伟力

WENHUA DE WEILI

著　　者：金元浦
出 版 人：张宝东
出版策划：九年有正
责任编辑：解荣慧
助理编辑：郝炯奕
复　　审：李春梅
终　　审：李慧平
封面设计：张志奇工作室
出 版 者：山西出版传媒集团·山西经济出版社
地　　址：太原市建设南路21号
邮　　编：030012
电　　话：0351-4922133（市场部）
　　　　　0351-4922085（总编室）
E-mail：scb@sxjjcb.com（市场部）
　　　　zbs@sxjjcb.com（总编室）
经 销 者：山西出版传媒集团·山西经济出版社
承 印 者：山西出版传媒集团·山西人民印刷有限责任公司
开　　本：880mm×1230mm　1/32
印　　张：11.5
字　　数：248千字
版　　次：2024年1月　第1版
印　　次：2024年1月　第1次印刷
书　　号：ISBN 978-7-5577-1178-8
定　　价：69.00元

就这样，我闯进了文化创意产业

一个人，总有回首的时候，总要回首。30多年持续做一件事，恍惚间，我已年逾七旬。命运就是这样，跟我絮絮叨叨地拉着家常，开着玩笑，转眼就将我的青春和狂悖一起收走了。记得我曾这样写过青藏高原的西部之神：

我以男子日神睿智的思之光/大河惊涛般的狂放，/
浩荡于天地之间
思缕的长风淋漓于/生之蜿蜒/然后，这一段历史，/
便站起来/昂扬如旗/威猛如山，/大气
磅礴于永无涯际的/
时空之域……

我是怀着西部豪迈的诗情踏入学术领域的，进而闯进文化创意产业的天地之间。

一

30多年来，我对文化产业、文化经济、创意产业、创意经济的各个相关领域，进行了一些理论总结、规律研判、实地考察、案例研究，以及趋势前瞻。而我研究的基本思路则是"顶天立地"。所谓顶天，是说文化创意产业必须要有坚实的理论基础，特别是理论创新，有全球和全国的大局观；所谓立地，就是要以强烈的问题意识为导引，实实在在地解决文创发展和演进中的新问题、新困境。通常看来，文化创意产业是个中观的操作型的产业，往往忽视了它是在5G新信息革命背景下，以移动互联网、大数据、人工智能、云计算、物联网、区块链、大视频为手段，以文化、艺术、美学、哲学，乃至金融、经济、政治、社会和生态为内容的未来社会的主导性力量和革命性变革的跨越边界的大重组、大联合。

在我国文化创意产业的发展中，我一直特别关注文化创意产业的高层次理论突破、创新理念的认知革命、顶层设计的全面擘画、全球和全国文创的大局观；同时，关注事件哲学指导下的场景研究和案例研究。我主张必须两向发力：一方面是更高的理论的、逻辑的和价值的战略发展；另一方面就是眼睛向下，面向实际、面向现实中的具体问题，以问题引导产业发展的大局，而不是玩理念的空手道与时间的模仿秀。

在文化创意产业发展中，我特别关注它的两个重要特点。那就是建立在事件哲学基础上的语境化案例与场景化实现。人在历史与社会中的存在，即是"事件"。事件立足于个人生存（生命、生活、交往、劳作、体验）的现实。人的文化活动构成了他的文化事件。每一个文化现象都是一个事件,每一个研究也是一个事件,这种研究是研究者与事件之间双向交互寻找意义的过程。文化创意产业是高度语境化的,即它一定是在现实社会与市场运营之中的,因此,高头讲章与因循守旧,雷同转发与夸夸其谈,都是要不得的。

场景是文创产品的第一要素。什么是场景?早在20世纪80年代,传播学者梅罗维茨就从社会学家戈夫曼的"拟剧理论"获得研究灵感,提出了"场景"(situation)概念,以此出发研究"媒介场景"对人的行为及心理影响。随着移动互联网时代的到来,"场景"被认为是移动媒体时代的又一核心要素。全球科技领域资深记者罗伯特·斯考伯最先提出了有别于传统媒体时代的"场景概念",其在《即将到来的场景(context)时代:移动、传感、数据和未来隐私》大胆而犀利地预言:"在未来25年,场景时代即将到来。"书中指出,移动设备、社交媒体、大数据、传感器和定位系统是移动互联网的"场景五力"。他认为的内容场景将是每个个体在新语境下获得的前所未有的在场感。但我更关注芝加哥大学的特里·克拉克教授提出的城市研究的新范式——场景理论(The Theory of Scenes),这些年似乎更有影响。创意的空间环境中还必须有创意氛围(Creative Milieu)。英国创意城市经济的著名专家查尔斯·兰德利解释说:创意氛围是一种空间的概念,指的是建筑群、城市的某处,甚至整座城市或区域。像巴黎,像左岸,也像今日北京,像北岸1292……它涵盖了必要的先决条件，足以激发源源不断的创意点子与发明的一切"软""硬"件设施。这类环境是实质的，源于一个城市"有效地在城市的'基因码'中深植创意，并获得显而易见的成功"。兰德利的创意氛围是包含软硬基因码和创意的城市场景。

这样看来，国内所谓的"场景"，其实是三个不同英文单词——situation、context、scenes 的同一汉语翻译。显然，其含义是有差别的。我认为的场景，是当代移动互联网高度发达，在视听觉文化全面建构消费者的消费习惯、消费结构，乃至消费模式的背景下，具有可视、可听、可感的虚拟的空间和环境，人人可享有的线上的视像、语像，并将线上的个体与个体，线上与线下的现实平台相互连接为一体的形态。它对于文化创意产业的发展意义重大。在当下这个视听觉文化发达的移动网络文化时代，没有场景就没有舞台，没有场景就没有故事（内容）可以表达，园区、景点、旅游线路、抖音、快手、视频、VR、AR、MR、3D 影像、AI 的展示，无不在场景中运行。当然，更重要的是，没有场景就没有人，没有人也就丧失了其内涵，失去了人之魂。

案例对于文创企业与园区实践，对于文创教学都有着更清晰直观的效果。2013 年我将教学中的文创理论和案例研究编成《娱乐时代——当代中国文化百态》出版，以满足教学的需要。但案例绝不能代替每一个文创项目的创造独特性。原样照搬，必然会走向失败。

事件、场景和案例，三者构成了文创的充分必要条件。

二

常常有人问我，你是怎么进入文化产业—创意产业领域的？

20世纪80年代，我和许多青年朋友一样，在一个改革开放的大环境中，睁眼看世界。我们面对全世界100多年以来上百种哲学、美学、文艺理论的各种学派、各种观念，急切地选择、引进、翻译、学习，我有幸加入了这一澎湃的大潮之中。在1984那个"方法论年"的浪涛中，我投入德国法兰克福学派和接受美学、接受理论的译介和学习之中。作为批判理论始作俑者的法兰克福学派，对当代中国青年人文学者产生了重要影响。最初，可以说，我们都是批判学者。

我们一批青年学者因为先前研究美学与文艺理论的变革与转型，以及后现代文化的发展，所以特别关注全球文化研究的蜂起。世纪之交，全球发生了文化转向的重大变革。我们发现阿多诺、霍克海默等的法兰克福批判理论，是站在贵族精英主义的立场上，俯视甚至蔑视大众文化、通俗文化、流行文化。他们虽然多次提到"文化工业"，却仅仅是从意识形态角度批判，从否定的角度忽视了当代文化经济化、经济文化化和文化经济一体化的具体现实，割断了当前世界文化与经济的密切联系。

文化转向理论的提出首先是从全球实践的角度开始的。随着中国日益开放，打开封闭国门融入世界，我们开始从新的全球视野考虑中国问题。从世界来看，21世纪的文学、美学与哲学发生了重大的文化转向，这种变化源于当代社会生活的转型。全球化背景随着进一步的开放日益进入我们生活的中心。电子媒介的兴起向一统天下的纸媒发出强劲的挑战。媒介文化深刻地改变和影响着我们的生活。大众文化走向前台，城市文化快速传播与蔓延，时尚文化大批量复制，采用了浪潮式的运作方式。视觉图像文化占据人们生活的主要空间，在这样一个文化突变的时代里，视觉文化、网络文化正在逐步改变着世界的交往方式。

在对西方文化转向的考察中，我们着重考察了英国伯明翰文化研究学派和欧美文化研究与文化诗学（文化唯物主义）学派，开始大力推动中国文化研究的发展。20世纪90年代初我主编了《六洲歌头：当代文化批评丛书》《人海诗韵·艺术文化散文丛书》。1998年我和陶东风、史建一起发起做《文化研究》丛刊，我们找到一篇文章，是谈法兰克福学派的衰落的，作者是金迈克。他对法兰克福的文化工业论很不感冒，认为在英国文化研究基础上成长起来的创意产业，已经与法兰克福分道扬镳了。他批评了法兰克福学派的精英主义和意识形态观念，听到了"法兰克福的哀鸣"。《文化研究》丛刊至今已经出版到40多辑了。

随着文化研究的深入，单纯的文化研究已经不能适应新的历史时期各国发展的需要。从文化研究走向文化产业、从传统模式走向创意产业，创意经济就成为发展的必然趋势。看到世界和中国的发展需要，1994年，我进入了具体的文化产业研究之中，撰写了《当代文化矛盾与中西交流论纲》，对当代经济的文化化与文化的经济化的新潮流进行了探索。其后，我参加了《中国文化报》举办的国内第一个文化产业的征文，写下的文章《在悖论中开辟文化产业的发展之路》，获得了这次征文唯一的一等奖。1995年，我在《社会科学战线》发表的《文化市场与文化产业的当代发展》一文，较为系统地探讨了我国文化市场与文化产业发展的主要矛盾、解决路径和发展方向。这在全球是站在潮头的。1995年，澳大利亚政府提出了创意澳大利亚的理念，1997年，英国工党政府上台，提出了"创意英国"的理念和国策。美国、欧洲的学者开始了创意经济、文化经济（学）的研究。中国的文化产业便汇入了世界文化创意产业发展的大潮之中。2001年，我主持出版了我国文化创意与文化发展的第一本蓝皮书、国家哲学社会科学"九五"重点项目结项成果：《跨越世纪的文化变革——中国当代文化发展研究报告》，受到中央政治局的关注。这是中国文化产业、创意产业的"历史性出场"。

其实，从文学理论转向文化研究，再从文化研究转到文化产业、创意产业，既是当代社会历史发展的必然，又是一个当代学者顺应全球和中国发展大势的选择。我曾与英国伯明翰学派的第三代学者哈特里有过深入的对话，他就是典型地从文学理论研究到文化研究再到文化产业（创意产业）研究的学术代表，我的学术道路与他十分相似，学术理念也与他相似，即听从时代发展的召唤，站在理论与实践的最前沿。

三

　　文化创意产业的理论探索与概念辨析、文化产业结构的变化、马克思主义文化生产力是我一直关注的核心。全球创意产业、创意经济的理论成果和实践案例的引进，中国特色文化创意产业理论和实践的创新与发展，从文化创意产业的教学与人才培养到文化产业学、创意产业学、文化经济学、创意经济学、文化政策学、文化管理学、艺术管理学等学科体系的发展、改革与构建，以及课程设置，是我30多年来一以贯之的研究重点。

　　2001年，我主编的《跨越世纪的文化变革——中国当代文化发展研究报告》，全面论述了世纪之交我国文化发展与文化产业勃兴的历史性变革。后来我进一步关注公园城市、夜间都市、艺术城市等相关论题，并深入各个城市，从事设计、规划、策划、指导和实操等方面的实践。关注产业基地、创意园区、集聚区、数字化网络线上线下一体化发展平台，注重案例研究，注重事件发掘与营销，注重场景设计与核心理念提升。

　　2004年，我编纂了《文化研究：理论与实践》，2005年，我主编了中国第一套文化产业丛书《当代文化产业论丛》，含《文化巨无霸——当代美国文化产业研究》等5种著作。同年，我与陶东风先生一起主编并出版的英文著作《文化研究在中国》（*Cultural Studies in China*），成为国外了解中国文化研究的开窗之作。

作为国内最早推动和提出创意产业的学者之一，我提出创意产业是文化产业发展到新的更高阶段的产物，具有产业提升的必然性。由此也受到一些人的质疑。我始终坚持认为，这一论断是合乎我国文化产业发展实践的。后来的现实证明，创意产业的理念得到了国内各界广泛的认可。2005年，我接受北京市委宣传部的委托，主持"北京市文化创意产业发展研究"，为北京市文化创意产业的发展出谋划策。

我认为，一国文化创意产业的发展程度与该国文化创意的理论建设和理念创新的程度成正比。没有先进的理论，没有富于创新创意的理念支撑，就不可能有一国文化创意产业和创意经济的高度发展。所以，我们必须高度重视文化创意产业的理论创新，并不断保持国际先进水平。唯此，才能始终站在世界文创的前沿。我于2010年和2012年分别出版了《文化创意产业概论》和《动漫创意产业概论》两部国家规划教材。为了更好地让青年研究者增强文化使命与对文化的理解，我撰写了《文化复兴——传统文化的现代价值》一书，讲述了当下青年学生需要了解的中国传统文化的内涵。

文化创意产业中，高科技与文化的高度融合和跨界创新是高质量发展的必由之路。这是文化创意产业发展到新阶段的重要主题和发展方向，对此我给予了高度关注与深入研讨，并产生了一系列理论与实践成果。如何将深厚的文化内涵植入创新型国家战略之中，我认为文化的科技化、科技的文化化、文化与科技的协同发展，是文化创意创业发展的必由之路。我提出，北京文化创意产业必须推动文化与科技双轮驱动的发展战略。

2006年，我主持了北京市科学技术委员会的软科学研究项目"北京文化创意产业的评估与测度及地区比较"，在国内率先研究文化创意产业的分类、评估、测度和指数，提出了建设更为合理的评估指数体系的许多新的考虑。我认为北京的文化产业必须走文化—创意的路径，必须瞄准国际最高发展水平，在高科技数字化基础上实现产业的升级，必须高端起步，数字融合，才能成为北京经济发展的强大引擎。

2010年，我编写的《文化创意产业概论》成为高校迄今仍广泛使用的教材。2011年，作为教育部、文化部高等学校动漫类教材建设专家委员会副主任，我接受了动漫文化创意产业教材编写的任务。其后，我主编的我国第一部大学教材《动漫创意产业概论》出版。

四

城市发展，确切地说是中国的城市化，是我关注文化创意产业的重要主题。

我曾主持国家哲学社会科学"十一五"重大项目"我国中心城市文化创意产业发展与软实力竞争"，关注和研究世界城市、全球城市、创意城市、网络城市，团队成员全心致力于该课题的研究，最后以10部350余万字的系列研究报告圆满结项。我们的研究针对我国文化创意产业发展的现实问题，理论上高瞻远瞩，实践上又从现实的问题出发，因而能够对现实发挥指导作用。这些研究得到了国家领导人、各级政府、业内专家、研究人员和企业家的赞赏和吸纳。

我和我的团队多年来一直关注北京文化创意产业的发展。作为对北京建设全国文化中心的论题长期执着热切的关注者，我们自2010年以来，曾一直参加北京相关论题的研究。2010年，我们完成了"北京建设全国文化中心"的重点项目，并出版《文化北京——北京建设国家文化中心研究丛书》，含《新视野 新征程——北京建设国家文化中心研究总报告》《建造世界精品殿堂——北京建设全国文化精品创作中心研究》《搭建要素配置的最优平台——北京建设文化要素配置中心研究》《跨进全球信息传播时代——北京建设文化信息传播中心研究》《走向世界创意高地——北京建设全国文化创意培育中心》《构筑全球人才高地——北京建设文化人才集聚教育中心》《握手环球文明——北京建设国际文化交流展示中心研究》等7种论著。我们团队20年来一直积极参加北京文化发展、人文奥运、文化创意、文化科技、文化消费、公共文化服务等各项研究，可以说，我们团队是助力北京文化发展的一支攻坚队。

2010年，我主编了第一部北京关于世界城市的大型理论与实践及文献的专著《北京：走向世界城市——北京建设世界城市发展战略研究》，近70万字，为北京建设中国特色的世界城市，提供了丰富的资料、宽广的国际视野和崭新的思路。后来上海、深圳、广州、成都曾先后就这一主题邀请我作为这些城市建设世界城市和发展创意经济的顾问。

多年来，我一直关注各个省（区、市）文化创意产业的发展。云南是我魂魄牵绕之地。2003年，我接受了云南省委副书记丹增同志的邀请，担任云南省文化产业的高级顾问，为云南文化产业发展出谋划策。在调研的基础上，我率先提出，云南的文化旅游产业要在文化云南基础上向创意云南、数字云南、内容云南开发。我在丽江提出了关注旅游线路设计、加强云南本土创意、注重厕所建设等意见。我提出，云南，特别是丽江的文化旅游产业是我国文化产业，特别是西部文化产业发展的一面高扬的旗帜，值得全国相关地区借鉴。

2010年，我主持了"贵州省'十二五'文化产业发展规划"，带领课题组历时3个月，行程7000多千米，跑遍9个地州市。3个多月时间里，我们与有关领导和课题组成员一道，深入基层调查研究，广泛搜集国内外各种资料、各种理论主张、各国经典案例，进行条分缕析，创新融会。终于在2011年完成规划并出版48万字的《贵州文化产业发展战略研究报告》。

2021年，我的《月印万川——寻找城市文化之魂》一书出版发行。这是我散见的一些论文的结集。佛教华严宗用"月印万川"和"海印三昧""事事无碍"来表达其宗教主体理念，于是"月印万川"就成了华严哲学的经典命题。《华严经》气势宏大、富赡高远、逻辑缜密，被认为是最能代表盛唐气象的哲学，并给其后的宋明理学以深刻的影响。

朱熹借用了佛教"月印万川"的譬喻来讲"理一分殊"的道理。他说："释氏云：'一月普现一切水，一切水月一月摄'。这是那释氏也窥见得这些道理。"（《朱子·语类》卷十八）把"一理"比作天上的月亮，而把存在于万物之中的"万理"比作一切水中千千万万个月影，以此形象地说明"理"与万物的关系：理是唯一的，这唯一的理又体现在万物之中，是万物的本质；而万物并不是分割"此一个理"，却是分别地体现完整的一个理。"月印万川"本是佛教中的命题，"一月普现一切水，一切水月一月摄"，具体说是唯一的月映现在一切水中，一切水中映现的月都包括在唯一真正的月中。那个月就是"一理"。

月映万川，心珠独朗。过去时代，我们很多研究者和官员开口闭口就是过去遗产的"如数家珍"，沉迷于"资源魔咒"而不能自拔。但是一个城市无论有多少历史的、现实的圣典史迹，无论有多少自然的、社会的山水资源，总是千流一源、万法归宗、理一分殊、一以贯之。我们需要去寻找城市的文脉，那个城市唯一的"魂"。

五

国际合作是文化创意产业发展的重要内容和必要途径。

这些年来，我们非常重视与国际机构、国际学者的合作。与联合国教科文组织、联合国贸易和发展会议、全球创意城市网络等国际组织,与英国、美国、加拿大、澳大利亚及欧盟各国,与日本、韩国及东南亚各国的机构及学者进行了广泛的对话与合作。在对话、沟通、交流、交往中,努力构建文化创意产业的理论与实践的公共平台,构建创意经济的发展共同体。交流世界对中国的影响,同时构建中国特色的文化创意产业发展体系,影响世界的创意、创新、创造的最新发展。我与各国众多专家建立了良好的关系,留下了几十篇访谈与对话。我乐此不疲,欣然为之,因为我把它看成文明互鉴,构建人类文明共同体的必由之路。

2005年,中国人民大学与中国社会科学院、澳大利亚昆士兰科技大学同仁一道,共同发起首届中国创意产业国际高峰论坛。作为大会主席之一,我在大会上发表中国创意产业发展的主旨报告,强调了中国建设一个创新型国家的伟大战略,并将文化创意产业作为这一战略的重要组成部分的新的发展理念,引起了中外学者对中国创意产业的广泛关注。

创意产业与创意经济,从一开始就是全球化发展的产物。因此,参与国际文化创意产业与创意经济的发展研究,是我和我的团队一直关注的领域。2008年,我与周蔚华共同主编国内第一套《文化创意产业译丛》,其中包含《文化产业》《知本营销》《美国的知识生产与分配》《艺术文化经济学》等7种译著。对打开我国学者文化产业、文化经济、创意产业、创意经济的国际视野,推动国内外比较研究,进而推动中国特色的文化创意产业的理念与实践,发挥了重要作用。2014年我主编了《中国对外文化贸易报告2014》,对我国对外文化贸易的现状、问题、困境,做了深入调研,并提出了进一步发展的解决方式。

将奥林匹克运动与文化创意产业相结合,推动奥林匹克运动全面融入中国社会和中国市场,是我和我的朋友们着意开拓的新领域。2006年,我提出、创办并主持了国内第一个奥运文化创意产业大型国际论坛"创造的多样性:奥林匹克精神与东方文化"。在论坛上发表了《抓住奥运契机推动文化创意产业九大发展》的报告,论坛首次邀请"英国创意产业之父"约翰·霍金斯来到北京,莅临论坛做主旨发言。我提出"世界给我十六天,我还世界五千年",将体育运动与中国的文化、哲学、艺术、传统、创意、设计、会展、节庆、公共服务、园区建设、绿色革命、生态保护、全民健身,以及产业运营、经济发展融为一体,为北京市提出奥运文化创意产业作为北京创新型城市发展的引擎的战略规划建议,在跨界运行和边界作业中,创造出崭新的文、创、艺、体、旅一体化的新形态。在八年的时间里,我们曾在国内外举办和参与近百场人文奥运论坛,并赴美国、英国、芬兰、加拿大、韩国、日本及瑞士国际奥林匹克委员会,传播北京人文奥运和绿色奥运的中国理念和实践,将奥林匹克的精神与中国传统文化联系起来,将奥林匹克的生命哲学、青年倡议变为中国"生活美学"的大众体育与健身的伟大实践,产生了持久而广泛的影响。这一阶段我主持了北京市哲学社会科学规划重点项目"奥林匹克运动与北京文化创意产业",排除了国内外各种不同意见,根据中国特别是北京发展的现实,第一次将国际奥林匹克精神与中国"和合"文化结合起来;第一次将顾拜旦的奥运理念与孔子儒家文化结合起来;第一次将奥运与文化创意产业结合的一起。为了进一步从理论和实践上探索21世纪的奥林匹克精神新发展,我主持出版了《创意产业:奥运经济与城市发展》和《北京人文奥运研究报告2006》两套丛书,创造性地阐述了奥运、体育运动与文化创意产业的关系。这在当代国际奥林匹克文化中是具有开拓性的。根据北京奥运文化的实践需要,我主持并参与了《奥林匹克文化大学教程》《北京奥运会市民读本》《北京奥运会大学生读本》等,在2008北京奥运会的运行中,这些课本发挥了重要作用。

  2016年,我主持翻译了英国学者露丝·陶斯所著的《文化经济学教程》和《文化研究的未来》,以及 *Cultural Studies in China*;在英国伦敦出版的 *Cultural Rejuvenation: The Modern Value of Traditional Culture* 等。这些著作以及一些英文论文,对加强中外文化发展和创意产业交流都具有重要的意义。

  随着我国文化市场与文化经济的发展,文化创意产业的最新发展状况与一系列相关伦理问题凸显出来,产业发展中乱象频出,必须进行深入研究。2014年,我申请了国家哲学社会科学重大项目"文化产业伦理"。在文化产业边界不断拓展、业态不断催生的整体背景下，我国文化产业也面临着产业秩序调整与规范、产业伦理重构与形成等问题。我国文化企业在文化产业运营中出现企业社会责任缺失与大量失信问题，如互联网诈骗、虚假广告宣传、不实承诺、新型电子诈骗、电子商务购物诈骗、公民个人信息大量泄露等；传统媒体与新媒体的媒介伦理问题，如媒介人丧失职业操守、新闻传播突破道德底线与窃听手段、网络新媒体上传播谣言、网络信息安全无保障、网络"黑客"、青少年网络游戏沉迷与网瘾、网络"人肉搜索"与频繁而众多的侵犯隐私权等问题；知识产权保护中的问题，如盗版泛滥，过度娱乐化，文化产品内容的极端商业化与劣质化、"三俗"化；产业发展中出现的"涉黄赌毒"问题，以及各路明星偶像的"负能量"对青少年的影响等。这一系列问题被现实抛到我们面前，要求我们认真地回答，提出改正的建议。2020年，该课题完成结项。研究成果见于我主编的"中国文化创意产业发展研究丛书"。丛书含《数字和创意的融会：文化产业的前沿突进与高质量发展》《拓展业态的边界：文化产业的转型升级与跨界融合》《重建秩序的场景：文化产业发展的伦理建构与隐私保护》三部，由工人出版社出版。

很多年前写过一篇评论诗人昌耀的文章，开首一段是这样写的：

多少年来，人在旅途，匆匆，我常侧目于这座诗魂的雕塑，继而长久地驻足——

> ……用我多汁的注目礼/向着你深湖似的眼窝
>
> 倾泻,
>
> 直要漫过/岁月久远之后/斜阳的
>
> 美丽……

衷心感谢冯威、意娜、王林生、柴冬冬、张力、桑子文等学友,感谢你们为本文集付出的辛劳,衷心感谢山西经济出版社社长张宝东和全体编辑。没有你们的精心工作,没有你们的高度负责,就不可能有这套文集的出版。诚挚地向你们致以崇高的敬意。

再次说一声,谢谢了。

2023年6月28日 于北京海淀三灯阁

目 录
CONTENTS

001 / 绪言　马克思的大生产力观是当代文化创意产业发展的理论基础

上 编

015 / 创新理念是我国文化发展的导航灯
025 / 中国梦,中国当代最大的文化现实
046 / 顶层设计,辩证施政,中国当前的文化治理
062 / 谈谈中国文化的软实力
069 / 文化的发展是硬道理
076 / 中国文化的包容性发展
083 / 中国文化发展方式的转变
100 / 中国传统文化是文化自信的深厚底蕴
108 / 全球本土化、本土全球化与文化间性
119 / 重建文化中国国际形象

中　编

147 / 新时代：从智客、创客、极客到数客

161 / "波西米亚族"：一个创意阶层的崛起

165 / 威客：引领创意产业新模式

173 / 智库，全力营造平等宽松的发展环境

下　编

179 / 国际文化创意产业伦理问题研究的内容与路径

198 / "伦理危机"下互联网新媒体的历史性变革

219 / 大数据时代个人隐私数据泄露的调研与分析报告

242 / 大数据时代个人隐私数据的泄露与保护

272 / 看互联网用户隐私与信息安全的多重挑战及应对

286 / "虚假信息"批判及英国法律对虚假信息监管的启示

310 / 新业态互联网平台的主体责任建构与价值选择

338 / 结语　坚守核心价值观，深研文化产业伦理

绪言 马克思的大生产力观是当代文化创意产业发展的理论基础

恩格斯曾指出，马克思的全部理论内容"来自对政治经济学的研究"。马克思之前的美学家与理论家，尤其是德国古典哲学家，如康德、黑格尔等，大多是从人类意识的角度来进行美学与文艺理论研究的。当时在德国，政治经济学一直是外来的科学。马克思、恩格斯则不同，他们不仅对德国古典哲学进行了深刻批判，而且对古典经济学进行了批判与改造。他们从人的社会本质出发，把文化艺术作为一种特殊的生产实践，作为一定经济关系之上的社会实践来理解。这就从根本上与他们之前的理论家划清了界限。

在《1844年经济学哲学手稿》中，马克思就曾指出，他的结论（包括文化的、艺术的、美学的）是在对国民经济学的认真批判研究的基础上，通过完全经验的分析形成的。他明确指出，艺术"都不过是生产的一些特殊的方式"[①]此后，在《政治

[①]《马克思恩格斯全集（第一版）》，第42卷，人民出版社，1979，第121页。

经济学批判大纲》《〈政治经济学批判〉导言》《资本论》《剩余价值理论》等一系列著作中,马克思都表述、论证或渗透了其文化与艺术的观念,以独特的经济学视角,开创了文化理论研究的经济学途径。

19世纪40年代,马克思发表了《关于费尔巴哈的提纲》,而后又与恩格斯合作完成《德意志意识形态》,对唯心主义和旧唯物主义政治经济学进行了严肃的批判。正是从经济关系入手,马克思、恩格斯提出:

支配着物质生产资料的阶级,同时也支配着精神生产的资料……占统治地位的思想不过是占统治地位的物质关系在观念上的表现,不过是以思想的形式表现出来的占统治地位的物质关系,并指出社会生活在本质上是实践的。

思想、观念、意识的生产最初是直接与人们的物质活动,与人们的物质交往,与现实生活的语言交织在一起的。人们的想象、思维、精神交往在这里还是人们物质行动的直接产物。表现在某一民族的政治、法律、道德、宗教、形而上学等的语言中的精神生产也是这样。人们是自己的观念、思想等的生产者。[①]

在这里,马克思、恩格斯阐明:"德国哲学从天国降到人间,和它完全相反,这里我们是从人间升到天国。也就是说,我们不是从人们所说的、所设想的、所想象的东西出发,去理解有血有肉的人。我们的出发点是从事实际活动的人,而且从他们的现实

[①]《马克思恩格斯选集(第二版)》,第1卷,人民出版社,1995,第72页。

生活过程中还可以揭示出这一生活过程在意识形态上的反射和反响的发展。甚至人们头脑中的模糊幻象也是他们的可以通过经验来确认的、与物质前提相联系的物质生活过程的必然升华物。"①

从19世纪40年代末开始,马克思潜心于政治经济学研究。在考察资本主义社会的经济发展规律这一主导思维方向时,也对人类文化艺术,特别是资本主义时代的文化艺术的生产规律做了深刻揭示。1859年《政治经济学批判》发表,马克思对历史唯物主义原理做了经典论述,指出:"物质生活的生产方式制约着整个社会生活、政治生活和精神生活的过程","艺术"是一种"意识形态的形式"②。在《〈政治经济学批判〉导言》中,马克思明确提出"艺术生产"理论:"就某些艺术形式,例如史诗来说,甚至谁都承认:当艺术生产一旦作为艺术生产出现,它们就再不能以那种在世界史上划时代的、古典的形式创造出来"③。在这里,艺术生产的"生产"并不是如过去人们通常所理解的那样是对历史上所有艺术创作活动的隐喻式借用,而是从社会经济发展的历史进程出发,特指资本主义大工业生产时代的、市场条件下的文化艺术的生产,这一"生产"与物质生产的"生产"具有相同或相近的含义。

如果说在《〈政治经济学批判〉导言》中,马克思还只是在

---

① 《马克思恩格斯选集(第二版)》,第1卷,人民出版社,1995,第73页。
② 《马克思恩格斯选集(第二版)》,第2卷,人民出版社,1995,第32、33页。
③ 同上书,第28页。

论述整个精神生产时列举"艺术生产"的话,那么到19世纪60年代的《资本论》研究中,艺术作为一种生产的论述便已成为马克思的整个资本生产理论的有机组成部分。马克思在研究人类的"一般劳动过程"时,研究了文化艺术生产中生产劳动与非生产劳动的区别,研究了资本市场和商品制度下艺术生产的状况,研究了艺术生产与商品价值规律的关系,研究了资本主义生产关系与真正的艺术生产的对立。特别是在《剩余价值理论》中,有关艺术生产理论的探讨就更加具体。可以说,文化艺术的经济学思想在《资本论》和《剩余价值理论》中得到了更系统、更明确、更全面、更深入的论述。

可见,马克思关于文化艺术的经济学思想是马克思科学理论的有机组成部分,经济以及由经济作为基础的社会生产方式是文化艺术得以产生发展的前提条件,而文化艺术自身在社会中也必然以一定的经济的物质的方式运作。

对于马克思从经济学出发研究艺术和美学,《马克思和世界文学》的作者柏拉威尔曾做过明确概括。他认为马克思"把主要用于经济学的术语也用于文学和其他艺术的历史上,如生产等。他把诗人也叫作'生产者',把艺术品叫作'产品',虽然是一种独特的、有别于其他种类的'产品'。马克思通过使用这样的术语叫我们不要忘记把艺术放在其他社会关系的框架里来观察,特别是应该放在物质生产关系和生产手段的框架里。只有明确了这一点之后,他才能独立地、抽象地研究艺术,才有余暇观察一下艺术领域自身"[1]。英国的西方马克思主义批评家特里·伊格尔顿也认为："在马克思对社会生产、劳动分工和作为商品的产物的理解中，艺术尽管是附属的，却是极为重要的一个因素。"[2]

从马克思的艺术经济学思想出发，马克思将艺术视为精神生产力。马克思主义经典作家曾对精神生产力问题做过精辟论述，当代西方马克思主义也对文化生产问题进行过细致研讨。20世纪90年代，我国社会主义市场经济体制开始建立，这使我们必须重新认识文化与经济的关系，重新认识马克思提出的精神生产力的问题。

主要从政治经济学发端的马克思主义文艺经济思想有一个极为重要的理论发现，这就是它的大生产力观和精神生产力理论。人类的生产活动，是人借助生产资料和工具，借助一定的技术和思维能力，在与劳动对象的结合中进行的，没有生产力的生产是不存在的。文化也是生产力，合理地内含着这一当代世界的第一生产力。我国当代文化经济产业的生产作为国民经济的一部分，也必然具有一种内在的生产力，维系着、推动着当代文化经济活动的进行。人类总是在一定生产力水平上发展的，如同马克思所言，人们不能自由地选择生产力，人类总是在以往既有的生产力水平上从事生产活动的。文化的生产虽然有着与人类社会同样悠

---

[1] 柏拉威尔：《马克思和世界文学》，梅绍武、苏绍亨、傅惟慈、董乐山译，生活·读书·新知三联书店，1980，第383页。

[2] 同上书，第413页。

久的历史,但文化生产力的形成、发展则总是与不同的历史阶段相适应。马克思一贯关注文化生产力问题,早在《1844年经济学哲学手稿》中就曾指出,由于人的需要的丰富性,从而生产的某种新的方式和生产的某种对象就会产生。他指出:"宗教、家庭、国家、法、道德、科学、艺术等,都不过是生产的一些特殊的方式,并且受生产的普遍规律的支配。"[①]马克思在这里讲了这样几层意思:一是说文化艺术是在物质生产和经济发展的一定条件下产生出来的,受生产的普遍规律的支配,是整个社会生产力中的一个组成部分;二是把艺术与宗教、法、道德、科学等归为不同于一般生产的另一类生产;三是指出这类生产虽受生产的普遍规律的支配,却是一种特殊的生产。其后,马克思、恩格斯在《德意志意识形态》一书中论述艺术风格形成的条件时指出,"社会组织""当代分工"以及与当地有交往的世界各国的分工等,对包括艺术在内的文化生产者有较大的影响。马克思特别强调文化的生产要"受到它以前的艺术所达到的技术成就……条件的制约",并把它放在诸种条件的首位。"艺术所达到的技术成就",实际上是指文化生产者从事文化生产的技术的、经济的生产水准等与那一时代社会生产力和文化发展程度相适应的制约因素。在这里,虽然马克思尚未明确提出文化生产力概念,但已对此做了深入的思考。

马克思在写《哲学的贫困》时,也把人类"文明的果实"称

---

① 《马克思恩格斯全集(第一版)》,第42卷,人民出版社,1979,第121页。

作"已经获得的生产力"。"文明的果实"自然包括文化生产力的成果。很显然,马克思以人类文明的成果为所指的生产力观念是一种大生产力观念。马克思到晚年写作《巴枯宁"国家制度和无政府状态"一书摘要》时更明确地提出了"两种生产力"的概念:

> 平原和山区的差别、沿河流域、气候、土壤、煤、铁、已经获得的生产力(物质方面的和精神方面的)、语言、文学、技术能力等等。①

在这里,马克思把他的大生产力观念做了种类的区分,他认为存在着两种生产力,除了物质方面的生产力之外,明确提出"精神方面的生产力",并把语言、文学、技术能力包括在这种生产力之中。马克思的这种观点是一贯的,与他早年提出的"发展一切生产力即物质生产力和精神生产力"的主张完全一致。

按照马克思主义的一般理解,人类的社会生产力,就是生产自然界与生产人类社会的能力。人类在同自然物质交换的过程中,为了在对自身生活有用的形式上占有自然物质,就必须使他身上的自然力——臂和腿、头和手运动起来。这就发展了人制造和使用工具的能力。同时,在物质生产的基础上,人类文化的精神感觉、实践感觉(意志、爱情)等也就产生出来。在人类历史进程中,物质生产力以物的形式——物质产品或物质成果表现出来,而工具则往往代表着这一时代生产力的发展水平。工具体现

---

① 《马克思恩格斯全集(第一版)》,第18卷,人民出版社,1964,第682页。

了人类理性的智慧和文明,在工具上,无疑凝聚着人类精神上、理论思维上掌握自然界的能力。从人类社会发展的历史来看,随着社会分工的日益精细,社会生产便日益明显地区分为物质生产与精神生产两大部分。社会分工促成了物质生产者与精神生产者的分化,因而两种生产力在自身相对独立的发展中逐步形成了具有自身内在特征的生产力形态:物质生产力主要面对人同自然的物质关系,具有实用的、基础的、物质形态的主导品格;而文化生产力则主要是"精神方面的生产力",马克思将语言、文学、技术能力等归于其中,使其显现出更偏重于人类社会人文关系的特征和品格。当代不少学者将之称为文化力或人文力,也是从这一角度立论的。显然,马克思区分物质方面和精神方面的生产力,表明了他对社会生产力这两个方面的各自特征的区别把握和分类描述。

但是两种生产力又是密切相关、不可分割的。马克思还看到了二者的多重联系,看到了两种生产力之间复杂的相互交融共为一体的特征。一方面,文化生产力具有其精神生产的独特性,是社会意识、社会心理、社会关系等精神方面的文明发展的成果,具有突出的意识形态特征。另一方面,在文化生产力中,生产主体以其"对象化的独特方式",将自身强烈的主观因素,诸如思想、意志、情感、愿望和爱浸透于全部文化生产过程,以某种有形无形的方式"物化"到对象中去。所以,马克思把语言、文学、技术能力归入这种"精神方面的生产力"。

文化生产力具有明显的精神性特征，是不是就完全不具备非意识形态的物质性的特征呢？传统的理解把文学艺术生产简单地看作是文艺创作活动的另一种隐喻性表述，其实文化生产力具有明显的物质性。文化生产同其他生产一样，也具有一般实践活动的特征，即由实践主体通过劳动，将一定的材料加工改造为新的存在物，因此文化生产的过程也表现为一个物化的过程。它也要改变物质的现实形态，获得物质的存在形式。马克思在论述劳动的特点时曾指出："劳动与劳动对象结合在一起。劳动物化了，而对象被加工了。在劳动者方面曾以动的形式表现出来的东西，现在在产品方面作为静的属性，以存在的形式表现出来。"①

像文学艺术这类最富精神性的生产也有一个物质的技术的制作过程，即由实践主体通过特定方式劳动改造某种材料而造成一个新的存在物。比如拉斐尔，"和其他任何一个艺术家一样，拉斐尔也受到他以前的艺术所达到的技术成就、社会组织、当地的分工以及与当地有交往的世界各国的分工等条件的制约。像拉斐尔这样的个人是否能顺利地发展他的天才，这就完全取决于需要，而这种需要又取决于分工以及由分工产生的人们所受教育的条件。"②

一句话，文化产品必须具备物质的依托方式。文学作品要经过作者的物质性写作劳动，经过编辑、印刷、发行等环节，才能

---

① 《马克思恩格斯全集（第一版）》，第23卷，人民出版社，1972，第205页。
② 《马克思恩格斯全集（第一版）》，第3卷，人民出版社，1960，第459页。

以图书这种物质形式存在下来。绘画、雕刻也要通过对一定的物质媒介的加工制作，才能以一定的形态彰显其艺术内涵。黑格尔当年就曾指出，艺术创造的一个重要方面，是艺术的外表工作。因为在艺术作品中有一个纯然技巧的方面，很接近手工业。这些特征在雕刻中最为明显，在绘画和音乐中次之，在诗歌中又次之。他说，一个艺术家必须具有这种熟练的技巧，才能驾驭外在的材料。

马克思的大生产力观念具有重要意义：

首先，马克思肯定了生产力中包含着物质方面的和精神方面的两种生产力。这就一方面从根本上否定了那种机械的、庸俗的旧唯物主义的物质决定论或经济决定论，另一方面也否定了那种孤立的、片面的主观唯心主义的精神决定论。

其次，文化生产力观念表明，文化是一种生产，而且是一种大规模的社会生产。作为一种大规模的社会生产，它就天然地具有社会生产的基本特征，具有流通、交换、消费等基本环节，具有市场条件下经济运作的全部过程，而不仅仅是某个艺术家内在的独特精神的心理活动。多年来，我们对马克思精神生产、艺术生产的研究往往忽略了马克思提出这一理论的历史背景，而对之做了一种纯粹精神的、美学的研究。对其中的"生产"这个词，仅仅做了一种消弭其历史性的隐喻性借用，"生产"即是创作。其实马克思提出的精神生产或艺术生产必然合理地含有商品经济时代特别是资本主义商品经济时代的生产的全部特征。

绪言 马克思的大生产力观是当代文化创意产业发展的理论基础

文化生产力是整体社会生产力的一部分，传统的艺术生产研究仅仅从文化的个体生产出发，仅仅局限于对个体精神制作过程的研究，这是完全不够的。实际上，当代文化生产已经日益成为巨大的复杂的社会化大生产。从文化品位、精神需要、意识心理等方面看，它并不主要表现为个体创作心理的变化，而是通过当代媒介表现为一种更为复杂的时时涌动的当代社会心理潮流。

随着传播媒介的高速发展和信息时代的来临，文化生产已日益成为当代经济生活的一部分，成为复杂的现代化大生产的一部分。像电视、电影、音像、文艺演出、工艺美术、体育比赛，乃至广告、信息、传播、娱乐等产业，已越来越发展为庞大的产业集团，成为经济结构中的重要组成部分，甚至成为许多国家国民经济的支柱产业。

再次，文化艺术作为一种精神方面的生产力，必然内含着自身独特的生产方式。也就是说，它有自己独特的发生发展史，有形成本体的历史过程，有对精神生产者的精神创造能力的内在要求，也有对生产对象的内在要求。同时，它还受到生产条件包括物质技术水平的限制。

对此，西方马克思主义批评家瓦尔特·本雅明也曾指出："艺术像其他形式的生产一样，依赖某些生产技术——某些绘画、出版、演出等方面的技术。这些技术是艺术生产力的一部分，是艺术生产发展的阶段，涉及一套艺术生产者及其群众之间的社会关系。"[1]因此,他主张艺术家不能只关心艺术的目的、艺术接受、艺术欣赏,也要关心艺术生产的方式和工具。这就从生产工具与生产技术的角度提出了文化生产力内涵中的一些重要因素。在文化生产力中,满足文化生产的科技的社会化程度,是探测其发展程度的重要指数。

马克思的大生产力观,是我国文化创意产业发展的坚实的理论基础。

---

[1]特里·伊格尔顿:《马克思主义与文学批评》,文宝译,人民出版社,1980,第67页。

上编

创新理念是我国文化发展的导航灯

文化，是以习近平同志为核心的党中央推进国家治理体系和治理能力现代化的重要组成部分。从文化的发展和繁荣来看，如何从经济、政治、文化、社会和生态文明五位一体的宏观整体上进行文化改革的顶层设计，并从改革的系统性、整体性、协同性出发辩证施政，是推进文化发展的重中之重。党的十九大确立了习近平新时代中国特色社会主义思想，我国进入发展的新时代。党的十九大强调全面深化改革的总目标是完善和发展中国特色社会主义制度，推进国家治理体系和治理能力现代化。必须更加注重改革的系统性、整体性、协同性，加快发展社会主义市场经济、民主政治、先进文化、和谐社会、生态文明。这就为全面深化改革确定了大框架、大格局。

实现新时代发展目标，破解发展难题，厚植发展优势，必须牢固树立并切实贯彻创新、协调、绿色、开放、共享等新发展理念。新发展理念将引领我国新时代文化的可持续发展，而创新则居于国家发展全局的核心位置。同时，文化创新也离不开协调、绿色、开放、共享理念的协同运行，必须与理论创新、制度创新、科技创新融合发展，才能全面落实新时代建设的各项任务。

一、新发展理念引领我国新时代文化的可持续发展

党的十八大以来,我国文化获得了进一步发展,党的十八届三中全会做出的《中共中央关于全面深化改革若干重大问题的决定》,对于推进文化体制机制创新做了全面系统的阐述,是未来十年我国全面发展的进军号角与宏伟蓝图。党的十八届五中全会更加明确地提出,实现"十三五"时期发展目标,破解发展难题,厚植发展优势,必须牢固树立并切实贯彻创新、协调、绿色、开放、共享的新发展理念。新的发展理念,为新的历史阶段的文化发展勾勒了清晰路径,擘画了推动发展全局深刻变革的全新蓝图。我国新时代的建设必须遵循新发展理念的引领,相互融合,协同发展。

在新发展理念中,创新居于国家发展全局的核心位置。必须在这一核心动力影响下,不断推进理论创新、制度创新、科技创新、文化创新等各方面创新,让创新贯穿新时代的建设和发展,让创新在全社会蔚然成风。要按照中央的部署,把发展基点放在创新上,形成促进创新的体制架构,塑造更多依靠创新驱动、更多发挥先发优势的引领型发展。要努力完善以企业为主体、市场为导向、产学研用相结合的创新体系;推动国家级引领性创新与高校院所协同创新;推进领军型企业主导的全链条协同创新,中央与地方、国企与民企的融合创新;推动京津冀、长江中下游和"一带一路"跨区域开放创新;推进跨界创新和商业模式金融模

式的创新。

当前，文化创新必须不断完善公共文化服务体系，推动文化社会效益和经济效益协调健康发展。实施重大文化工程，扶持优秀文化产品的创作生产，加强网络内容建设，构建中华优秀传统文化传承体系，倡导全民阅读，发展体育事业，全面提高我国公民的文化素养、艺术素养和美学素养。

文化创新还必须全面推动文化创意产业的新飞跃。面对互联网时代给文化发展带来的新机遇和新挑战，2015年以来，中央正在实施"'互联网+'行动计划"，增强互联网对文化发展的支撑能力，培育新型文化业态和新的文化经济增长点，引导和扩大文化消费；推动传统媒体和新兴媒体融合发展，加快媒体数字化建设；优化媒体结构，规范传播秩序；提升国际传播能力，创新对外传播、文化交流、文化贸易方式，推动中华文化走出去。

二、文化创新离不开协调、绿色、开放、共享理念的协同运行

文化建设是一个内涵和外延都较为复杂的概念，涉及文化资源、文化制度、文化史、文化创作、文化生产、文化人才、信息传播、文化要素配置和国内外文化交流等多个层面，而且伴随着文化与科技、文化与经济、文化与政治等领域的融合趋势进一步增强，文化的发展更是一个全面发展的综合性课题，是一个涉及多个领域的系统性工程。

因此，文化创新离不开协调、绿色、开放、共享理念的引导。在当前深化文化体制改革和经济结构改革中一直存在着一系列不平衡关系，在三期叠加的转型期，矛盾和冲突尤其突出。比如文化企业的社会效益与经济效益的关系问题；传统媒体发展与新媒体发展的矛盾问题；文化产业发展中的结构调整，即为二产升级服务与自身结构升级换代的矛盾问题；公共文化服务均等化与文化创意产业的市场化之间的矛盾问题；文化企业的跨界融合经营与文化管理统计的矛盾问题；政府在文化创意产业中的作用问题，在京津冀区域一体化发展中三地文化发展的地区差异与利益诉求问题等，都需要协调各方，以达成稳定的发展。

文化发展包括的公共文化服务与文化创意产业都是当代公认的绿色产业。它不仅在减少自然资源消耗和生态环境保护上具有重大作用，而且在提高就业率和提升全体人民生活质量上具有不可替代的作用。也就是说，文化发展在精神文明与物质文明的生态平衡中意义重大。作为高端产业形态的文化创意产业已经成为未来发展的重要支柱性目标产业。在新时代的发展中，我国如何进一步实现文化生态的平衡；如何解决文化生态中的诸多难题，如全国与地域文化发展的生态平衡问题，传统文化资源发掘集聚与创意创新创造的关系问题；如何解决物质文化遗产、非物质文化遗产的保护、传承，与对其进行创意转化升级的生产性发展的平衡问题，都要在绿色生态文化理念的指导下得到解决。

文化发展也是一个必须以开放理念引导的宽广领域。国内文化多样性的发展，国际上中国文化走出去的重大目标，如何讲好中国故事，掌握国际文化话语权，都必须以开放的宏大气魄与胸襟面对国际国内的复杂问题。同时，随着国际文化贸易的持续增长，中国创意产品和服务如何走出去，如何以开放的姿态展开国际文化合作都是文化发展必须解决的问题。

文化发展的成果更是一个全体国民共享的成果。我们要大力推动公共文化服务标准化、均等化，让国民平等享有博物馆、文化馆、艺术馆等公共文化设施和一流的文化服务，以满足国民日益增长的文化需求。文化发展成果还包括全民共享平等的师资水平、教育质量、教育基础设施，包括全面提升国民的文明素质与审美能力，这些都是文化成果共享的重要内容。到2020年全面实现小康社会，必须在贫困人口脱贫上下大功夫，而文化扶贫也是其中的重要内容。

三、文化创新必须与理论创新、制度创新、科技创新融合发展

文化创新不是孤立完成的，必须与理论创新、制度创新、科技创新协同融合发展。

文化创新要与理论创新结合起来。可以说我国历史上每一次巨大的文化创新都是在理论创新引领下发生的。理论创新达到什么层次，文化创新就达到什么层次。比如党的十八大以来，国家全面协调发展的理念、"一带一路"理论设计和理念引领、加快

实施自贸区战略的设计、中国传统文化的集成创新、文艺工作繁荣发展的新思路、文化企业把社会效益放在首位的决策、传统媒体与新媒体融合等，都是首先由理论创新引导的。当前，我国文化治理、文化服务和文化创意开发，也迫切需要理论的创新和理论的突破。我国拥有丰富的理论创新人才资源，如何以更加开放的思想环境，鼓励理论创新与理论突破，将影响未来我国文化发展的高度和广度。

文化创新必须与制度创新协同发展。要继续深化文化体制改革，必须培育发展新动力，优化文化资本、文化经济、文化科技、文化管理等要素的合理配置，加快文化产业内部结构优化升级，发展打破壁垒进行跨界发展的骨干文化企业；要将创意文化产业的内在潜力充分发挥出来，将原创为王、内容为王的发展宗旨提到新的高度，全面激发创意设计类文化企业的创新、创意、创业活力。推动电商等新形态带来的一系列文化发展新业态的绿色协调发展，进一步释放文化消费新需求，创造文化内容产品新供给，注重供给侧要素发展。

文化创新更要与当今最为火热的科技创新联动发展，推动新的科文融合型企业与科文引领型产业集群快速发展。要进一步借鉴世界先进企业发展的经验，构建公平竞争的创新环境，大力推动创新型文化企业实现"互联网+"与"文化+"，传统文化企业和行业实现"+互联网"与"+文化"。为此，我们必须推动一批创客空间、一批原创孵化器的高质量、高效率的稳定发展，培育一批具有引领作用的创客、极客和数客（大数据分析师），来推动大众创业、万众创新进入新的更高发展阶段与更深发展层次。

四、全面落实新时代文化建设的各项任务

文化是一个蕴涵丰富、边界巨大的概念。它拥有多样化的分类和属性，从时间属性来说，包括历史文化与现代文化两大类；从形态属性来说，包括精神文化和物质文化；从功能属性来说，包括文化的服务功能和监督管理功能；从性质属性来说，包括公共文化和文化产业；从产业属性来说，包括生产文化和消费文化。可以说，历史文化、公共文化、文化产业、文化消费以及城市所展露出的文化精神，构成了我国文化发展中要素配置的核心支撑。如何合理配置这些复杂多样的要素，使其多样共生、相融相谐，是我国未来文化发展面临的重大考验。

新时代，我国要狠抓文化精品的创作与研发。要破除我国目前在文艺创作中出现的有高原无高峰的现状，通过净化文化精品育成的环境，完善创作机制，健全传播与接受机制，创作出具有时代特征并能得到人们普遍认可的既有"思想性""艺术性"，同时又具有"观赏性""消费性"的作品。伟大的时代需要与其相称的伟大艺术精品和引领伟大时代艺术的文化艺术大师。

新时代，文化的发展，要大力推进创意城市的可持续发展。创意城市建设的着力点，在于通过教育模式的创新、创意权益的保护、城市空间的合理规划、创意氛围和社会环境的营造、城市

创意指数的构建、优势行业的培育与发展等,把文化创意放到当前城市转型发展和创新驱动战略之中,全面提升我国文化创意产业的质量和效益。

在城市大竞争的时代,人才尤其是文化创意人才,作为城市发展最主要推动力的作用正日益发挥出来。从某种意义说,全球高端城市的竞争根本是人才的竞争。新时代,我国要培养一大批高水平的文化人才、创新人才,要在当代文化、科技与经济高度融合发展的时代背景中,通过建立国际化的高端人才吸引机制、健全现代化的文化人才激励机制、打造系统化的文化人才管理机制、完善全方位的文化人才保障机制等一系列举措,为城市建设培育、吸引优质的复合型的文化创意人才,为提升城市发展水平和品质提供智力支撑。

新时代,如何在国际传播格局中赢得应有的话语权和影响力,是新形势对我国作为一个负责任大国的更高要求。加强文化信息传播,发展文化信息传播产业,是我国新时代国家文化软实力建设的重要任务。在"互联网+"引领我国文化领域大发展的新时代,我们应秉持"大传播"理念,强化互联网思维,努力探索在传统媒体与新媒体融合语境下提升主流媒体传播影响力与公信力的途径,加快推动传统媒体和新兴媒体深度融合的探索与实践,增强我国在世界文化信息传播格局中的公信力、号召力。

建构国际文化贸易与国际交流展示平台是新时代文化发展的重要任务。国际文化贸易是以文化与经济相结合的方式,助力我国经济的持续健康发展。国际交流展示平台则要充分发挥我国文化的软实力，讲好中国故事，展示中国精神，发掘中华智慧，滋养世界文明。这一切，都必须在全球各个国家、各个民族、不同地域之间通过展示、对话、交流、沟通来解决，最终实现双赢、共赢的目标。

总之，新时代，我国文化发展要以文化精品创作、文化创意培育、文化人才集聚、文化要素配置、文化信息传播、文化交流展示为着力点，深化文化体制机制改革与创新，充分发掘历史文化资源，完善公共文化服务体系，加强文化产业的设计和决策，灵活处理文化市场和政府指导的关系，是提升我国文化影响力的必由之路。

习近平同志曾指出，文化的力量，或者我们称之为构成综合竞争力的文化软实力，总是"润物细无声"地融入经济力量、政治力量、社会力量之中，成为经济发展的"助推器"、政治文明的"导航灯"、社会和谐的"黏合剂"。而应对当前我国发展面临的一系列矛盾和挑战，关键则在于全面深化改革。必须从纷繁复杂的事物表象中把准改革脉搏，把握全面深化改革的内在规律，特别是要把握全面深化改革的重大关系，处理好解放思想和实事求是的关系、整体推进和重点突破的关系、顶层设计和摸着石头过河的关系、胆子要大和步子要稳的关系、改革发展稳定的关系。这从方法论上给了我们一把辩证法的钥匙。

新时代，我们将进入改革开放的新阶段。欣逢伟大变革的新时代，肩负着中华民族伟大复兴的历史使命，承担着开拓创新的新任务，我们将信心百倍、激情满怀地开始新的征程。我们相信，"两个一百年"的任务一定要实现，也一定能够实现。

中国梦，中国当代最大的文化现实[1]

要了解当代中国文化，必须首先了解中国梦。中国梦是当代中国最大的文化现实。

中国梦的理念，是一个极富多义性的象征性理念，也是一个有着特定所指的复合型理念。它体现着中国政治、中国哲学、中国文化、中国社会的当代关切，是中国人的民族集体记忆和中国历史、近代苦难史、民族解放史的集中表述，是全体人民当下生存实践、生活现实、发展状况和社会变革的生动写照，是中国发展目标、未来前景的新的规划蓝图，也是中国思想、中国精神、中国智慧的高度凝练的形象化展现。它是当前中国经济、政治、文化、社会和生态文明五位一体的总括性理念，是动员中华民族一切积极力量、团结和凝聚全民族最大共识、最大限度激发正能量的动员令。

在抗日战争最艰苦的年代，毛泽东曾经这样说：我们中华民族有同自己的敌人血战到底的气概，有在自力更生的基础上光复旧物的决心，有自立于世界民族之林的能力。

---

[1] 本节已发表于《文明》2013年第11期。

一、中国梦的文化精神和哲学基础

在世界历史上，无论是苦难、屠杀，还是战争、强权，都不能剥夺人类的"特权"——梦想。对于每一个人，梦想就是一种希望，就是一种向往，一种理想，一种对未来的期冀；对于一个民族，它则是集体的记忆、凝聚的共识、奋斗的目标、行进的方向和为着实现那一梦想而生发的全民族的热情、动力、牺牲和担当。

德国马克思主义思想家恩斯特·布洛赫（Ernst Bloch）思考了人类永存的这种未来性，创立了一种关于梦的哲学——希望哲学。他说："期待、希望、向往，走向尚未实现的可能性的意向，这不仅是人的意识的根本标志，而且当它们被正确地理解和把握的话，也是整个客观实在内部的一个决定性因素。"[①] 在希望和梦想的驱动下，人通过劳动积极解决主体和客体的矛盾，在人和世界的相互作用中，人将实现自己的本质而成为"完全的人"；世界也将消除异化而成为没有任何忧患和邪恶的理想世界，从而达到主观愿望和客观可能、主体和客体二者相互适应。这样，人类社会就将跨入充满人道主义的"具体的乌托邦"，也即人道化的"伦理社会主义"社会。他说的对，无论现实世界存有多少苦难、危险、龌龊和悲剧，人类永远地拥有未来，拥有希望，拥有梦想。

[①] 吴飞、李佳敏：《从希望哲学的视角透视新闻观念的改革——建设性新闻实践的哲学之源》，https: m.sohu.com/a/389007236060894，访问日期：2021年8月12日。

(一) 中国梦彰显中国精神

中国在世界历史上,梦想,无论苦难、屠杀,还是战争、强权都不能剥夺人类的这一"特权"。对于每一个人,梦就是一种希望,就是一种向往,一种理想,一种对未来的期冀;对于一个民族,它则是集体的记忆,凝聚的共识,奋斗的目标,行进的方向,和为着实现那一梦想而生发的全民族的热情、动力、牺牲和担当。

中国文化的主流精神是刚健有为、自强不息的精神。刚健有为、自强不息的文化精神可以追溯到中国文化最早的代表《尚书》和《诗经》中,这两部儒家典籍里充满勤勉稳健、勇猛深沉的前进气息。如《尚书·尧典》里对先王"克明俊德,以亲九族""历象日月星辰,敬授人时"功业的颂扬;《尚书·无逸》中对成王尽忠尽职的谆谆告诫;《诗经·公刘》《诗经·生民》中描写的周部落诞生之初的创业艰难等。

孔子是极力提倡有为并身体力行的思想家。他一生奔波,幻想以周礼匡扶乱世,"知其不可而为之",结果是"发愤忘食,乐以忘忧,不知老之将至"。对"饱食终日、无所用心"的人生态度投以极度的蔑视。认为君子应当是"食无求饱,居无求安,敏于事而慎于言,就有道而正焉"。儒家学派的后继者们,对"有为"和"自强"的学说进一步发展。孟子从人格修养,扩充人性中善的成分这一角度提出"吾善养吾浩然之气";荀子则从天人关系角度提出"制天命而胜之"的著名论断。对于刚健有为、自强不息做出明确表述的是《易经》。《易经·象传》中说:"天行健,君子以自强不息",以天体运行无休无止、永远向上的规律,要求人们积极有为、勇于进取。此后,刚健有为、自强不息的精神便一直作为中国传统文化的主导精神激励着中华民族。

中国哲学的"和为贵""和而不同"是中国梦对世界与社会构想的思想来源。中国主张对内致力于"和谐社会"的建设,对外呼吁共建"和谐世界",这种"天下为公、世界大同"的中国传统文化理念,给世界全球化与人类社会发展赋予了中国特色的理论内涵,为世界如何面对矛盾与冲突提供了新视角、新思路。

中国梦特别体现了中国共产党人重温革命理想、呼唤新时代的崇高信念,表达高尚的精神追求和理想境界,高举远慕、勇于承担、不谋私利、富于牺牲精神的历史使命感和民族责任感。中国梦的提出就是一次全党全民动员,它将最大限度地凝聚民族力量,激发全国人民特别是青年一代蓬勃向上的爱国热情,释放新时代的正能量。

(二)中国梦体现中国道路

中国梦是中国近代以来无数仁人志士抛头颅洒热血换来的历史经验,是使中国发生天翻地覆变化的梦想,是百年来的"现代化"梦想。现代化梦想本身并不奇特,但落实在中国人身上却成为一个沉重的梦。这个梦想本身就具有自相矛盾的性质:一方面,现代化梦想不是一个中国梦,而是一个西方概念,在文化和精神上说,现代化就是去"中国化",现代化梦想就是对中国传统的否定,按照东方学的逻辑,中国的现代化梦想就是要把中国变成西方;另一方面,现代化梦想又是百年来全部中国人的共同梦想,按照中国的"民心所向"原则,中国人喜欢的就是中国的梦想,而且,中国之所以选择现代化梦想,是因为只有一个现代化的中国才能够反抗和摆脱西方的霸权支配,也就是说,只有把中国变成西方才能够抵抗西方而重新成为中国。然而,历史证明,一切舶来的思想、理念如果不与中国特色社会主义建设的伟大实践相结合,就必然困难重重,屡遭挫折。改革开放以来,我们总结历史经验,不断艰辛探索,终于找到了实现中华民族伟大复兴的正确道路,取得了举世瞩目的成果。这条道路就是中国特色社会主义道路。

所以,民族复兴中国梦的形成不同于"美国梦""欧洲梦",是一个拥有悠久文化的世界大国自近代100多年以来历经外敌入侵与种种苦难,不满现状的中国人顽强不屈、坚持探索,从而形成的不同于美国、欧洲国家的发展道路和民族梦想,凝聚着几代中国人的夙愿,表达了一个曾经落后的半殖民地半封建社会的国家图自强、谋发展的愿望。它与崇尚个人主义、征服主义、实用主义、物质主义,体现为对财富与权力极致追求的"美国梦"具有根本区别,也与第二次世界大战中遭受重创的英法等国家在对几百年殖民势力扩张与物质主义追求的反思中进行精神修复的"欧洲梦"不同。中国梦就是要带领中国人民远离落后挨打,走向国富民强,对外不称霸不扩张,推动世界和平发展。

美国在发展社会经济的过程中，牺牲世界他国利益优先发展本国，无止境地获取地球财富，以不到世界人口5%的美国人消费了世界能源的1/3，这种发展之梦是世界资源所承受不起的，抑制与剥夺了世界其他国家的发展权。中国传统文化决定了中国在实现自身发展之梦的过程中注重主体之间"情感"与"关系"的良性建设，通过与他者的互动来协调自身行为，在国与国之间的关系上主张共建共享、互利和谐，在人与自然的关系上讲求"天人合一""和实生物"，尊重自然、顺应自然、保护自然，提出走"可持续发展"的道路，避免美国以过度消费自然资源、牺牲自然环境为代价的经济发展模式。同时，"中国梦"的发展观也克服了"欧洲梦"发展观所具有的狭隘性。"欧洲梦"的目标是要保护欧洲的整体政治经济利益，维护世界范围内有利于欧洲发展的权利分配结构，甚至捍卫一个完整的欧洲式生活体系也作为其政治性内容，包括移民、商品、语言、文化等生活问题都具有政治敏锐性。说到底，"欧洲梦"的发展战略是既得利益策略，其发展观具有地区保护性与封闭性，从这一点来说，与"欧洲梦"发展观相比较而言，"中国梦"的发展观更具普遍性与全局性。

与中国在实现民族复兴梦想进程中所奉行的世界观不同，奉守个人利益最大化原则的"美国梦"的驱动机制是利益原则，其所谓的"普世价值"依据利益的权衡而具有选择性，决定了"美国梦"说到底是美国为自己的梦。"美国梦"的实现以无视与粉碎其他国家梦想为代价,其单边利益最大化的梦想必然带来更多的世界冲突与反抗。从本质上讲,"美国梦"秉持的是分裂世界的世界观。"欧洲梦"体现了对美国这种以物质利益为基础的世界观的修正,从第二次世界大战中得到的挫败打击与负面经验引起了欧洲对世界现代性的反思,转而关注世界的"可持续性文明"与全球福祉,主张融入世界各种彼此依赖的关系之中。"欧洲梦"的这种包容性、整体性以及世界文化多元主义的主张在精神理念上与中国梦有某种程度的契合。然而,"欧洲梦"策略出发点是抵抗第二次世界大战后堕落了的世界,而不是与世界积极合作。从这点上分析,与中国主张的"协和万邦"、与世界各国友好相处、平等互助的梦想有一定的区别。

遥想当年,明代哲学家张载高呼:"为天地立心,为生民立命,为往圣继绝学,为万世开太平。"这句话可以作为今日中国梦的一个传统文化的注释,是源远流长的中国梦的一抹基色。

二、中国梦是充满辉煌、苦难与胜利的民族集体记忆

中国梦走过曲折的历程。这是一个"辉煌—衰落—复兴"的三部曲。

中华民族历史上有过震撼人心的强大繁荣和辉煌,它是周秦伟业,它是两汉文明,它是大唐盛世,它是宋季富土,它是元朝拓疆,它是明代兴旺,它是康乾胜景……汉唐宋三大文明巅峰留下了永远的骄傲,中国的丝绸之路覆盖西域、中亚、罗

马,盛唐中国则通过丝绸之路,欧亚联动,形成宏阔的东方文明圈,大规模移民潮流向中国,而大唐以海纳百川的胸怀,欢迎八方来客。

那是中国辉煌的历史之梦。

一个假装文明的毒贩、一个明目张胆的强盗,为保护他们猖狂的贩毒行为以获得经济优势,从而对中国大打出手,开动坚船,架起利炮,将烟毒和炮弹倾泻在这片古老而和平的大地上。两次鸦片战争,使中国逐步成为半殖民地半封建社会。

鸦片战争以来,中国政府在帝国主义列强的强迫下共签订了709个不平等条约,被侵占土地174万平方千米,加上蒙古独立,共失去土地330多万平方千米。战争赔款白银共计19.5亿两(相当于清政府1901年财政收入的16倍)。19.5亿两白银的战争赔款还不包括被掠夺的无数珍宝。174万平方千米土地中的20多万平方千米的土地是没有签订条约而被非法侵占的,它包括帕米尔高原的2万多平方公里与蒙古以北的唐努乌梁海地区18万多平方公里。

这是列强强加于中国的噩梦,是残酷而无情的事实。

然而这片大陆也经历了1840年以来的百年梦魇、百年抗争。战争—失败—割地—赔款,那是一个祸患频仍、灾难深重的百年,是一个民不聊生、备受凌辱的百年,是一个悲怆而无助的百年……

民族复兴的中国梦是这个苦难民族的光明之梦、理想之梦,更是无数仁人志士、民族脊梁的信仰之梦、理想之梦和实践之梦。

在170多年的历史中,无数怀抱着中国梦的先驱,面对亡国灭种的危机,为中华民族的复兴前赴后继。中国梦就是理想之火、信仰之火、奋斗之火和光明之火,在熊熊燃烧。

中国近代史上"睁眼看世界"的第一人是谁?有人说是魏源。晚清思想家魏源,可以说是最早擘画中国梦的人。他是晚清闭关锁国衰朽没落的帝国思维的批判者,是新思想的倡导者,为近代中国"睁眼看世界"的首批知识分子的优秀代表,先驱之一,编著有《海国图志》50卷、《圣武记》和《皇朝经世文编》120卷。《海国图志》中阐述了作者"师夷长技以制夷"的思想,主张学习国外先进的科学技术以抵御外国的侵略,使中国走上富强的道路。

据史查,中国近代"睁眼看世界"的第一人是林则徐,这是魏源对他的评价。林则徐是魏源的好友。他亲自主持并组织翻译班子,翻译外国书刊。把外国人讲述中国的言论翻译成《华事夷言》,作为当时中国官吏的"参考消息"。为了解外国的军事、政治、经济情报,将英商主办的《广州周报》译成《澳门新闻报》。为了解西方的地理、历史、政治,又组织翻译了英国人慕瑞的《世界地理大全》,编为《四洲志》,还组织翻译瑞士法学家瓦特尔的《国际法》等一系列著作。通过分析外国的政治、法律、军事、经济、文化等方面的情况,他认识到只有向西方国家学习才能抵御外国的侵略。

中国经历了70多年来的发展，特别是经历了改革开放40余年来的改革大潮，迎来了全球的"中国热"。期待、追捧、向往和攻击、污蔑同在，成就、功绩和困境、问题共生。

三、中国梦是什么

中国梦是什么？中国梦是解放梦、建国梦、现代化梦，中国梦是民主梦、自由梦，中国梦是公平梦、富裕梦、成功梦、人民梦，中国梦是两岸和平梦、祖国统一梦，中国梦也是改革梦、小康梦、强国梦，中国梦更是全球和平梦、世界大同梦……

中国梦有无数合理的答案，但作为一个民族的集体梦想，中国梦是中华民族的伟大复兴梦。

习近平说："每个人都有理想和追求，都有自己的梦想。现在，大家都在讨论中国梦，我以为，实现中华民族伟大复兴，就是中华民族近代以来最伟大的梦想。这个梦想，凝聚了几代中国人的夙愿，体现了中华民族和中国人民的整体利益，是每一个中华儿女的共同期盼。历史告诉我们，每个人的前途命运都与国家和民族的前途命运紧密相连。国家好，民族好，大家才会好。实现中华民族伟大复兴是一项光荣而艰巨的事业，需要一代又一代中国人共同为之努力。空谈误国，实干兴邦。我们这一代共产党人一定要承前启后、继往开来，把我们的党建设好，团结全体中华儿女把我们国家建设好，把我们民族发展好，继续朝着中华民族伟大复兴的目标奋勇前进。①

（一）中国梦是中华民族的强国梦

中国梦是强国梦，强国梦是通过经济、政治、文化和社会改革实现的，所以它是改革梦，是民主梦，是宪政梦，是法治梦，是发展之梦。实现中国梦还需要从体制上进一步探索与完善，要解决干部腐败、贫富差距、社会缺乏诚信、生态恶化等一系列问题，要把权力关进制度的笼子里，高扬宪法的旗帜。"全国各族人民、一切国家机关和武装力量、各政党和各社会团体、各企业事业组织，都必须以宪法为根本的活动准则，并且负有维护宪法尊严、保证宪法实施的职责。""任何组织或者个人都不得有超越宪法和法律的特权。"这是中国梦实现的根本保证。

实现民族复兴的中国梦不但要有勇气直面问题，也要有解决问题的措施与方法。其实现路径是"知行合一"，实干兴邦。改革梦、法治梦、民主梦、富裕梦、强国梦、复兴梦，所梦所想、所念所寄，都必须靠脚踏实地、团结奋斗，靠实践探索，靠实干兴邦。"宪法的生命在于实施，宪法的权威也在于实施。我们要坚持不懈抓好宪法实施工作，把全面贯彻实施宪法提高到一个新水平。"中国还有许多现实问题没有解决，从发展程度来讲，与美国、欧洲相比，在政治、经济、文化、道德、科学、教育等方

---

① 《习近平：实现中华民族伟大复兴是中华民族近代以来最伟大的梦想》http：//cpc.people.com.cn/xuexi/n/015/0717/c397563-27322292.html，访问日期：2021年8月17日。

面仍存在不同程度的落后，还需要大力增强解决问题的执行力。长期以来，中华民族是一个"多思""善思"的民族，往往"行"落后于"知"，知行不能同步，错失很多发展机遇，这与以美国、欧洲为代表的西方文化重视实践与探索的理性精神形成一种互补关系。中国在实现民族复兴梦想的过程中要善于学习美国、欧洲开拓、进取、务实的实践精神，要强调实干。从目前来看，中国发展正处于重要的战略机遇期，因此必须牢牢把握机遇，做到"知行合一"、实干兴邦，以身体力行的实践丰富中国梦的概念内涵，完善中国梦的思想体系，以新的中国精神参与到世界发展的实践洪流中。

（二）中国梦具有重视个体普惠于民的本质

中国梦是人民的梦、百姓的梦，是每一个个体和家庭的幸福梦、自由梦、富裕梦、安全梦和权利梦，是公平梦、成功梦，还是小康梦。马克思主义作为无产者的革命理论，极为重视无产者个体的幸福和自由。在《德意志意识形态》中，马克思和恩格斯宣称，任何人类历史的第一前提，就是"有生命的个人的存在"。在《共产党宣言》里，他们更是把共产主义社会界定为一个"联合体"。在那里，每个人的自由发展，是一切人自由发展的条件。也就是说，没有个人，没有个人的权利和自由，就没有共产主义。

中国有集体主义传统，而旨在民族复兴的中国梦既重视民族的整体利益，也不忽视个体利益。个人梦想可以推动国家发展，

"美国梦"的魅力便印证了这个道理。美国体制体现了鼓励个人发展的优越性，人人有取得成功的平等机会，个人通过努力奋斗能够实现自己的梦想。不容否认，"美国梦"机制给予个人发展以相对较大的自由，同时"美国梦"也并不绝对排斥集体主义，认为个体梦想的实现与国家梦想的实现相辅相成。同在一个西方文化体系下的欧洲文化强调人的独立、自由，注重个人的充分解放，欣赏个人能力价值在人群中的体现与个人天性的充分伸展，这种尊重个体的"个体观"调动了个体的积极性，释放出个体的创造能力，有效地推动了英法等欧洲国家的现代化发展。

西方文化的"个体观"具有积极的借鉴意义。应该说，今日"中国梦"的内涵有意识地体现了对个体的重视与关注，摆脱了极端集体主义的束缚，在强调集体主义的同时不排斥个体的需要，是以人为本的切实体现。网上广泛流传着这样一句话："你所站立的那个地方，正是你的中国。你怎么样，中国便怎么样。你是什么，中国便是什么。你有光明，中国便不黑暗。"道出中国梦的中国式个体观。

中国梦为每一个中国人演绎中国梦指明了方向，中国梦的国家梦想由每个个体梦想、每个家庭梦想汇聚而成，不仅以国家的名义而存在，也作为对100年来耻辱记忆的空洞回应而存在，通过实现每一个公民的个人权利与个人福祉来实现。中国梦关注每一个公民个体在教育、工作、收入、社会保障、医疗卫生服务、居住条件环境等方面具体梦想的实现，尊重个体尊严，为个体自由全面的发展创造了可能：构建"健康的大国意识"或"理性的国民心态"。在中国梦的理念与实践中，个人发展的梦想与民族复兴的梦想指向一致。

中国梦是中国和平崛起的中华民族伟大复兴，也是文化中国国民形象的树立。我们比任何时候都更需要向世界展现我们作为一个发展中大国的国民风范。我们应该既保留传统礼仪中亲切、和谐、敦厚、诚信等良好传统，又有发展中大国国民开明开放、自信进取的现代风范，用宽容、豁达、开放的心态面向世界。

（三）中国梦是民族复兴的文化梦

中国梦是文化中国之梦、文明中国之梦，是在全球重建中国形象之梦。在"美国梦"逐渐褪色、"欧洲梦"仍在探索的关节点，"中国梦"的提出是在避开资本主义发展方式的弊端，借鉴其他国家现代化先进模式，综合中西方文化的优点，发展出的中国对世界想象的一个理念体系，走的是中国特色社会主义道路。中国梦是对具有普世性的中华文化价值观的通俗化表述，是国际化地体现中国文化精神的人类共识。中国梦作为中国传统文化精神的一种历史性体现，对中国文化价值观做出了世界性的新诠释，并参与世界文化秩序的重构，在全球发展中积极贡献。

"文化中国之梦"蕴含着在经济上日益现代化的中国向世界展示自己博大浩瀚的文化蕴含、开放进取的文化品格、崇尚和平的文化理想的由衷愿望。作为中国形象在文化层面的投射，"文化中国"意味着在文化上全面传承自己优秀的民族传统文化，通过对话与交流，广采博纳世界各国文化的优秀成果，与时俱进，展现充满魅力与活力的中国形象。

中国是世界历史中唯一从古至今延续下来的文明古国。中国的现代化建设，是实现中华民族伟大复兴的壮丽事业，不仅要实现经济社会的全面发展，而且要实现中华民族优秀传统文化的现代转换。无论是增强国家软实力和国际影响力，还是实现经济与文化相互促进，建设和谐社会，都需要一个充满活力、富于创新的"文化中国"的国际形象。

由于文化渗透在日常生活的每一个细节，具有强大的渗透力，一个为世界各国所广泛接受和认可的"文化中国"，将会展示中国国际形象最具体、最亲切可感的一面。"文化中国"也意味着中华传统文化的丰富性、独特性在21世纪的更生，意味着中国文化对人类文化的创造性的转化与创新性发展。

历史上形成过以中国文化为核心的"儒家文化圈"和以中国为中心的东亚"朝贡体系"。这一方面与古代中国高度发达的物质文明有关，另一方面更在于中国的文化及生活方式等对周边民族和国家所具有的强烈的吸引力和辐射力。在文化的多样性和文化之间的对话交往成为人类普遍价值的今天，一个新的"文化中国"应该是一个统一的同时又充满魅力的多元文化竞相发展的中国，是一个热爱和平，尊重人类公平、正义、民主、自由的文化价值的中国。一个热爱和平、富于创新、豁达、开放、理性的"文化中国"必将赢得国际社会的广泛信赖与尊重，也必将早日实现发展和文化复兴的民族理想。

（四）中国梦是中华民族两岸同胞以及世界各地华人共同的梦

2013年7月25日，习近平总书记会见中国国民党荣誉主席连战及随访的台湾各界人士时强调，要继续推动两岸关系和平发展、促进两岸和平统一，真诚希望两岸同胞共同来圆"中国梦"。

习近平指出：大陆和台湾是休戚与共的命运共同体。近代以来，中华民族饱受列强欺凌。想起那一段屈辱的历史，每一个中国人都会心痛。实现中华民族伟大复兴，是中华民族近代以来最伟大的梦想。现在，我们比历史上任何时期都更有信心、更有能力实现这个梦想。"兄弟同心，其利断金。"实现中华民族伟大复兴，需要两岸同胞共同努力。我们真诚希望台湾同大陆一道发展，两岸同胞共同来圆"中国梦"。携手推动两岸关系和平发展，同心实现中华民族伟大复兴，应该成为两岸关系的主旋律，成为两岸中华儿女的共同使命。

连战则明确提出"一个中国、两岸和平、互利融合、振兴中华"16个字的未来发展方向。提出："结束敌对状态，逐步化解争议"，推动和巩固当前两岸关系和平发展的态势。"交流协商共荣，强化同胞情"，通过"互利融合"的过程，使两岸从"搁置争议"到"求同存异"与"求同化异"，最后到"互利融合"的阶段，使两岸交流更为深化。在两岸政治分歧存在之际，两岸一方面"分工治理、相互尊重"、加强合作、谋求双赢，另一方面展开探讨、累积共识,建立一种"平衡、对等、有效"的政治架构,对两岸未来稳定发展与和平将极有助益。

连战特别强调,两岸同胞"振兴中华"这一共同的目标,就是"提升民众福祉,发扬民族尊严",共同期待一个自由民主、繁荣富强、两岸和平统一的中国梦。

守望相助,携手共进。中国梦也是全世界华人华侨共同的梦想,是洗净百年屈辱、自信自立于世界民族之林的深切祈望,是延续和传承中华民族传统文化的普世理念的精神纽带,也是全球中华同胞沟通交流交往的现实桥梁。

(五)中国梦是美丽中国梦、大美生态梦

党的十八大"美丽中国"的提法一经提出,立即引起海内外的强烈反响和共鸣。这个转折时刻的创新理念,成为引领中国未来发展的关键词之一。

美丽中国梦首先是一个生态理念。经历了30多年经济社会的高速发展,我们今天面对着资源约束趋紧、环境污染严重、生态系统退化的严峻形势。如何尊重自然、顺应自然、保护自然,与自然为友,实现可持续发展,是当下中国面临的重要课题。推进绿色发展、循环发展、低碳发展,树立新的生态文明理念,落实生态文明的实践,才能实现中华民族永续发展,实现古老中国恒久美丽的千年祈愿。

美丽中国梦不仅是一个生态理念,而且是更宏伟更长远的文化—文明理念。生态问题绝不是孤立的自然和环境问题,而是与经济建设、政治建设、文化建设、社会建设各方面紧密融合在一起的文明形态。而美丽中国梦的内涵，除了美丽山川、美丽江河，必然地包含着美丽社会、美丽文化、美丽人生和美丽心灵。

美丽中国梦，那是一种精神，将激发全民族的创造活力；美丽中国梦，那是一种境界，标志着中国又踏上了一级新的台阶；美丽中国梦，那更是一种信念，是中华儿女万世不移的共同信念；美丽中国梦，那更是一个目标，一个宏伟的、惠及子孙万代的远大目标。

（六）中国梦是环球同此凉热的世界大同梦

从孙中山到毛泽东，"天下为公"四个字，代表着中国人的天下梦、大同梦。中国传统文化历来就秉持"大同世界"的梦想，中国梦是环球同此凉热、世界为公的"大同梦"。

对于当代这个动荡的世界来说，国家之间、种族之间、地域之间、不同宗教信仰之间的摩擦、争斗从来没有停止，战争与恐怖主义的阴影一直挥之不去。而和平、和解、协和万邦、和睦相处的和谐精神则是处理各国各民族相互关系的最佳选择。而中国对于当今世界的重大意义在于，它是世界经济、政治、文化的推进力量，是全球和平、安宁和人类幸福的创造力量。

自20世纪90年代初以来，以美国为首的西方国家一直在鼓噪"中国威胁论"。在美国人看来，正在崛起的中国是一个"未得到满足的、野心勃勃的大国，其目标是主宰亚洲"。在美国和西方世界的媒体中，来自经济的威胁、粮食的威胁、军事的威胁、环境的威胁、文明的威胁等种种来自中国的威胁纷纷出现。2001年以来，与"中国威胁论"一脉相承的"中国崩溃论"又粉墨登场，国际社会对中国国际形象有另外一种认识，即"强大但不确定的中国"。事实上，形形色色的"中国威胁论"和危言耸听的"中国崩溃论"已经严重损害了中国的国际形象，并影响了中国的国家利益。

意识形态的对立与西方大国的霸权心态是产生"中国威胁论"与"中国崩溃论"的根本原因。但是，我们也应该认识到，在中国走向世界、融入世界的过程中，包括西方国家在内的世界各国对中国的了解远远不及中国对世界的了解多。

不同于西方文化"二元对立"非此即彼的特点，中国梦秉持"求同存异"的理念，追求世界的和谐相处，承认并接受世界的多样性。中国文化是具有包容性和开放性的文化，中国文化正是在其发展历程中不断吸收、融合不同地域的文化而逐步形成的。由于中国地域宽广，中国文化从一开始就表现出多元文化的特征，是中华大地不同文化融合的产物。历史上的"汉唐气象"正是中华文明海纳百川、开放博大的体现。那些富于创新、充满创造性的民族与国家，无一不是胸襟开放、广采博纳，善于吸收不同民族的文化精华。近代以来，中国文化的停滞与衰落在很大程度上就是丧失了这种开放气度的结果。

在实现中华民族伟大复兴的中国梦进程中，以开阔的胸怀，广泛吸纳世界各民族的优秀文化，让中国分享世界，让世界参与中国,懂得学习他国长处并与之和平相处,不是一厢情愿地改造他者,而是兼顾他国利益,谋求共同发展,以积极的姿态与其他国家共同应对世界发展带来的新挑战,这就是中国的世界梦——"大同梦"的深刻内涵。

中国梦是历史之梦、现实之梦、未来之梦,是中华民族共同编织的伟大的复兴之梦。

然而实现梦想的道路和实践并不是一帆风顺的。当下的中国社会正处在巨大的社会转型期、改革的深水区、发展的瓶颈期、惩治腐败等顽疾的攻坚期。

中国梦并不都是美丽的玫瑰色。中国梦包含了各种不同的梦,充满不同的见解、不同的方案、不同的主张、不同的"主义",甚至充满怀疑、反对、争辩和斗争。

过去的一些年,腐败公行,利益集团固化,贫富差距拉大,民生问题频出。从婴儿奶粉、雾霾空气到食品危机,从土地红线、住房困局、拆迁风波到收入分配不公,从政治改革迟缓到维稳费用高企,从周边环境恶化到国际经济持续低迷,我们依然行进在一条荆棘丛生的道路上,我们依然面对着前进道路上的种种艰难与困境。

今天,公民社会崛起,网络化、移动化等新媒体技术带来公共空间迅速扩张、文化多样性、价值和思想多元化,激发了全社会强劲的政治参与热情。这种参政议政的民主权利已经成为一种基本的公民需求,它关乎中国每一个普通百姓的幸福梦能否实现。每个人对当下的和长远的生存质量——能否喝上放心的水，能否呼吸到清洁的空气——更加关注。中国梦并不都是鸿篇大论，高头讲章更多的是这样"一碗水""一口气"具体和实在。

四、中国梦的实现在于凝聚和激发改天换地、扭转乾坤的中国力量

如今，渴望对公共事务发言的普通公民越来越多，他们将自己梦想的小日子与国家梦想的大政治直接联系起来。人们清晰地感受到，很多生活难题，或多或少都与政治责任的缺失有关。人们强烈地反对形形色色的贪腐、无能和不作为。

参与民主政治，这是一个有着人口大国的最宝贵的民族热情，是一个民族走向成熟的标志，是一个现代国家迈向富足强盛的最重要的条件，也是中国共产党作为代表中国人民当下与长远的根本利益的政党的执政基础。

1930年1月，毛泽东在中国革命最艰苦的时期写下了《星星之火，可以燎原》一文，深情地展望快要到来的革命高潮：

它是站在海岸遥望海中已经看得见桅杆尖头的一只航船，它是立于高山之巅远看东方已见光芒四射喷薄欲出的一轮朝日，它是躁动于母腹中的快要成熟了的一个婴儿。

这难道不是今天中国梦的辉煌的未来？

顶层设计，辩证施政，
中国当前的文化治理

党的十八届三中全会通过的《中共中央关于全面深化改革若干重大问题的决定》（以下简称《决定》）对于推进文化体制机制创新做了全面系统的阐述。《决定》紧紧围绕建设社会主义核心价值体系、社会主义文化强国，深化文化体制改革，加快完善文化管理体制和文化生产经营机制，建立健全现代公共文化服务体系、现代文化市场体系，推动社会主义文化大发展大繁荣，提出了一系列创新性的观点。这是党在新的时代条件下带领全国各族人民进行的新的探索，对于建设社会主义文化强国，具有重要的现实意义和长远的历史意义。《决定》吹响了文化体制机制创新的进军号，将对我国文化发展产生重大影响。

文化，是党和国家新一代领导集体推进国家治理体系和治理能力现代化的重要组成部分。从文化的发展和繁荣来看，如何从五位一体的宏观整体上进行文化改革的顶层设计，并从改革的系统性、整体性、协同性出发辩证施政，是新一代领导集体推进文化发展的重中之重。《决定》指出，全面深化改革的总目标是完善和发展中国特色社会主义制度，必须更加注重改革的系统性、整体性、协同性，加快发展社会主义市场经济、民主政治、先进文化、和谐社会、生态文明。这就为我们全面深化改革确定了大框架、大格局。

我国文化体制机制的改革创新，文化产业的设计、决策，公共文化服务体系的建设，以及文化市场的建立和完善，是党的十六大以来特别是党的十七届六中全会以来改革开放的伟大成果。它是我们党锐意推进经济体制、政治体制和文化体制综合改革的重大举措，是我国大踏步赶上全球化的时代发展潮流的关键选择，也是我国进入并参与国际高端竞争的重要领域，是推进中国文化走出去，实现文化复兴的中国梦的重大战略。

中国梦的一个核心思想就是最大限度地动员一切积极因素，寻找全体人民的最大共识，找到中华民族复兴这一民族精神的最大公约数。《决定》的另一个新提法就是以激活全民族文化创造活力为改革开放的中心环节，要让一切劳动、知识、技术、管理、资本的活力竞相迸发，让一切创造社会财富的源泉充分涌流，让发展成果更多更公平地惠及全体人民。以往的提法是将培育合格的市场主体作为中心环节，包括推动国有经营性文化单位转制，降低门槛，吸引非公有资本进入文化产业。《决定》的新突破，体现了新一届领导以更加博大的胸怀，最大限度地动员一切积极力量，以改革开放这一民族最大共识来寻求最大公约数，来推送正能量，振奋民族精神，打破固化的利益格局，激发全民族文化创造的活力,为新一轮的改革输送不竭的动力。

一

《决定》最重要的特色是整体把握、宏观设计、全面推进、点上突破。在治理方式上采取辩证施政、执两用中、疾徐不二、稳步推进的战略,在文化理念上兼顾中西、通古开新,找到发展产业经济与普惠人民大众之间的平衡,找到历史与现实、速度和效率、发展与公平,乃至大和小、内与外之间平衡的执政风格。

文化体制改革是我国国家体制改革的重要组成部分。十年来,我国文化体制改革获得了重大突破。按照中央"创新体制、转换机制、面向市场、增强活力"的要求,文化领域大力推进经营性文化单位转企改制,增强国有文化单位的发展活力和市场竞争力,培育骨干文化企业,打造一批走向世界的、有竞争力的大型企业集团,鼓励民营文化创意企业快速发展,鼓励非公资本以多种形式进入文化创意产业领域,优化文化产业结构,推动一批企业上规模、上档次、抓效益,努力构建统一开放、竞争有序的现代文化市场体系。这是转变文化发展方式的现实途径。说到底,只有全面建设公共文化服务体系与推动文化体制的市场化改革,完成二者对位性均衡发展的任务,才能实现文化改革创新与新发展;也只有文化发展方式转变了,文化体制才能得到改革。

《决定》对完善文化管理体制和文化生产经营机制提出了新的思路:在"管"字上下功夫,以制度管人。规范了管理的方式、管理的内容和管理的重点：坚持政企分开、政事分开，推动政府部门由办文化向管文化转变，推动党政部门与其所属的文化企事业单位进一步理顺关系。抓好基础管理、内容管理、行业管理，以及网络违法犯罪防范和打击等工作联动机制，健全网络突发事件处置机制，形成正面引导和依法管理相结合的网络舆论工作格局。

《决定》的一个重要突破是肯定了建立党委和政府监管国有文化资产的管理机构，实行管人、管事、管资产、管导向相统一的管理方式。过去十年改革的推进方式以行政推动为主，自上而下地采取了政府决策、政府推动，甚至直接介入、直接办文化企业的方式，致使企业的行政色彩浓厚，市场主体地位难以确定。随着国有文化单位的分类改革基本完成，特别是国有经营性文化单位转制为企业，推动国有文化企业加快公司制改造，使之真正成为市场主体，成为改革全面深化的难点。

《决定》高度关注新闻媒体的管理，面对当前新型媒体的高速巨量发展，要求整合新闻媒体资源，推动传统媒体和新兴媒体融合发展。推动新闻发布制度化。严格新闻工作者职业资格制度，重视新型媒介运用和管理，规范传播秩序。

二

《决定》的一大亮点是将市场在资源配置中的基础性作用提升为决定性作用。经济体制改革是当前全面深化改革的重点，核心问题是处理好政府和市场的关系,使市场在资源配置中起决定性作用,更好地发挥政府作用。市场决定资源配置是市场经济的一般规律,健全社会主义市场经济体制必须遵循这条规律。过去十年,我国的文化市场体系还不够完善,存在着政府干预过多、监管不到位,甚至权钱交易、腐败等问题。

《决定》的重大突破在于强调建设统一开放、竞争有序的市场体系,使市场在资源配置中起决定性作用。加快形成企业自主经营、公平竞争,消费者自由选择、自主消费,商品和要素自由流动、平等交换的现代市场体系,着力清除市场壁垒,提高资源配置效率和公平性。建立公平开放透明的市场规则,完善主要由市场决定价格的机制。

在如何对待国有文化企业和非公有制文化企业上,过去一直存在着非公有制经济受歧视、发展难的问题和争论。《决定》旗帜鲜明地提出两个毫不动摇:公有制经济和非公有制经济都是社会主义市场经济的重要组成部分,都是我国经济社会发展的重要基础。必须毫不动摇巩固和发展公有制经济,坚持公有制主体地位,发挥国有经济主导作用,不断增强国有经济活力、控制力、影响力。必须毫不动摇鼓励、支持、引导非公有制经济发展,激发非公有制经济活力和创造力。要完善产权保护制度,积极发展混合所有制经济,推动国有企业完善现代企业制度,支持非公有制经济健康发展。

非公有制文化企业是我国文化产业的一支重要力量。《决定》

特别强调了给民营企业、各种形式的非公有制企业的发展以更好的环境、更低的门槛，积极鼓励社会资本、民间资本进入文化产业的各个领域。不仅允许和鼓励它们在电影、电视拍摄等领域继续发挥作用，而且允许它们参与对外出版、网络出版等领域，允许它们以控股形式参与国有影视制作机构、文艺院团的改制经营。

文化产业的发展基础，是各种形式的小微文化企业，是大量的创意工作室，是广大的青年创业者，是投身文化产业的大学生、研究生。他们是文化市场的主体，决定着产业发展的未来。国内外经验证明，许多创意大师、设计大师、传播大师和营销大师，往往是还在学校就读时，就开始踏上创业之路。培育原创力，突破陈规旧习，就要从青年开始。像比尔·盖茨、马克·扎克伯格等，正是在宽松的社会氛围下，在风险投资的大力支持下，才迅速地成长起来，成为举世闻名的跨国企业的领导者。

《决定》强调，必须积极稳妥地从广度和深度上推进市场化改革，大幅度减少政府对资源的直接配置，推动资源配置依据市场规则、市场价格、市场竞争实现效益最大化和效率最优化。政府的职责和作用主要是保持宏观经济稳定，加强和优化公共服务，保障公平竞争，加强市场监管，维护市场秩序，推动可持续发展，促进共同富裕，弥补市场失灵。要尊重经济规律，有质量、有效益、可持续地发展，在不断转变经济发展方式、不断优化经济结构中实现增长。

建立多层次文化产品和要素市场，鼓励金融资本、社会资本与文化资源相结合。完善文化经济政策，扩大政府文化资助和文化采购，加强版权保护。健全文化产品评价体系，改革评奖制度，推出更多文化精品。在坚持出版权、播出权特许经营前提下，允许制作和出版、制作和播出分开。

从市场出发，就要牢牢把握扩大内需这一战略基点，培育一批拉动力强的消费增长点，增强消费对经济增长的基础作用，发挥好投资对经济增长的关键作用。在汽车、住房消费经历了几年的"井喷"之后，今后我国居民消费的热点在哪里？作为经济改革转型升级的高端产业形态的文化产业，应当成为进一步改革的目标产业形态。发展服务业，应该发挥文化产业的"领头羊"作用。

消费是我国经济发展中最弱的一极。这与我国改革开放以来主要实行外向型经济和投资拉动战略有密切关系。我国的文化消费，一直处在较低水平上。文化消费引领首先要将消费者置于市场主体的位置，从市场的角度探讨消费者的文化需求，以文化消费的需求来引领文化产业的发展。

我国文化产业、文化经济、创意产业的发展与西方发达国家不同。西方发达国家发展文化产业是自下而上的，即由市场需求推动的，而中国文化产业是自上而下的，是通过前瞻性规划在全国全面推动的。

西方发达国家文化产业、文化经济、创意产业是在其全球化背景下由市场推动的，是市场导向、需求导向的，是消费推动的，是消费者长期形成并不断创新的文化需求推动的，比如影响全球的欧美大众流行文化。美国的电影市场、欧洲的戏剧市场、日本的动漫市场、韩国的游戏娱乐市场，都首先是社会产生了需求，需求拉动消费，消费拉动市场，市场引发产业的兴旺，并激发创意的产生。

作为赶超型后发国家，中国敏锐地把握到世界文化产业、文化经济、创意产业蓬勃发展的大趋势，看到了弯道超车的重大机遇。在我国文化发展理论界的研究与呼吁下，形成了广泛的社会共识，最终在党的十六大上确定了发展文化产业的大政方针。在过去的十多年中，在党和中央政府的战略决策特别是党的十七届六中全会的大力推动下，我国文化创意产业获得了前所未有的成就。战略决策、规划布局、党政督办、政策引导、财政鼓励是这一阶段的主要举措。

文化消费是促进整个文化产业良性循环发展的原动力，就发展文化产业而言，投资是否有效益，文化企业能否做强做大，从根本上讲，取决于是否有发达成熟和旺盛的消费市场。据统计，北京文化创意产业近三年年均投资已经达到300亿元，而文化消费在200亿元左右，文化消费的增长跟不上文化投资的增长。目前，美国与西欧一些国家的文化消费已经占到家庭总收入的30%，而北京不到10%。北京文化消费市场蕴藏着巨大的发展潜力。2013年，北京市举办首届北京惠民文化消费季，成效显著：

为期45天的活动中，累计消费2654.3万人次，总成交金额52.3亿元。北京为发展文化市场、文化消费树立了一个样板。

三

习近平指出，在漫长的历史进程中，中国人民依靠自己的勤劳、勇敢、智慧，开创了各民族和睦共处的美好家园，培育了历久弥新的优秀文化。《决定》对建立健全现代公共文化服务体系做出了清晰具体的思考和部署。

与西方发达国家不同，我国正在构建具有中国特色的公共文化服务体系，这是建设中国特色社会主义文化的创举，是建设服务型政府的重要举措，也是关注民生的重要内容。

习近平指出，宣传阐释中国特色，要讲清楚每个国家和民族的历史传统、文化积淀、基本国情不同，其发展道路必然有着自己的特色；讲清楚中华文化积淀着中华民族最深沉的精神追求，是中华民族生生不息、发展壮大的丰厚滋养；讲清楚中华优秀传统文化是中华民族的突出优势，是我们最深厚的文化软实力；讲清楚中国特色社会主义植根于中华文化沃土、反映中国人民意愿、适应中国和时代发展进步要求，有着深厚历史渊源和广泛现实基础。中华民族创造了源远流长的中华文化，中华民族也一定能够创造出中华文化新的辉煌。独特的文化传统、独特的历史命运、独特的基本国情，注定了我们必然要走适合自己特点的发展道路。

建立公共文化服务体系，提供公共文化服务，是现代国家构架的重要组成部分，是现代化发展的必然要求，是现代民主的重要内容，是保障公民基本文化权力、吸引社会广泛参与文创的重要形式，也是保护国家民族物质文化遗产与非物质文化遗产的根本保证。

公共文化服务体系包括完善公共文化服务网络、创新公共文化服务方式、健全公共文化服务组织体制和运行机制、维护低收入和特殊群体的基本文化权益、加强农村文化建设等一系列重要工作内容。它是我国服务型政府工作的重要组成部分。

公共文化服务体系建设的出发点、依据和最终目的，是满足广大公民的公共文化权益的普遍需求，提高民生文化福利水平，加强全民人文精神培育。它的主导取向是满足大多数公民的基本文化需求，提供具有普遍需求的基础文化服务。非营利、公益性是其重要特征。所以，建设公共文化服务体系的首要原则是公益公利、公平公正、公众参与、普惠于民。公平公正是现代文明社会基于"法律面前、人人平等"的基本人权的确认而坚持的重要价值理念。它强调公民获得公共文化服务的"平等权"。

基于我国文化多样性的现实，建设公共文化服务体系要尊重、维护和满足不同层次、不同群体、不同地域、不同族别公民的不同文化权益和不同文化需求，坚持普遍参与、多样发展，并特别关注妇女、儿童、残疾人等弱势群体，保护他们的文化权益不受侵害。兼顾城乡之间、地区之间的协调发展、统筹规划、合理安排，形成实用、便捷、高效的公共文化服务网络。

公共文化服务体系包括非常丰富的内涵，如现阶段的先进文化理论研究、文艺精品创作服务、文化知识传授服务、文化传播服务、文化娱乐服务、文化传承服务、农村文化服务等多个方面。先进文化理论研究服务体系在公共文化服务体系中具有基础性和引导性意义，而其余则具有更多的实践性和功能性。

建立公共文化服务体系对于提升国民素质，培养公民良好的文化修养，塑造文明开放的崭新国民形象；对于构建和谐社会，实现国家安定、文化认同、各民族团结和谐具有重大作用。

近年来，我国公共文化服务体系的建设成效显著，尤其是在基础设施的建设上，获得了长足进展。各级政府统筹服务设施网络建设，促进基本公共文化服务标准化、均等化。建立群众评价和反馈机制，推动文化惠民项目与群众文化需求有效对接。整合基层文化宣传、党员教育、科学普及、体育健身等设施，建设综合性文化服务中心。

《决定》进一步明确了不同文化事业单位功能定位，要求建立法人治理结构，完善绩效考核机制。推动公共图书馆、博物馆、文化馆、科技馆等组建理事会，吸纳有关方面代表、专业人士、各界群众参与管理。鼓励社会力量、社会资本参与公共文化服务体系建设，培育文化非营利组织，推动公共文化服务社会化发展。

发展公共文化服务、构建公共文化服务体系是实施以人为本、保障公民基本文化权利、提升公民文化素养、构建和谐社会的必要形式；是提高国家文化软实力，实现文化大发展大繁荣的重要途径；也是实施中国文化走出去战略，重建文化中国国家形象的根本措施。而发展文化创意产业是发展模式的调整和增长范式的重要转变，是向内生性的经济增长方式转变。其根本，是从GDP唯一模式向"以人为本"的科学发展模式转变。需要强调的是：政府在构建公共文化服务体系时主要负责提供基本的公共文化服务，而不是满足所有的精神文化生活需求，那些超出基本文化需求的服务，特殊的、高档的、流行的需求，公民可以通过文化市场获得。

四

面对当今世界各种思想文化相互激荡的大潮，面对国家发展和人民生活改善对文化发展的要求，面对社会文化生活多样活跃的态势，找准我国文化发展的关节点，在发展产业经济与普惠人民大众之间找到平衡，在速度和效率、发展与公平之间找到平衡，从而创造民族文化的新辉煌，是摆在我们面前的一个重大现实课题。

《决定》给我们指出了新的方向。

在全球市场的环境下大力发展市场导向的文化创意产业，与关注民生、利民惠民、以民为本、发展公共文化服务、构建公共文化服务体系，实现二者辩证的对位性的发展，是《决定》面对新形势、新变化和新需求做出的重要决策。一方面，它体现了中国共产党审时度势，面对新的国际经济发展态势做出的战略选择：作为市场经济国家，我国当前文化体制的改革和文化创意产业的发展，遵循市场经济的基本原则，获得了长足的进步，并日益走向全球市场。另一方面，它又从中国共产党的根本宗旨出发，代表了最广大人民群众的长远的根本的利益，以公共投入和规划建设的方式，满足公民进入小康时代日益增长的精神文化的基本需求。这一对位性创举，是不同于美国、欧洲各国的具有中国特色的发展模式。它还处在探索完善阶段，但已显示出强大的生命力和巨大的发展潜力。

发展公共文化服务、构建公共文化服务体系是实施"以人为本"，以均等化的方式保障每个公民的基本文化权利，是提升公民文化素养、构建和谐社会的必要形式，是适应当代世界潮流、建设现代民主国家的必由之路，是提高文化软实力、实现文化大发展大繁荣的重要途径，也是实施中国文化走出去战略、重建文化中国国家形象的根本措施。总之，发展公共文化服务、构建公共文化服务体系是提高我国综合国力、增强我国文化竞争力的强大推动力量。

文化创意产业发展与公共文化服务体系建设是落实科学发展观的两个重要组成部分，二者的协同和配套是文化全面发展的必要构成因素，缺一不可。文化创意产业与公共文化服务体系之间不是相互区隔的，而是相互支撑、交融互补、相需为用、共同发展的。二者相反相成，又相辅相成。文化创意产业要为繁荣文化提供丰富多样的文化产品，要为消费者的更高更特殊的需求创造更多更好的精神产品，公共文化服务要为文化发展提供良好的设施和环境。

五

习近平指出，对世界形势发展变化，对世界上出现的新事物新情况，对各国出现的新思想新观点新知识，我们要加强宣传报道，以利于积极借鉴人类文明创造的有益成果。

《决定》强调，要进一步提高文化开放水平，进一步扩大对外文化交流，加强国际传播能力和对外话语体系建设。联合国教科文组织《世界文化多样性宣言》指出：文化在不同的时代和不同的地方具有各种不同的表现形式。这种多样性的具体表现是构成人类的各群体和各社会所具有的独特性和多样化。文化多样性是交流、革新和创作的源泉，对人类来讲就像生物多样性对维持生态平衡那样必不可少。从这个意义上讲，文化多样性是人类的共同遗产，应当从当代人和子孙后代的利益考虑予以承认和肯定。

多年来，西方社会习惯于妖魔化中国，唱衰中国，中国国家形象在他们那里屡屡扭曲变形。要增强中华文化的软实力，要推动中华文化走向世界，我们必须在两个方面同时发力。一方面，加强中国传统文化和当代文化的传播弘扬，理顺内宣外宣体制，支持重点媒体面向国内国际发展；鼓励社会组织、中资机构等参与孔子学院和海外文化中心建设，积极承担人文交流项目。要精心做好对外宣传工作，创新对外宣传方式，着力打造融通中外的新概念、新范畴、新表述。另一方面，要从国际市场出发，支持文化企业到境外开拓市场，培育一批外向型的跨国文化企业，作为国家队，参与全球文化市场的红海竞争。

交流、沟通、交往、对话是我们这个时代文化与文化、国与国、民族与民族间合作共赢的必由之路。以中国和合文化为参照的执两用中的中国思维，成为21世纪世界文化交流的重要参照。中国文化的和合理念，执两用中的中庸之道，从根本上讲，是一种文化间性本位，是即此即彼、非此非彼、亦此亦彼的第三生成物。它是世界各个共同体间相互协商、谈判、让步、融合的结果。这一结果就是全球文化的公共领域与公共空间。

和而不同，同则不继。文学范式与话语的多样化引发对话与竞争，对话与竞争又进一步催生了创造的多样性。没有对话，就没有共同性，也就没有交流的基础；没有竞争，多种范式、多种话语就没有了张力关系或张力结构；没有张力，也就没有创新的动力；没有创新的动力，实际上也就没有了创新。求同存异，学术文化通过竞争发展，竞争是优化发展的基本途径，而创新——筹划、设计、投射，则是竞争中制胜的法宝。因此，在多样化现实中，当对话建立了同一性基础时，竞争就会倏然莅临。

如何进一步开放创新？习近平提出，要讲好中国故事，传播好中国声音。中国故事、中国声音，是中华民族集体记忆的结晶，是每一个成员共享历史和精神的过程与结果。这种共同记忆，既是民族群体共同生活的记录与积淀，又是走向世界、走向未来的共同基础。它是形成民族凝聚力的基本要素，是社会自我发展、自我完善的内在机制。

保证伟大民族集体记忆传承、交流和发扬的条件是提取该民族意识的精华，并不断创造新的经典。因此，我们要把我们民族最伟大的思想、观念、文学、艺术，伟大的代表人物、最好的故事、最好的声音，传达给这个世界，并面向未来一切时代。

谈谈中国文化的软实力

　　文化软实力，说的很多，如果深入探讨它，其实内涵也是很多、很深入的。笔者想先谈一谈第一个问题：当代世界各国战略中，文化地位的跃升是一个世纪性的问题，也是一个世界性的问题。

　　进入21世纪，当代世界意识形态之间的竞争已经发生了变化，即所谓意识形态的终结。主要是冷战时代结束之后，人们要思考如何面对新世界的发展，如何架构各个国家整体的新的文化结构。文化的转向被提出来，是在这个之前，在所谓历史的终结、意识形态的终结以及文学的终结、艺术的终结和其他很多的终结提出来的基础上提出了文化的转向、审美的转向，以及其他的后现代的转向等。这个转向的过程中，在国家形态上有重要的一点，就是意识形态作为最核心的冷战时代要素，在今天发生了新的变化。从这个意义上来讲，20世纪80年代以来，文化与发展的问题日益引起了世界各国的高度关注，这个普遍关注的关键，说的是文化与发展的关系。过去我们一直认为发展就是经济发展，经济的发展是我们执政兴国的第一要务，但是我们看到，发展如果简单地以经济来定义是不合适的，因为在20世纪80年代、90年代，整个世界关于这个问题的考虑有了巨大的进步，文化应当成为整体发展的最终目标，文化乃至文明是包容了经济在内的发展的总体方向。因此，由原来文化作为经济发展的一个从属部分、一个工具、一个方式的角度变化为文化成为目标、成为目的。这是当代世界各国战略中文化地位跃升的重要方面，也是冷战结束后的一个历史性的转向。

文化是每个国家、每个民族的重要资源，以前我们在这个问题上的认识是不够的，尤其是对文化的多样性。在这个世界上允许各种不同的声音，文化的发展是以多样性为基础的，所以这种文化的冲动力获得了合法的地位。我们在丹尼尔·贝尔提出的理念中已经有了这样的认识：在西方，文化已经变得至高无上。有两个根本原因：首先，文化成为西方文明中最具活力的成分，能量超过技术本身；其次，这种文化冲动力已经获得了合法地位，担负着前所未有的使命。在这里，文化成为每个民族的核心资源，改变了以前的一种观念。2001年，美国的一份叫《艺术文化与国家对策》的项目报告指出，美国文化是美国智慧和创造精神积聚而成的资本，这种特殊的资本既是人类成就和历史的宝藏，也是人类创造力和创新精神的源泉。美国人这样看，英国人也这么谈，英国人说，他们最宝贵的财富，是英国人的创造力。

西方世界从各个角度把文化提升到更高的高度，使之日益成为影响世界的力量。还有很多理论家从哲学到社会学，再到政治经济学各个方面都提出了这个问题，表明文化在当今世界具有了越来越重要的地位，文化的繁荣成为发展的最高目标。哈佛大学的萨缪尔·P.亨廷顿当年谈了，他创立的《外交政策》杂志今天仍然在谈。新世界冲突的根源不在于意识形态或者经济，而在于不同的文化。

从国内来讲，文化成为国家重要的组成部分，越来越上升，有这么一个过程，经历了一个从"文化大革命"之前的一主两仆到改革开放的两主一仆，再到三位一体、四位一体，指导五元共融的发展历程。"文化大革命"之前是以政为主导，经济和文化都是仆人。进入改革开放，我们有了经济中心，因此经济和政治成为两个主人，文化依然是仆人。从党的十五届五中全会开始，我们的文化才逐步恢复到三位一体的位置；党的十六大明确了我们国家的总体布局是三位一体，也就是经济、政治、文化三位一体；到了党的十七大真正全面确定了经济、政治、文化、社会四位一体的布局；到党的十七届四中全会，我们实现了"五位一体"的总体布局，即将生态文明作为国家构架的重要一极立起来，将人与自然、人与环境的问题空前地提出来。对文化的定位越来越高。在国家战略的层面上，文化价值有了重组和重估，这就是我们国家的文化地位的历史性变革，是国家战略层面上和国家架构上的一种重组和变化。

今天谈到了软实力的问题。约瑟夫·奈的一系列著作大家都很熟悉。耐人寻味的是，软实力的提出，是两个世界最强大的军事大国主管军事的官员提出来的。约瑟夫·奈是美国国防部的官员，做过美国情报部门的负责人。他在与海军上将威廉·欧文斯合著的书中提出软实力。两位军事家没有说军事力量，而恰恰提出的是软实力，这是值得我们深思的。

在中国，文明被称作文化软实力。什么是文化软实力？它的结构是什么？笔者觉得文化软实力应该包含这样四大部分。

第一，文化凝聚力。这是对56个民族，对中国人民进行的文化上的凝聚力量。对国内来讲，它是文化创造的重要源泉、核心价值观、吸引大家的根本所在，是内在精神力量获得全体人民认同的根本所在。所以文化软实力的第一个模块应该是文化凝聚力，包含了内在价值观、核心精神力的最重要的要素。

第二，文化影响力或者文化吸附力。这是对于整个世界来讲，中国文化如何走向世界，让世界产生价值观的认同，愿意跟着中国走，从而产生重大的国际影响，这是文化吸附的强大力量。这和软实力的根本内容要求是一致的。

第三，文化生产力。文化是经济，是市场，也是今天经济发展的强大推动力，因此文化生产力应当是文化软实力的一个非常重要的内容。在整个社会发展中，过去我们对文化的经济力量、文化的生产作为推动社会发展的生产力的认识是远远不足的；今天我们看到整个文化产业、创意产业的发展，眼球经济与注意力经济的体验产业的发展，都给我们展开了一幅图卷，那就是文化生产力是国家力量的一个重要的组成部分，尤其是国家经济力量的一个重要组成部分。

第四，文化服务力。我们还要建立一个公共文化服务体系，这是我国在建设中国特色社会主义中提出的重要理念，也就是在市场之外，我们要建立健全更高层次的公民公共文化服务机制，将二者融合建构成一个新的体系，来为老百姓服务、为人民服务、为长期的文化发展服务。所以构建公共文化服务体系，保证公民享有文化的基本权利是第四个模块，是非常重要的一个部分。

这样四个模块综合起来，是一种文化综合国力的集中体现，体现了我们国家在整个世界竞争中的文化竞争力。所以，在这四个模块中，核心是我们的价值观，是我们的内在精神力，四个模块合作，构成了中国文化走向世界的整个竞争力，是文化综合国力的集中体现。

今天要讲的第二部分是国家文化发展的重大战略决策里应该有两轮驱动、两翼齐飞。

在整体的发展中要充分、全面地发展文化创意产业。文化创意产业推动了生产力、经济和市场的发展，这是我们重要的一轮一翼；另外，我们在市场之外要构建公共文化服务体系，这是公民社会应当具有的一个体系，因此构建公共文化服务体系也是落实科学发展观的重要组成部分。这样就构成了二者的协同和配套，构成了文化全面发展的一个必要部分，这就是我们所说的两轮驱动、两翼齐飞。我们当前正处在重大的转型时期，转型时期给我们带来了重大的机遇，也带来了严峻的考验。我们目前正处在从中国制造到中国创造，建设创新型中国的历史发展的过程中，这个创新型的体系也是两轮驱动、两翼齐飞。第一个轮就是国家创新体系中的科技创新，是推动我们整个文化发展的基础，尤其是数字化高新技术给我们带来了一种前所未有的文化发展动力；我们不能光看到科技发展，也要看到文化内容的创新。文化的创新、内容的创新，构成了国家创新体系的一个重要的组成部分，即第二个轮。因此，文化的科技化和科技的文化化也变成了车之两轮、鸟之两翼。这样，我国蓬勃兴起的文化创意产业和蓬勃兴起的公共文化服务体系的建设，就为我国的创新型国家新的构架方式奠定了重要的基础。

刚才谈到了文化科技化和科技文化化，而经济的文化化和文化的经济化也是我们发展先进生产力的一个重要方面。文化作为当今世界先进的生产力，在这样一极里有着重要的地位。同时文化创意已经成为经济发展的主导产业，比如在北京，文化创意产业已经成为占GDP12%以上的重要的支柱性引擎产业。文化创意产业对生产力的推动是显而易见的，因此在未来的发展和建设创新型国家中，它的意义是非常清晰的。

发展公共文化服务体系，构建公共文化服务是提高软实力、实现文化大发展和大繁荣的一个重要途径，而文化体制、机制的改革是推动两轮驱动、推动文化大发展和大繁荣的根本动力。说到底，我国在体制、机制方面仍然存在着阻碍文化软实力发展的一些困境和一系列问题，这还是要通过文化体制的改革、文化机制的改革来解决的。实现文化创意产业与公共文化服务的协同发展，文化体制改革是一条必由之路。

文化的发展是硬道理

党的十七届六中全会全面总结了党史上文化建设的历史经验，首次提出把我国建设成为社会主义文化强国的宏伟目标，做出了坚定不移地走中国特色社会主义文化发展道路的伟大战略部署，在党和国家的发展史上必将留下浓墨重彩的一笔，成为当代中国文化发展史上的重要里程碑。

党的十七届六中全会《中共中央关于深化文化体制改革推动社会主义文化大发展大繁荣若干重大问题的决定》（以下简称《决定》）指出，全面建成惠及十几亿人口的更高水平的小康社会……要让人民享有健康丰富的文化生活。在这个重要历史变革的关口，我们面临着文化发展的重要战略机遇期。在新的历史发展期，文化繁荣成为党和国家发展的硬道理，文化的发展成为党执政兴国第一要务的重要组成部分，成为科学发展观的重要构成内容。

确实有一部分同志对在当前时刻做出文化发展的决策有所疑惑。他们对要在现阶段提出建设社会主义文化强国，提出中国特色的社会主义文化发展道路认识模糊。

党的十七届六中全会的《决定》，是在我国发展的重要历史时刻，党纵观全球发展格局，审时度势，高瞻远瞩，以与时俱进、面向未来的宏阔视野和战略远见，做出了中国特色社会主义文化发展道路的重大决断，决定适时而出、恰当其时。

一、文化发展的新的战略机遇期

从发展规律上看，改革开放以来我国经历了发展的重要战略机遇期，这主要是指20世纪后半叶西方发达国家经济结构的调整，世界制造业中心的转移，给我国第二产业的发展带来了重大机遇。党的十一届三中全会以来，我国实施经济改革，在经济全球化的世界浪潮中，抓住了这一机遇，获得了前所未有的发展，成为世界制造业的中心，成为世界工厂。

党的十七届六中全会提出我国正面临文化发展的新的战略机遇期，是依照新的世界发展格局和国内发展的现实提出的新的战略决断，也是面向未来的前瞻性战略决策。我国当前的文化正处在历史性转折的重要时刻，改革开放特别是党的十六大以来，文化发生了巨大的变革。文化变革的实践对文化理论与文化实践研究提出了迫切的要求。文化与经济、文化与政治、文化与社会、文化与生态文明、文化与综合国力，中西文化的碰撞、沟通与交流，中国传统文化的现代转换，中国当代文化艺术的建设与发展，文化生产力的解放，文化体制的进一步改革，文化公共服务体系的构建，中国文化软实力的打造，中国文化走出去的方式、策略与实践，都是当下国际国内向我们提出的新课题，要求我们做出严肃的回答。

从现实实践的困难和问题来看，文化发展也成为我们必须高度关注、全面解决的中心议题。进入市场经济以来，经济发展极大地调动了广大群众先富起来的积极性，解放了社会生产力，极大地推动了经济的发展。但同时文化的缺位带来了价值观混乱、信仰迷失、道德滑坡、诚信丧失、社会责任缺乏等一系列影响国家均衡发展的重大问题。制售假货、拐卖儿童、奶粉三聚氰胺、地沟油泛滥和黄赌毒案件，以及慈善诚信，特别是极少数官员贪腐的案件，都产生了广泛的社会心理震荡，给我们响起了警钟。

从历史经验上看，西方资本主义发展初期，经济、商业的快速发展往往是与基督教新教伦理伴行的，宗教精神在相当程度上发挥了抑制个体私欲疯狂滋长的制衡作用。我国改革开放以来，思想的解放，特别是个体向富的精神转变推动了经济的高速发展，却缺乏相应的文化与法制的制衡。改革开放前物质的极端匮乏带来了新时期矫枉过正的物质主义的风潮，教条主义的盛行和空洞的说教再也不能规范和引领人们的价值追求。而中国传统文化如儒家文化中的"内圣""外王""吾日三省吾身"的理念，面对汹涌而来的经济大潮变得苍白无力。同时，对于一个拥有实用主义传统的国家来说，国人对传统宗教的"临时抱佛脚""无子求观音"的态度，也消弭了中国传统宗教的渐修、顿悟、内敛、自守的精神特质。西方个人主义的传入，国人个体主义的兴起，普遍的传统文化道德语境的消失，完善的现代经济伦理的缺位，使得我们的经济发展成为"单向度"的发展。毋庸讳言,今天的文化发展已经到了如此重要、如此迫切需求的关键时期,忽视文化发展,我们就要走弯路、出问题,未来就会难关重重。

二、文化发展也是硬道理

发展是硬道理,是我党执政兴国的第一要务。为此,我们必须长期坚持聚精会神搞建设。这是邓小平面对经济建设的中心任务提出的重要思想,是改革开放初期重要决策。随着我国经济建设取得巨大成就,成为世界第二大经济体,2011年人均GDP达到5300多美元,我国进入了一个新的发展时期。在一定经济发展基础上高度关注文化的发展成为我国全面协调发展的重要决策。所以,党的十七届六中全会提出,文化发展也是硬道理。这个"硬"不是指与软实力相对应的硬,那个"硬"是指经济与军事的硬实力,而这个"硬"是邓小平独具风格的个性表达。"硬"是指发展的重要性、必然性和执行的坚定性,是管小道理的大道理。

党的十七届六中全会的《决定》发展了邓小平同志的理论,将他提出的主要指经济建设的"发展是硬道理",延展到新的历史时期的文化建设、文化发展。这是我党面对新的时期的新任务做出的重要延伸与转换。

推动文化发展也是党执政兴国第一要务的重要组成部分。过去我们聚精会神搞建设,经济毫无疑问是党和国家执政兴国的第一要务,现在我们要在经济、政治、社会和生态文明全面发展的基础上,专心致志搞文化建设。文化建设成为经济建设、政治建设、社会建设、生态文明建设协调发展的坚强思想保证、强大精神动力、有力舆论支持和良好文化条件。

纵观全球,当代世界各国战略中文化的地位获得了极大的跃升。当世界各国在制定其21世纪的国家发展战略时,都将文化作为最重要的因素来研究和考察,作为立国之本来进行部署。世纪之交的文化变革是当代最为重要的历史事件。

三、文化发展是科学发展观的重要组成部分

文化发展是科学发展观的重要组成部分,是深入贯彻落实科学发展观的基本要求。中国特色社会主义文化发展道路包含了十分丰富的内涵,党的十七届六中全会《决定》就文化对于党和国家发展的历史地位和重要作用做了深刻论述,历史地回顾了我党领导全国人民进行文化建设的丰富经验,全面吸纳四代领导集体关于文化的重要论断,回答了我国文化建设中一系列带有方向性、根本性、战略性的重大问题,明确提出了中国特色社会主义文化发展道路的方向、目的、动力,提出了新的历史时期文化发展的总体思路、未来格局,并全面部署了未来我国文化发展的宏伟战略,开创了我国文化发展的新纪元。

改革开放以来,我国文化在国家战略中的地位也发生了重大变化,文化在国家总体布局中的地位日益提高。党的十五大报告

首次明确地将文化放在与经济、政治同等重要的地位来进行宏观构架，对我国当前文化的发展做出了新的战略部署。报告指出："建设有中国特色的社会主义文化，就是以马克思主义为指导，以培育有理想、有道德、有文化、有纪律的公民为目标，发展面向现代化、面向世界、面向未来的，民族的、科学的、大众的社会主义文化。""建设立足中国现实、继承历史文化优秀传统、吸取外国文化有益成果的社会主义精神文明。"

党的十六大进一步从根本上确立了文化在国家体制、发展战略和未来竞争中的地位。党的十六大报告指出："当今世界，文化与经济和政治相互交融，在综合国力竞争中的地位和作用越来越突出。文化的力量，深深熔铸在民族的生命力、创造力和凝聚力之中。全党同志要深刻认识文化建设的战略意义，推动社会主义文化的发展繁荣。"

党的十七大进一步做出了推动我国文化大繁荣大发展的战略决策，提出：坚持社会主义先进文化前进方向，兴起社会主义文化建设新高潮，激发全民族文化创造活力，提高国家文化软实力，使人民基本文化权益得到更好保障，使社会文化生活更加丰富多彩，使人民精神风貌更加昂扬向上。

科学发展观全面推动文化建设走向国家架构的中心。从理论上看，科学发展观提升了文化在我党理论建设中的重要地位，强调了文化是每一个国家、每一个民族的重要资源，是民族精神赖以存在的根本，也是鼓舞整个民族发展兴旺的旗帜；从现实实践上看，今天世界的竞争，不再仅仅是政治的竞争、经济的竞争，更是一场大规模、大范围内的文化的竞争，文化软实力与文化生产力的发展已成为全球最核心的竞争领域。一部人类社会发展史，是人类生命繁衍、财富创造的物质文明发展史，更是人类文化积累、文明传承的精神文明发展史。人类社会每一次跃进，人类文明每一次升华，无不镌刻着文化进步的印记。文化的力量，深深熔铸在民族的生命力、凝聚力、创造力之中。

党的十七届六中全会的《决定》以四个"越来越"精辟地概括了当代文化的变革：文化越来越成为民族凝聚力和创造力的重要源泉、越来越成为综合国力竞争的重要因素、越来越成为经济社会发展的重要支撑，丰富精神文化生活越来越成为我国人民的热切愿望。

在一系列重大举措的推动下，我国当前文化已经逐步走向党和国家发展政策的中心，文化发展的理念已经成为党执政兴国第一要务的重要组成部分。公共文化服务体系与文化创意产业的对位性协同发展，成为科学发展观的重要内涵。文化创意产业成为经济结构调整的高端形态和目标业态，并将成为国民经济的支柱性产业。

面向未来，我们要在进一步抓好经济建设的同时，将文化建设、文化繁荣当作发展的更高目标去努力奋斗。要像搞经济建设一样聚精会神地搞文化建设，全力推动，完成历史赋予我们的伟大使命，实现中华民族的伟大复兴。

中国文化的包容性发展

2007年,亚洲开发银行提出一个全新的概念:"包容性增长"。它的原始意义在于"有效的包容性增长战略需集中在能创造出生产性就业岗位的高增长、能确保机遇平等的社会包容性以及能减少风险,并能给最弱势群体带来缓冲的社会安全网"。包容性增长的最终目的是让普通民众最大限度地共同享有经济发展成果。它最基本的含义是机会平等、公平合理。它与单纯追求经济增长相对立,寻求社会和经济协调发展、可持续发展,更加重视社会的和谐与稳定。

2010年9月,胡锦涛在第五届亚太经合组织人力资源开发部长级会议上,发表了《深化交流合作,实现包容性增长》的致辞;两个月之后(2010年11月),在亚太经合组织第十八次领导人非正式会议上再次提出,要"倡导包容性增长,增强经济发展内生动力"。2011年4月15日,在博鳌亚洲论坛2011年年会开幕式上,胡锦涛发表了以"包容性发展:共同议程与全新挑战"为主题的主旨演讲,阐述了中国对这一概念的看法以及中国在包容性发展上的实践。与前两次不同的是,这一次胡锦涛演讲的主题,作为定语的"包容性"后面修饰的主语,由"增长"变为

"发展"。"发展"不仅仅是指经济的"增长",还指包括社会、文化、教育、医疗等各个方面的共同发展。"发展"的问题要比"经济增长"的问题更为突出,实现包容性发展,则更为紧迫和重要。在这里,新的发展观不再仅仅是"经济增长",更不是"单向度"发展,而是包含了社会、文化全面协调发展的中国特色的新发展观。

包容性发展对于中国来说,将使经济发展回归增长本意,即"以人为本,以民为本",将经济发展与政治发展、文化发展、社会发展和生态文明发展看作一个协调发展的整体。其发展的目的不是单纯追求GDP的增长,而是使经济的增长和社会的进步、文化的发展,以及人民生活的改善同步进行,追求经济增长与资源环境、生态文明的协调发展。

包容性发展是中国经济发展方式转变的发展方向,它将经济与政治、文化、社会融而为一,全面、综合、协调地把握国家发展的重大问题,而文化的改革与发展是其题中应有之义。过去多年,中国通过改变生产关系、做大经济总量,成为世界第二大经济体,这是特定历史阶段的成功战略。但与此同时,中国的发展也存在很多突出问题。其中文化的发展远远落后于经济的发展,人民群众在更高水平的小康社会中的更高水平的文化需求问题显著地凸现出来,成为党和国家必须解决的重要症结问题。包容性发展为文化的发展提供了宽松的宏观背景,也为国内文化的发展开拓出更开放务实的巨大空间。

一、文化发展追求包容性发展

文化发展是追求更和谐发展、包容性发展的21世纪全球发展方略，是中国特色的科学社会主义全面、综合、协调发展的基本要求。

当代世界国家发展的多极化与中国文化的多样性——多民族、多地域、多层次、多面向的现实，呼唤文化的包容性发展。

文化的包容性发展的新的制度背景：从"三位一体""四位一体"到"五位一体"。

"三位一体"。党的十六大进一步从根本上确立了文化在国家体制、发展战略和未来竞争中的地位。十六大报告指出："当今世界，文化与经济和政治相互交融，在综合国力竞争中的地位和作用越来越突出。文化的力量，深深熔铸在民族的生命力、创造力和凝聚力之中。全党同志要深刻认识文化建设的战略意义，推动社会主义文化的发展繁荣。"

"四位一体"。党的十七大进一步做出了推动我国文化大繁荣大发展的战略决策，提出：坚持社会主义先进文化前进方向，兴起社会主义文化建设新高潮，激发全民族文化创造活力，提高国家文化软实力，使人民基本文化权益得到更好保障，使社会文化生活更加丰富多彩，使人民精神风貌更加昂扬向上。

"五位一体"。在一系列重大举措的推动下，我国当前文化已经逐步走向党和国家发展政策的中心，文化发展的理念已经成为党执政兴国第一要务的重要组成部分。文化建设成为我国经济建设、政治建设、社会建设以及生态文明建设协调发展的坚强思想保证、强大精神动力、有力舆论支持和良好文化条件。我们要在进一步抓好经济建设的同时，将文化建设、文化繁荣当作发展的更高目标去努力奋斗，要像搞经济建设一样聚精会神地搞文化建设，全力推动，完成历史赋予我们的伟大使命，实现中华民族的伟大复兴。

二、文化的包容性发展能够协调、涵养和推动文化的多层次内容

包容性文化发展必须进一步进行文化制度与文化体制创新，创造更合理、更包容、更协调的制度形态。文化创意产业发展与公共文化服务体系建设是包容性文化发展的两大重要组成部分，二者的协同和配套是文化全面发展的必要构成，缺一不可。在全球市场的环境下大力发展市场导向的文化创意产业，与关注民生、发展公共文化服务、构建公共文化服务体系、实现对位性的科学发展，是党的中国特色社会主义文化建设的创举。一方面，它体现了我党审时度势，面对新的国际经济发展态势做出的战略选择。作为市场经济国家，我国当前文化体制的改革和文化创意产业的发展，遵循市场经济的基本原则，获得了长足的进展，并日益走向全球市场。另一方面，它又从我党的根本宗旨出发，代表了最广大人民群众的长远的根本的利益，以公共投入和规划建

设的方式,满足公民进入小康社会日益增长的精神文化的基本需求。这一对位性创举,是不同于美国、欧洲各国的具有中国特色的发展模式。它还处在探索阶段,但已显示出强大的生命力和巨大的发展潜力。

文化的包容性发展必须进一步解放思想,将更高的国家意识形态与普遍社会文化心理思潮分层对待,尤其是对当代互联网数字文化新形态,需要更具包容性的发展思路;更多地关注当代新媒体环境下社会文化交往的新特点,社会文化思潮涌动的新规律,进一步推动民主、平等、自由等普世理念,寻找中华民族发展共生共荣的文化基因与文化元素。同时,包容性文化发展必须创造更宽松、更和谐的文化发展的氛围和环境,更少命令,更少指责,更多建设,更多宽容。

党的十七届六中全会全面总结了党的历史上文化建设的历史经验,首次提出把我国建设成为社会主义文化强国的宏伟目标,做出了坚定不移地走中国特色的社会主义文化发展道路的伟大战略部署,在党和国家的发展史上必将留下浓墨重彩的一笔,成为当代中国文化发展史上的重要里程碑。

党的十七届六中全会《决定》指出,我国人民建设更高水平小康社会,必然需要更高水平的文化生活,在这个重要的历史变革的关口,我们面临着文化发展的重要的战略机遇期。在新的历史发展期,文化繁荣成为党和国家发展的硬道理,文化的发展成为党执政兴国第一要务的重要组成部分,成为科学发展观的重要构成内容。

三、文化的包容性发展是兼容并包和谐共生的发展方式

文化的包容性发展是兼顾文化的各个方面、各个层次的发展方式。这种方式既要考虑公共文化服务体系的建设，又要大力推动文化创意产业的发展；既要着力于物质文化与非物质文化遗产的原生态保护，又要考虑如何使其经过当代创意设计的改造与转换，将之激活，成为今天人们仍然喜闻乐见的文化方式——包括运用产业运营方式、市场方式；既要弘扬和发展中国体大而虑周的传统文化，撷取其精华，又要剔除传统文化中的糟粕，在守正的基础上坚持创新创意创造。

党的十七届六中全会是我党历史上专题讨论党和国家文化发展的重要会议，是我国社会主义文化发展的重要里程碑。会议提出了建设中国特色社会主义文化强国的宏伟目标，进一步明确了走中国特色社会主义文化发展道路的总纲领，提出了到2020年文化改革发展的奋斗目标，对推进文化改革发展做出了战略部署，并为实现这一战略目标确立了六项重大任务，必将对我国文化发展和体制改革产生深远影响。

党的十七届六中全会指出：改革开放特别是党的十六大以来，我党始终把文化建设放在党和国家全局工作的重要战略地位，坚持物质文明和精神文明两手抓……促进文化事业和文化产

业同发展，推动文化建设不断取得新成就，走出了中国特色社会主义文化发展道路。这是对我国文化发展的理论与实践的高度概括，也是进一步推动文化发展的行动纲领。

21世纪以来，文化的价值在我国国家战略层面上被重新估量，文化被理解为社会均衡全面发展的重要基础，逐步走向国家发展政策的中心。特别是党的十六大以来，党和国家对文化的关注日益提升，对文化的推崇日见其力，显示了党审时度势，对新的历史时期文化发展的准确把握。这一把握突出表现为建立了中国特色的文化创意产业与公共文化服务的对位性机制。这是中国特色社会主义文化建设的创举。

中国文化发展方式的转变[①]

转变经济发展方式的实质是对原有经济发展方式的革命。转变经济发展方式很难,难在它是一场革命。一是从目标来看,转变经济发展方式是对原有的经济发展方式的一种彻底变革;二是从领域来看,转变经济发展方式延伸到社会发展领域、政治发展领域、文化发展领域;三是从作用来看,转变经济发展方式要使整个社会经济发展的水平、状况和性质等发生深刻的变化;四是从影响来看,转变经济发展方式对整个社会都会产生极为广泛的影响。那么文化产业怎么转变,转变中要把握好哪些因素,应该处理好哪些关系。记者独家专访了金元浦教授。

一、文化成为发展的终极目标

记者:金元浦教授,感谢您接受我们的采访。我们知道转变发展方式,不仅是经济领域的问题,而且是文化领域的问题。您长期致力于文化转向、文化产业研究,请问为什么要转变文化发展方式,转变文化发展方式的提出有何紧迫性和重要意义?

---

① 本文为2011年10月中国社会科学网记者采访的记录文字,经作者修订,发表于中国社会科学网。

金元浦（以下简称"金"）：好的。转变文化发展方式，是一个重大的理论问题，更是一个重要的实践问题，是一场重要的思想革命，是文化理论的创新。

胡锦涛同志在中央政治局第二十二次集体学习时指出，我国当前的文化发展，与人民群众日益增长的精神文化需求、快速发展的现代传播手段、不断扩大的对外开放、推动我国经济又好又快发展的新形势相比，还不完全适应。党的十七届五中全会提出，要坚持以科学发展为主题、以加快转变经济发展方式为主线谋划"十二五"发展，要更加注重"以人为本"，更加注重全面协调可持续，更加注重统筹兼顾，更加注重保障和改善民生，促进社会公平正义。要坚持把经济结构战略性调整作为加快转变经济发展方式的主攻方向，坚持把科技进步和创新作为加快转变经济发展方式的重要支撑，坚持把保障和改善民生作为加快转变经济发展方式的根本出发点和落脚点，坚持把建设资源节约型、环境友好型社会作为加快转变经济发展方式的重要着力点，坚持把改革开放作为加快转变经济发展方式的强大动力，促进经济建设、政治建设、文化建设、社会建设以及生态文明建设协调发展、共同进步。因此，我们必须进一步推进文化发展方式转变，努力实现文化又好又快的发展。

转变文化发展方式是科学发展观的重要组成部分。当前，我国正处在转变发展方式的新阶段。在这一转型中，文化理论和文化发展方式的创新具有极为重要的意义。这一创新既是观念的解放、产业的转型、新思路的开拓,又为国家文化政策的创新提供思路,是对未来我国文化发展方向的引领,是一种总体的文化战略的部署与策划。

记者:有数据显示,中国的文化产业占市场文化比重不足4%,而我国的GDP总量已经跃居世界第二。这样的数据说明了我国文化的软实力和硬实力相比两者差距非常大。出现这种情况的原因是什么呢?

金:什么是发展,发展的内涵是什么?发展主要指经济的发展吗?长期以来,国际国内社会一直将发展主要看作是经济的发展、GDP的发展、物质力量的发展。而文化则被视作可有可无的附属物,与发展无关,或与主体经济无关。

但20世纪80年代以来,文化与发展的关系日益引起世界各国的普遍关注。世界经济的一体化、全球化,高新科学技术特别是信息与媒体技术的发展,使各国重新思考文化与发展,文化、经济、科技与发展的关系。

越来越多的国家和民族认识到文化对于当代社会经济生活的巨大影响和制约,认识到文化作为高端产业形态和先进生产力的发展的现实和趋势。尤其是发达国家率先调整、转型、升级,大力推动文化创意产业,并在这一领域规划、布局,抢占创意制高点。

在这一全球性潮流的推动下,联合国教科文组织策划了"世界文化发展十年"(1988—1997)活动,并于1992年成立了以联合国前秘书长佩雷斯·德奎利亚尔为主席的世界文化与发展委员会。1995年,世界文化与发展委员会经过数年的调查、积累、撰写和修改,推出了报告《我们的创造的多样性》,深入论述了文化在人类发展中的极其重要的作用。报告认为,脱离人或文化背景的发展是一种没有灵魂的发展,经济的发展应当被看作一个民族文化的一部分。

报告指出,发展不仅包括得到商品和服务,而且包括过上充实的、满意的、有价值的和值得珍惜的共同生活,使整个人类的生活多姿多彩。因此,文化尽管有时候可以作为发展的手段,但它最终不能降到只作为经济发展的手段或仆从这样一个次要的地位。发展不仅包含经济的发展,也包含文化的发展。发展是一种对个人和集体产生强大的思想和精神影响的现象,而经济、科技的发展,说到底还是一个民族文化的组成部分,是人类文明的组成部分。1998年,联合国教科文组织在斯德哥尔摩召开了"文化政策促进发展"政府间会议。在这个会议上,提出了《文化政策促进发展行动计划》,大会讨论通过。这份计划指出:"发展可以最终以文化概念来定义,文化的繁荣是发展的最高目标","文化的创造性是人类进步的源泉。文化的多样性是人类最宝贵的财富,对发展是至关重要的"。因此,"文化政策是发展政策的基本组成部分","未来世纪的文化政策必须面向和更加适应新的飞速发展的需要"。

可见,当代世界对发展内涵的认识已经发生了重大转变,这在当代西方发达国家的产业升级换代中对文化创意产业的高度重视中清楚地得到了显现。

二、文化产业是转型经济的重要部分

记者： 随着经济结构的变化，文化越来越强烈地影响当代社会经济。能否请您具体谈谈文化是怎么影响经济的？

金： 好的。西方经济学家大卫·索罗斯比认为文化影响经济结构的方式主要有三类。其一，文化会影响经济效率。借由增进群体共有价值的方式，使群体成员得以进行经济的生产程序。其二，文化会影响公平。例如，透过不断灌输像关怀他人这样的共有道德原则之方式，并由此建立使关怀得以表达的机制。如果为了后代着想的道德责任能被大家接受为一种文化价值的话，那么在社会为一个整体的情况下，我们从跨代平等里即可看到文化在这方面的重要性。一般而言，文化对公平的影响会呈现在群体的资源配置决策上，如此，其成员可达到公平的结果。其三，文化会影响甚至决定群体欲追求的经济或社会目标。在整体社会的层次上，一方面，文化价值有可能与追求物质进步完全一致，并借此判定一个社会的总体经济成果为成功或失败；而另一方面，不同社会的文化并非只追求物质成长，还要追求非物质目标，例如生活品质。

记者： 有人认为，如今文化产业已经成为转型经济的重要组成部分，请问您怎么认识这个问题？

金：科学发展观提出的转变发展方式、调整经济结构，不仅是经济领域的问题，也是文化领域的问题。这首先是由以前的单纯的以经济为中心、文化为仆从（经济搭台、文化唱戏）的形态，转变到现在党和国家提出的经济文化化、文化经济化、经济文化一体化的战略思想上来。

随着全球化时代信息传播媒介的高速发展和消费社会的来临，文化生产已日益成为当代经济生活的一部分，成为复杂的现代化大生产的一部分。像电视、电影、出版、音像、文艺演出、工艺美术、体育比赛，乃至广告、信息、传播、娱乐等产业，已越来越发展为庞大的产业集团，成为经济结构中的重要组成部分，甚至成为许多国家国民经济的支柱产业。特别是文化创意产业推动并催生了当前在社会生活中产生越来越重要影响的新生的产业类别，即所谓数字新业态，如动漫、网游、互联网经济、数字设计、电子（数字）商务、网络电视台、手机电影、手机动漫、手机网游、手机音乐、手机报刊、手机阅读、手机娱乐等的发展壮大，并推动传统文化产业的变革。

从世界各国创意经济发展的数据来看，中国文化创意产业属于高增长、高利润的新兴产业，是升值空间大的"潜力股"。2004—2008年，我国文化产业增加值的增长速度每年都在17%以上，高于GDP增长速度。2009年，我国电影票房收入超过62亿元，同比增长42%，跃居世界第三；新闻出版业总产值突破万亿元大关，比上年增长20%，文化创意产业日益成为经济发展的新引擎。

　　文化创意产业已经成为经济发展中的高端产业,是当代服务经济中的高端形态。当前,我国产业结构要调整,要从低端制造业走向高端制造业,要从以制造业为主,逐渐调整走向以高端服务业为主,特别是向生产型服务业转型,实现从中国制造到中国创造的提升改造。作为先进生产力,文化创意产业是产业发展的高端形态,具有高附加值和高文化价值、经济价值,具有低碳环保、生态发展的基本特征,并具有创造就业岗位的优势。它将推动我国整体产业结构的升级、越界、调整和重组。

　　文化创意产业还是启动和满足内需的重要产业形态。当我国人均 GDP 已经接近 4000 美元时,从发达国家的经验看,我国公民的文化需求将有一次较大幅度的提升。我国休闲的、娱乐的、体验的、游戏的、养生的、旅游观光的和生态文化的需求将急剧增长。目前,我国电影电视市场、游戏市场火爆,黄金周文化旅游屡创新高,尤其是三网合一后的数字文化产品不断创新,推动了文化市场的新的繁荣。

三、体制改革是文化发展方式转变的关键

　　记者: 那么,能否请您就文化产业具体作用进一步详细谈谈?

　　金: 文化创意产业的根本观念是通过"越界"促成不同行业、不同领域的重组、提升与合作。这种越界主要是面对第二产

业的升级调整，第三产业即服务业的细分，打破二、三产业的原有界限，通过越界，寻找提升第二产业，融合二、三产业的新的增长点。产业要创意化、高端化、增值服务化，以推动文化与经济融合发展。二产制造业卖产品、卖机器，创意产业卖设计、卖理念、卖精神、卖心理享受、卖增值服务。从20世纪七八十年代以来，西方发达国家已经顺利完成了原有产业的转型、改造与提升，都将文化创意产业放在国家产业结构调整的重点位置，并将其作为国家经济的支柱产业来全力推动。

实际上，今天的文化产品与其他物质性产品在性质上和形态上是全然不同的。文化（文学、艺术、设计等）创意产品具有使用的多次性，尤其是精神产品的享用具有无穷性，而且越是使用，其价值就越高，越是使用得多，其增值速度也就越快；而物质性产品则会因使用和消费而消耗，其价值是递减的，最典型的例证便是那些一次性消费的产品。一栋房子，作为物质产品，在使用中会逐渐破损直至废弃，其价值会随使用性减弱渐趋于零；而作为艺术性精神产品（如某些艺术建筑）则具有精神享用的无穷性，其价值反而随着时间的延续而递增。

与汽车、家用电器或纺织品不同，信息产品的消费并不会使产品耗尽，使其价值逐一递减。相反，每一个产品都能被很多人重复使用，并且会随着使用的增多而变得更加具有价值。一件诸如轿车、冰箱或计算机之类的工业产品会因使用中的损耗而贬值，而某种信息或文化艺术产品恰恰会有完全相反的结果。一部电影、一本书、一个电视节目、一款游戏或一件软件产品的使用者越多，越受人们的欢迎，其价值就越会呈几何级数增加。

记者： 文化发展方式转变包括众多内容，文化发展方式转变的关键是什么呢？

金： 文化体制改革是文化发展方式转变的关键。文化体制改革是我国国家体制改革的重要组成部分。按照中央"创新体制、转换机制、面向市场、增强活力"的要求，推进经营性文化单位转企改制，增强国有文化单位的发展活力和市场竞争力，培育骨干文化企业，打造一批走向世界的、有竞争力的大型企业集团，鼓励民营文化创意企业快速发展，鼓励非公资本以多种形式进入文化创意产业领域，优化文化产业结构，推动一批企业上规模、上档次、抓效益，努力构建统一开放、竞争有序的现代文化市场体系，这是转变文化发展方式的现实途径。说到底，只有通过文化体制改革，才能实现文化发展方式转变，也只有文化发展方式转变了，文化体制才可能得到改革。

打破计划经济的文化发展模式，整合机构、转企改制，实行政事分开、管办分离，走向市场，到市场经济中去游泳，特别是到国际市场去一竞高下，是当前文化体制改革的重中之重。中国东方演艺集团有限公司、中国文化传媒集团有限公司、中国动漫集团有限公司同日在京成立。文化部推动多家文化事业单位转企改制，加大力度加快进度走向市场。三家集团有限公司转企改制，成为文化系统首批由经营性文化事业单位直接转制为国有独资公司的中央文化企业。国有电影事业单位转企改制的脚步明显加快，国有电影制片厂2009年底前没有按期完成转企改制且未出品新影片的，不再核发摄制电影许可证；第一批101家中央各出版单位转制工作基本按要求完成，103家高校出版社和268家地方出版社体制改革工作全面完成。

与此同时，全国国有文艺演出院团体制改革也打响攻坚战。国有院团实施结构调整，切实整合资源、调整布局、优化结构、提高效益。据载，2009年全年共有58家国有院团实现转企改制，区域性骨干演艺集团公司集中涌现。北京演艺集团公司、陕西省演艺集团公司、上海文广演艺集团公司等相继成立，成为区域性龙头演艺企业。这就是文化发展方式转变的先机。

文化体制改革全面解放了文化生产力，并引进了先进的生产力。但是，我国文化体制改革已经反复多次，过去的小打小闹收效甚微，如何真刀真枪动真格，我们拭目以待。

四、文化与科技要两翼起飞

记者：科技是第一生产力。在文化发展中，科技的作用如何，能否请您给网友介绍一下。

金：坚持文化与科技相结合，实现文化与科技的两轮驱动，不断增强文化产业自主创新能力，是文化发展方式转变中一项重要内容。一方面，传统的文化产业类别正在进行数字化高新科技的改造，如数字电影、3D、数字电视、数字出版等；另一方面，以数字化等高新科技为基础的文化创意产业新业态正在迅速诞生和风靡,如动漫、网游、数字音乐、网络视频、手机增值业务等。忽视当代数字高新科技的高端平台建设,缺乏高科技引导的创新创意,是我国文化创意产业发展的制约因素之一。

记者:《"十二五"规划》当中有一个重要的篇章,就是要大力推动文化大发展、大繁荣。刚才您也提到了这方面的情况,比如说要强调进行文化创新,那么推动文化创新的内容形式上的创新,我们怎么推动呢?

金: 文化创意产业是科技文化化和文化科技化的高端产业。我国跨越式发展的道路首先应以数字化、信息化高新技术带动文化的产业化。我国作为发展中的经济大国,近年来在世界媒介革命浪潮中奋力拼搏,信息技术业高新技术获得高速发展,与世界先进水平的差距正日益缩小。从某种程度上说我国网络信息产业的发展,紧跟国际步伐,几乎与国际先进水平同步,在技术与人才上,有着自身独特的优势,这就为中国文化产业跨越式发展提供了科学基础、技术保障和人才储备。

同时,当代信息革命已经由过去的硬件为王逐步走向软件为王、创意为王的新的发展阶段,正从技术为王时代走向内容为王时代。显然,在当今网络时代,信息产业只有与内容产业融合发展,才会如虎添翼,前程无量。正是在这个意义上,当代信息产业已不再是单纯的信息技术产业,而是信息技术产业与内容文化产业的高端融合形态。同样,文化产业只有与信息产业相结合,以信息化带动内容产业化，以产业化促进内容信息化，走新型产业化道路，才有可能实现我国文化创意产业的跨越式发展。

所以，实施文化创新发展工程不仅仅是在文化产业中提高科技含量，这只是其中的一个方面。更重要的是突出文化自身具有的性质：当代文化日益具有主体筹划、投射、设计和创造的特征。也就是说，文化生产力的发展依赖于在文化领域的各个方面从观念、形式、体制、管理到操作实践全面实施文化创新创意工程。文化领域必须积极参与国家知识创新体系，参考借鉴经济领域改革的成功经验，建设国家文化创新创意体系，丰富、扩大和提升国家知识创新体系的内容与含量。

目前，我国IT业、互联网和信息传播业的发展正迫切需要内容文化产业的支持和推动。这就为我国发展文化创意产业的战略提供了高端起步、跨越式发展的良好机遇。它应推动新兴数字技术支持的新媒体信息内容文化率先产业化，从新兴的创意内容产业等高端产业入手，以数字化等高新技术促进文化的产业化，改造传统文化生产流通方式，带动整个文化创意产业的全面发展和提升。

五、要实现文化创意产业与公共文化服务体系对位性融合发展

记者：金教授，我们发现《"十二五"规划》提出了"大力发展文化事业，加快发展文化产业"。我们说发展文化产业不

是让文化产业化，文化不能产业化，对于那些不能走产业化道路的文化，这两者之间我们怎么样理解，或者是怎么样理清这样的关系呢？

金：21世纪以来，文化的价值在我国国家战略层面上被重新估量，文化被理解为社会均衡全面发展的重要基础，文化逐步走向国家发展政策的中心。特别是党的十七大以来，党和国家对文化的关注度日益提升，对文化的推重日见其力，显示了党审时度势，对新的历史时期文化发展的准确把握。这一把握突出表现为建立了中国特色的文化创意产业与公共文化服务的对位性机制。

发展公共文化服务、构建公共文化服务体系是实施"以人为本"、保障公民基本文化权利、提升公民文化素养、构建和谐社会的必要形式，是适应当代世界潮流、建设现代民主国家的必由之路，是提高文化软实力、实现文化大发展大繁荣的重要途径，也是实施中国文化"走出去"、重建文化中国国家形象的根本措施。总之，建立公共文化服务、构建公共文化服务体系是提高我国综合国力、加强我国文化竞争力的强大推动力量。

发展市场导向的文化创意产业将向我国公民提供更加丰富多样的多种档次的文化产品，以适应不同层次公民的多样化、个性化的需求。产业在市场化的发展中不断壮大，全面增强文化自身的造血功能，并为公共文化服务体系积累资金，培育文明，开拓道路。

文化创意产业与公共文化服务体系之间不是截然区隔的，而是相互支撑、相互包含、相需为用、共同发展的。二者是相辅相成，又相反相成的。

记者：金教授，从现实来看，我国文化产业发展的基础至今仍不是十分雄厚，市场程度不高，体制弊端严重。但是，我国的经济改革和高科技产业的发展却是成就喜人，举世瞩目。所以，转变文化发展方式要借鉴和引进经济改革的成功经验。能否请您具体谈一下怎么借鉴和引进经济改革的成功经验。

金：我国经济改革以来，从观念、形态、体制、管理到实践操作，均积累了丰富的经验，也不乏教训。特别是在现代企业制度建立、股份制改造、上市金融运营、投融资管理、产业管理、对外贸易以及相关金融、会计、法律、咨询乃至广告运营和品牌构建等方面尤著。转变文化发展方式，就要全面学习我国经济改革的成功经验，把它运用到当前文化创意产业发展的现实实践中来。

转变文化发展方式，发展文化创意产业，充分借鉴和引进经济改革的成功经验，最重要的是要引进经济领域、科技领域的先进人才——战略策划人才、产业运营人才、企业管理人才、金融（上市）人才、投融资人才、科技创新人才，特别是原创设计人才。由于历史原因，我国相关文化部门长期在计划经济体制下工作，吃惯了"大锅饭"，市场意识和产业意识不强，这一领域的干部在思想观念、理论准备，尤其是实践操作等前设框架上，都缺乏准备、缺少经验。因此，转变文化发展方式，要引进一批懂得市场、懂得产业经营的管理人才，全面提高我国文化产业运营的水平，缩小与经济改革的差距。另外，文化产业与文化市场又有自己的产业的、行业的、企业的特点，需要在实践中培养既懂经济运营又精通文化产业的复合型专业人才。

最富创造性的高端创意人才是文化创意产业发展的核心。据统计，现代财富的创造更多集中在一些最优秀的创意人才上。这样，创意就成了当代产业组构中的一种特殊的设置，决定了产业的性质，并由此决定了产业的管理与操作。二产的发展靠机器、厂房、资源和劳动力，创意产业不同于制造业、劳动力密集型产业等第二产业，它的发展靠创意阶层，靠创意群体的高文化、高技术、高管理和新经济的"杂交"优势。

文化和旅游部《全国文化系统人才发展规划（2010—2020年）》出台。这是文化系统第一部人才发展规划，也是《国家中长期人才发展规划纲要（2010—2020年）》发布实施后，首个行业人才发展规划。呈现了开放的文化人才政策，提供了科学的人才培养方式，对于改变文化发展人才匮乏的现状具有重要意义。

六、从注重GDP到更注重人

记者：发展文化创意产业是发展模式的调整和增长范式的重要转变，是向内生性的经济增长方式的转变。其根本，是从GDP唯一模式向"以人为本"的科学发展转变。请问如何实现

"以人为本"?

金：改革开放以来，我国的经济发展经历了以粗放型、资源型、投资型为主的阶段。随着我国经济的高速发展，人民收入的不断增加，社会文化需求不断升级。表现为收入函数变化带来的新的需求增长方式的巨大变革和供给结构的调整。发展文化创意产业是增长方式的中心环节向内生性的创新模式的转变，是发展观念的转变，是发展模式的转换。它更关注人、热爱人、尊重人、提升人，有利于全面提高我国人民的生存质量和我国政府的服务质量，把经济社会发展切实转入"以人为本"全面协调可持续发展的轨道。

文化创意产业是与艺术、文化、信息、休闲、娱乐等精神心理性服务活动相关，满足小康社会人们精神文化娱乐需求的所谓"第五产业"，是城市精神消费与娱乐经济融合发展的新载体，是现代服务业的高端组成部分。在服务业的总体业态中，文化创意产业开拓艺术型、精神型、知识型、心理型、休闲型、体验型、娱乐型的新的产业增长模态，培育新的文化消费市场，涵养新一代创意消费群体，以推动新形态的文化经济的发展，并且通过在全社会推动创造性发展，来促进社会机制的改革创新。

现代科学技术已越来越广泛地渗透到文化领域，文化产品和文化服务的科技含量也越来越高。科技进一步文化化、人性化，文化也进一步科技化，新的高科技的文化娱乐方式不断创生，文化全面渗透到高科技产品之中。一切高科技产品归根结底都是为人服务的，都离不开文化，离不开文化所昭示的生存的意义、意味和人的生命的本质。高科技产品也只有最终依赖人们对文化服务的越来越广泛全面的需要而获得日益广阔的市场。一种无关人和人的文化的高科技既没有必要发展，也不可能发展起来。

记者：也就是说，文化产业发展的出发点和归宿点就是"以人为本"？

金：是的。先进的文化生产力和先进文化的发展，说到底是以人为目的，服务于人，服务于最广大人民群众的根本利益。产业结构下游化源于需求结构的上游化、高档化。随着社会生产力的迅速发展，人们的收入水平不断提高，人们的社会需要也不断提高。在满足基本的物质需求层次的基础上，人们更多地关注文化上的、精神上的、心理上的需要，注重个体的全面发展和人的生存质量。人们在生活中对第一产业产品的需求在总体支出中的比重会相对下降，对文化产品的需求则会大大增加，人们对书籍、音像、影视、艺术产品的需求，对娱乐服务、旅游服务、信息与网络服务的需求会大大增加。即使物质需求层次的衣、食、住、行需要也大大地文化化了。随着生活水平的日益提高，人的更高层次的需求便会优先增长，因而精神文化附加的经济含量和财富含量越来越高，而文化产品与文化消费则会优先增长。

我国人均 GDP 达到 4000 美元时，东部发达省、市已达 10000 美元左右，这是一个历史性的巨大飞跃，将使我国产生不可估量的重大变化。

中国传统文化是文化自信的深厚底蕴

2016年7月1日,在庆祝中国共产党成立95周年大会上的"七一"的讲话中,习近平总书记提到了"中国方案":"中国共产党人和中国人民完全有信心为人类对更好社会制度的探索提供中国方案"。

几年前,很多学者广泛讨论"中国模式",认为中国的崛起创造了一个有别于西方的发展模式,甚至超越了西方。但中国一直保持谨慎,并没有在正式场合引用"中国模式"一词。从实践上看,中国的发展道路一直在探索和完善中,但也有一条主线一直坚持了下来——人民立场,从而形成了中国特色的发展道路。

这次习近平总书记提出了解决人类发展问题的"中国方案",这个方案不是对现有西方制度的简单复制,而是完善和超越,是更好的社会制度设计。但绝不是像西方某些国家一样,对自身文化怀有盲目的优越感,以普世自居,强加于人,而是一个可供选择的,有中国的鲜明特色,也有一定的普遍规律的"中国方案"。

正像习近平总书记所说的,历史没有终结,历史也不会被终结。"中国方案"来自我们对发展道路、理论、制度和文化的自信。

"四个自信"是一个相互联系而又不可分割的整体，但文化自信是更基础、更广泛、更深厚的自信，将文化自信与"三个自信"有机一体，既体现出习近平对文化自信的高度重视，又极大地拓展了"三个自信"的广度和深度。把文化自信上升到中国特色社会主义的"四个自信"，既显示出中国特色社会主义文化更趋成熟，又彰显出中国共产党带领中国人民实现民族复兴伟业路上的文化自强，不仅丰富发展了中国特色社会主义文化理论，也正在为我们的强国自信提供更基本、更深沉、更持久的力量，因此理所当然地成为党中央治国理政新思想、新实践的重要体现。

"文化自信，是更基础、更广泛、更深厚的自信。"对道路、理论和制度的实践也会慢慢内化为文化的基因，因此，文化自信是更深层次的民族品格。但中国的文化自信是自尊，能坚持自己的根本，绝不是"文明与野蛮"的盲目自傲。

这种平等、开放的文化观，可以让"中国方案"寻找到更多的知音。这也是中国参与全球治理、推动新的国际秩序的一个根本心态。

文化自信是实现中国梦的"加速度"，是弘扬中国精神的"源动力"，是凝聚中国力量的"向心力"，是坚持中国道路的"稳定力"。"自信人生二百年，会当水击三千里。"只要在中国共产党的正确领导下，不忘初心，继续前进，始终坚持"四个自信"，中华民族伟大复兴的中国梦一定能够实现。

历史总是要前进的。历史从不等待一切犹豫者、观望者、懈怠者、软弱者。只有与历史同步伐、与时代共命运的人,才能赢得光明的未来。

(1) 中华传统文化是中华民族的生存方式和精神家园。习近平总书记提出:"中华文化积淀着中华民族最深沉的精神追求,是中华民族生生不息、发展壮大的丰厚滋养。""中华文明源远流长,厚育了中华民族的宝贵精神品格,培育了中国人民的崇高价值追求。自强不息、厚德载物的思想,支撑着中华民族生生不息、薪火相传。""优秀传统文化可以说是中华民族永远不能离别的精神家园。"中华文化塑造了中华民族自强日新、厚德载物的"最深沉"的精神追求,赋予中华民族生生不息的生命力。

(2) 中华传统文化包含着许多人类文明的生存智慧。习近平总书记明确提出:"在确立人类社会普遍的道德规范方面,中华文化有其优长之处。"认为中华文化中包含着许多为人类所共同遵循的普遍性的生存智慧。"老子、孔子、墨子、孟子、庄子等中国诸子百家学说至今仍然具有世界性的文化意义。"指出这些"思想家上究天文、下穷地理,广泛探讨人与人、人与社会、人与自然关系的真谛,提出了博大精深的思想体系。"强调老子、孔子等人的思想中包含了许多正确的反映人与人、人与社会、人与自然和谐生存发展规律的真理性认识,这些思想"思考和表达了人类生存与发展的根本问题,其智慧光芒穿透历史,思想价值跨越时空,历久弥新,成为人类共有的精神财富"。这种高度肯定的中华优秀传统文化是人类共有精神财富具有世界普遍文化意义的思想观点，是我们党历代领导人中第一次提出，无疑体现了我们党对于中华优秀传统文化的本质意义的新认识。

中国文化是人类历史上唯一一条从未断流的古代文明的长河。虽然历经5000多年的演变，至今仍然焕发着勃勃的生机。她弘浩博大，流丽万有；她克明峻德，修道以仁；她克己修身，励志图强；她劝学师圣，慎思明辨；她品德藻神，安本守诚；她阴阳相济，追求神人以和。而她的主流精神则是刚健有为、自强不息的精神与和而不同的和合精神。

习近平指出，中华优秀传统文化中包含着几千年来中国人民生生不息、绵绵不已的民族精神和发展动力，蕴涵着今天实现中国梦的中国精神和中国力量。它在"今天依然是我们推进改革开放和社会主义现代化建设的强大精神力量"。认为古人所说的"先天下之忧而忧，后天下之乐而乐"的政治抱负，"位卑未敢忘忧国"的报国情怀，"富贵不能淫，贫贱不能移，威武不能屈"的浩然正气，"鞠躬尽瘁，死而后已"的献身精神等，"都体现了中华民族的优秀传统文化和民族精神，我们都应该继承和发扬"。2013年8月，习近平总书记在全国宣传思想工作会议上提出，优秀传统文化中包含着中华民族"最深沉的精神追求"，"最深厚的文化软实力"，可以凝聚和打造强大的中国精神和中国力量。

中国文化不仅丰富多彩，而且有着迷人的气质和丰富的内涵。这迷人的气质和丰富的内涵就是中国文化的基本精神。

关于文化的基本精神，张岱年说："文化的基本精神就是文化发展过程中的精微的内在动力,也即是指导民族文化不断前进的基本思想。"

可见,所谓文化精神,就是推动和指导人们实践的思想,亦即世界观和人生观。

无疑,中国文化的基本精神就是推动和指导几千年中国文化发展的世界观和人生观。

(3)中华文化的核心是"和"的思想。中华传统文化的核心精髓是什么?习近平依凭他对传统文化的广博深入的理解,深刻指出,"和",即和合、和谐、中和的思想。指出"这种'贵和尚中、善解能容、厚德载物、和而不同'的宽容品格,是我们民族所追求的一种文化理念。自然与社会的和谐,个体与群体的和谐,我们民族的理想正在于此,我们民族的凝聚力、创造力也正基于此,甚至还可以毫不夸张地说,我们中华民族传统文化的精髓也正是在于这种伟大的和谐思想"。在2014年5月召开的中国国际友好大会上他又说:"中华民族历来是爱好和平的民族。中华文化崇尚和谐,中国'和'文化源远流长,蕴含着天人合一的宇宙观、协和万邦的国际观、和而不同的社会观、人心和善的道德观。在5000多年的文明发展中,中华民族一直追求和传承着和平、和睦、和谐的坚定理念。以和为贵,与人为善,己所不欲、勿施于人等理念在中国代代相传,深深植根于中国人的精神中,深深体现在中国人的行为上。"这里,习近平同志对"伟大的和谐思想"及内容功能的科学概括,使对传统"和"思想的认识提升到一个新水平。

和、和合的理念是包容的渊源与根本。中华优秀传统文化包含了天人合一、以天合天的和谐自然观与政通人和的政治观，和为贵的人际关系社会观，和气生财的商业信条，贵和尚中的哲学观，协和万邦、善邻怀远的国际关系观。

和谐是中华民族5000多年文化的精髓，是中华文明对世界和平的伟大贡献，也是北京的城市灵魂，和谐体现在人与自然的天人和谐、古今和谐、民族和谐、国际和谐等方面。

哪些优秀传统文化思想能"古"为"今"用？在世界儒学大会上，习近平为在座的国际友人们列出了15种：道法自然、天人合一，天下为公、大同世界，自强不息、厚德载物，以民为本、安民富民乐民，为政以德、政者正也，苟日新日日新又日新、革故鼎新、与时俱进，脚踏实地、实事求是，经世致用、知行合一、躬行实践，集思广益、博施众利、群策群力，仁者爱人、以德立人、以诚待人，讲信修睦，清廉从政、勤勉奉公，俭约自守、力戒奢华，中和、泰和、求同存异、和而不同、和谐相处，安不忘危、存不忘亡、治不忘乱、居安思危。

习近平主席总结道："中国优秀传统文化的丰富哲学思想、人文精神、教化思想、道德理念等，可以为人们认识和改造世界提供有益启迪，可以为治国理政提供有益启示，也可以为道德建设提供有益启发。"

历史是最好的教科书。习近平曾指出，一个民族、一个国家,必须知道自己是谁,是从哪里来的,要到哪里去,想明白了、想对了,就要坚定不移朝着目标前进。中华文化源远流长,积淀着中华民族最深层的精神追求,代表着中华民族独特的精神标识,都传承着中华民族的精神基因,是我们最深厚的文化软实力。

培育和弘扬社会主义核心价值观必须立足于中华优秀传统文化。牢固的核心价值观,都有其固有的根本。抛弃传统、丢掉根本,就等于割断了自己的精神命脉。博大精深的中华优秀传统文化是我们在世界文化激荡中站稳脚跟的根基。

不忘本来才能开辟未来,善于继承才能更好创新。对历史文化特别是先人传承下来的价值理念和道德规范,要坚持古为今用、推陈出新,有鉴别地加以对待,有扬弃地予以继承,努力用中华民族创造的一切精神财富来以文化人、以文育人。

要讲清楚中华优秀传统文化的历史渊源、发展脉络、基本走向,讲清楚中华文化的独特创造、价值理念、鲜明特色,增强文化自信和价值观自信。

2014年5月4日,习近平与北京大学师生座谈时提出:要认真汲取中华优秀传统文化的思想精华和道德精髓,大力弘扬以爱国主义为核心的民族精神和以改革创新为核心的时代精神,深入挖掘和阐发中华优秀传统文化讲仁爱、重民本、守诚信、崇正义、尚和合、求大同的时代价值,使中华优秀传统文化成为涵养社会主义核心价值观的重要源泉。

他说,他很不赞成把古代经典诗词和散文从课本中去掉,"去中国化"是很悲哀的。应该把这些经典嵌在学生脑子里,成为中华民族文化的基因。

古诗文经典已融入中华民族的血脉,成了我们的基因。我们现在一说话就蹦出来的那些东西,都是小时候记下的。语文课应该学古诗文经典,把中华民族优秀传统文化不断传承下去。

全球本土化、本土全球化与文化间性

本土全球化是一个重要的创新理念。它是全球化发展到今天的一个全新的阶段,是边缘国家、边缘地域、边缘民族(发展中国家、地区)随着经济的崛起而逐步获得文化话语权的历史进程,是后现代文化消解或解构西方文化中心主义,世界文化走向多中心的产物。它意味着一种新的更合理的多极化的全球文化生态格局的出现:这个世界不应该只有一个中心或某两三个中心,而是让不同的文化对话交往,共生并存,和而不同,多元互补。本土全球化当下的内涵是,曾经处于边缘、没有话语权的民族和地域,借助于现代高科技传媒、数字网络文化的"民主化浪潮"走向世界,获得了发言的机会,赢得了世界的关注,塑造了自身的形象,开始让世界了解自己。

而文化间性则致力于建立全球公共领域或公共空间。全球公共领域是多极化世界在努力寻找全球共同理念的公共平台,是寻求人类普世理念,协商、研讨、谈判人类的共同行为的公共平台。环境、生态、贫困、道德、文化等全球共同问题,是全球化必须解决的根本问题。

一、从全球化说起

（1）全球化是当今世界关注的最重要的话题，也是当今世界经济的、政治的、文化的最重要的现实。引发全球金融海啸的美国次贷危机，就是全球化的一个明证：美国一感冒，世界发高烧。

什么是全球化？对全球化的理解和定义有数千种，可以说纷繁多样、争讼不已。许多学者提出了各种不同的见解，如：

伊曼努尔·沃勒斯坦的"世界体系"说，费尔南·布洛代尔的一个由欧洲主导的世界的出现，F.弗罗贝尔的"一种新的国际劳动分工"，即生产的跨国化。

弗里德里克·詹姆逊好多年前就指出：对于全球化问题，从逻辑上说可以有四种观点。第一种观点认为并不存在全球化这一事物（现在还存在着民族国家和民族环境，世界上没发生什么新鲜事）。第二种观点认为全球化并不新鲜，全球化一直都存在。第三种观点认为，全球化与作为资本主义终极目标的世界市场之间的联系只是使得当今的世界网络在程度上有所变化，而没有改变其类别。第四种观点假设了一种新的或第三阶段的跨国资本主义，全球化是其本质特征。它与被称为后现代性的东西联系在一起。

面对全球化的多种见解，阿里夫·德里克认为："全球化究竟是已被欧洲权力全球化了的资本主义现代性历史的最后一章，还是另外即将以任何具体形式出现的某个事件的开始,仍不甚清楚。清楚的是全球化话语是对全球关系的不断变化的结构——新的统一和新的断裂——的回应,同时也是把握那些变化的一种新的认识论的需要。"

全球化是一个历史过程。如汤姆林森所言,它是"现代性"的必然后果,是与后现代性密切相关的当代过程。

全球化无疑包含着经济全球化,经济全球化是自由资本主义的全球化。而这里主要探讨文化的全球化。

(2)全球化是文化的全球化,全球化对文化至关重要。它是以西方中心文化影响处于边缘地域的其他民族文化的历史过程。吉登斯提出"移地性",他认为:"地域变得日益模糊,也就是说,某地区完全被与它们相距遥远的社会影响穿透,并依此而被建造。建构地区的东西不单是在场出现的东西;地区的'可见形式'掩藏着那些决定其本性的远距离关系。"阿里夫·德里克发现,"人们常常根据文化观念将地域范围的文化特征视为落后的标志,然后以此为借口来迫使他们向全球化的文明'开放'。"

新技术推动了全球化的发展。网络和数字化信息技术的高速传播改变了世界。网络无所不在,改变了传统的时空观。时间和空间的"趋零距离"使世界日益成为名副其实的"地球村"。保罗·维瑞利奥指出,"我们正在观看的不是'历史的终结',而是'地理的终结'",所谓"此地不再存在,一切都成了现时"。

世界的西方化,是西方中心国家的"非领土扩张化"。全球化的重要内容和重要部分是全球的西方化、美国化。在全球化的发展现实中，西方文化、美国文化与世界其他文化之间的关系是很不平衡的。一种观点认为，全球化就意味着同一化和标准化。事实上，这是以西方文化、美国文化为标准的同一化和普世化。美国文化通过以美国为基地的跨国公司或多国公司的中介，以美国物质生活的标准形式，推动美国的价值观和文化形式（好莱坞、迪士尼、美国英语）向全世界广泛传播。

二、全球本土化

全球化与本土化的矛盾必然存在。正如阿里夫·德里克指出的，"文化是一种以地域为基础（而不是以地域为界限）的现象"。全球化在它的发展过程中出现了新的问题。

（1）世界文化在从西方中心走向全球边缘地域、边缘国家的过程中，经历了一个全球本土化的历史过程。世界各国、各民族、各不同地域的文化的多样性、地域性、民族性强烈地呈现出来，反全球化的声音此起彼伏。

（2）全球化进入新阶段，呈现新面貌。西方中心文化在进入各不同国度、不同民族、不同地域时，受到本土文化的强烈反抗，必然呈现为一个"反抗—选择—协调—顺应—变异"的过程。美国文化在中国，就是一个美国文化的中国化过程。比如，好莱坞电影进入中国必然经历中文翻译、本土观众文化趣味选择；麦当劳进入中国也采取了不同于美国本土的新定位和新策略,比如在麦当劳设置儿童乐园,将其变成中产家庭子女喜欢的场所等。而George T. Yu教授在谈及全球化如何被本土化时,也以对待外来文化为例,谈道"麦当劳已经为全球所接受,在亚洲成为学生聚会的场所。为了本土化,日本的麦当劳还卖一些地方的产品,这些都是全球化被本土化的表现"。

东京大学研究生院综合社会文化研究科教授山胁直司则主张用"全球本土性"的公共哲学来区别于民族的和全球的公共哲学,这一理念的实施可以避免经济全球化和民族中心主义带来的弊端。

(3) 文化的全球本土化的新形态。文化的全球本土化使得西方主流文化在进入边缘地域后,文化产生新的变异,出现本土文化在当代背景下受西方文化影响又有大量本土创新的"非驴非马"的新形态。比如中国大众流行音乐,本土推出的文艺体育明星,本土创造的游戏软件,等等。

从历史上看,17和18世纪,西方对中国的"美丽的天堂"和"神奇的香格里拉"的赞誉,也是东方帝国作为世界中心时,西方人对异于本土的世界的想象性构筑,是全球本土化的历史的遗响。

三、全球化的新阶段——本土全球化

1.本土全球化

本土全球化是一个创新理念。

在此之前，美国印度裔的专家班诺吉曾在谈及"全球化与文化认同"时从信息传播角度提出，要把全球化倒转过来。不再是全球性的强势媒体吞噬亚洲，而是亚洲的本土媒体向全球发送，因为这些散布全球的社群需要故土的新闻与信息。

香港中文大学香港亚太研究所在2006年出版了一本《本土全球化现象：文化边缘地区创意产业之境遇》，在发展香港走向全球的文化创意产业时，注意到"本土全球化"这个现象。

本土全球化是一个重要的创新理念。它是全球化发展到今天的一个全新的阶段，是边缘国家、边缘地域、边缘民族（发展中国家、地区）随着经济的崛起而逐步获得文化话语权的历史进程，是后现代文化消解或解构西方文化中心主义，世界文化走向多中心的产物。它意味着一种新的更合理的多极化的全球文化生态格局的出现：这个世界不应该只有一个中心或某两三个中心，而是让不同的文化对话交往，共生并在，和而不同，多元互补。

当下本土全球化的内涵是，曾经处于边缘、没有话语权的民族和地域，借助于现代高科技传媒、数字网络文化的"民主化浪潮"，走向世界，获得了发言的机会，赢得了世界的关注，塑造了自身的形象，开始让世界了解自己。

2008年北京奥运会和2010年上海世界博览会就是两个经典的案例。"两会"是全世界超种族、超文化、超等级、超地域、超越政治，也超越意识形态的人类的巨型交流节、狂欢节，是全球化的经典文本，是全球本土化的一次规模巨大的实践。以希腊文化、西方文化为代表的奥林匹克文化在中国得到了全面传播，但这种传播又是与中国的需要、理解、选择和改变联系在一起的。以西方文化为中心的所谓全球理念只有经过适应、变异、发展，才能成为中国理念，或中国人理解的全球理念。因为，中国人拥有东方文化的前理解结构：文化心理积淀。这是奥林匹克的中国化过程。

同时，它也是本土全球化的实践。2008年奥运会开幕式展现了中国文化的深厚底蕴，展现了无与伦比的东方神韵、东方气派、中国元素与中国意境。象征地展现了中国本土文化走向世界的新历程。全球化的另一半是本土文化的全球化。它借助于现代传播媒介的巨大力量，让世界知道了，或者通过视觉形象看到了一个不同于他们先前理解的中国。处于边缘地位的、曾经在世界文化中毫无发言权的发展中国家，今天也可以向世界传达它的文化和理念。

2.本土全球化的多重方式

（1）处于世界边缘的发展中国家，也可以通过现代媒体向世界传播自己的本土文化，民族文化和自己国家、地域的现代的和历史的文化，并同世界各种文化平等交流；语言的障碍正在缩小，视觉文化传播大大增强了"可传达性"。

（2）发展中国家的国民，不必移民就能参与世界文化的创新，包括文化的、知识的、科学技术的创新。

（3）发展中国家、地区也可以借助全球化的传播，凸显自身独特的奇异的地方文化、民族文化，发展旅游产业、创意产业、文化产业，这也将有利于发展中国家保护本土文化，保护其独特的物质的和非物质文化遗产，保护世界文化的多样性。

（4）移居西方的发展中国家的国民依然可以通过现代传播方式与家乡、种族或祖国保持密切联系，参与其社会、文化、政治建设，保持风俗、传统，与亲友、家人、朋友、文化圈、学术圈保持密切联系。

3.本土全球化的实现依据与当代世界的多重要素

从文化的角度讲，数字化的全球媒介，如因特网、新媒体、手机等媒介革命的崭新成果，是推动本土全球化的根本动力。数字媒介带来的虚拟世界、时空压缩、趋零化效果和众声喧哗的文化民主化浪潮，改变着世界文化的格局，也改变了人类的文化生态和文化生存方式。

四、全球本土化与本土全球化是全球化的两个组成部分

不要西风压倒东风，也不要东风压倒西风。全球化应当被看成是"全球化"与"本土（地域）化"的双向互动，罗伯逊曾从哲学高度概括说，这是"普遍的特殊化"与"特殊的普遍化"，是预设的普遍性在现实中的特殊化和具体化。多年来我们已经习惯"不是东风压倒西风，就是西风压倒东风"，这是逻各斯中心主义、两极分立、非此即彼思维定式的产物。未来，随着全球经

济、政治、文化的进一步变革，以及全球文化多样性、经济政治多极性的建立，将可能出现一个并非由西方控制、宰制，作为终极决定因素的新的全球化格局。

（1）全球本土化与本土全球化是全球化的两个重要组成部分。全球化包含着全球本土化与本土全球化的双向互动，二者相辅相成，相反相成，是罗伯逊所说的"普遍的特殊化"与"特殊的普遍化"，是总体的普遍性在现实中的特殊化和具体化，也是具体性的普遍化。

国际美学协会前主席艾尔雅维茨曾以美学为例谈道："知识世界和全球文化被不可逆地去中心化了，被肢解、被播撒了。""就如同在帝国中的情况一样，今日美学也没有中心，或者更准确地说，具有各自不同的中心。"当然这种无中心感绝不意味着美学就失掉了自己的言说立场，而是说其立场如果是地域性的，那么它就需要以某种方式与全球性相交接、相协商：一方面是"美学的地方化和区域化"，另一方面则是"这样地方的区域的（和民族的）传统的普遍化，这种普遍化将它们带入国际的（全球的）框架或参照域"。我们面对的是一个全球化与地方化、普遍化与个别化、同质化与差异化多样共生的时代。

通用电气的前总裁杰克·韦尔奇在谈到企业人才的培养时就曾提到过"全球本土化与本土全球化"，可见它们不仅是重要的哲学命题，而且是现实经济实践的应用化命题。2008年北京奥运会就是一个"全球本土化与本土全球化"交融互惠的经典案例。

（2）全球本土化与本土全球化的双向互动，建立在当代多极世界对话、沟通、交流的基础之上。对话的积极成果是间性的凸显，间性是关系的产物，是社会关系的产物。

西方中心论文化中发端的全球化理论在反思世界文化全球变异、转型的当下现实时，它的核心应当是全球文化间性。文化间性是全球本土化与本土全球化双向互动的必然结果。

文化间性的思路不同于西方主流的强势文化的单向传输，而是以平等交流、沟通为基础，以对话主义哲学为其哲学基础，并以中国和合文化为参照的执两用中的中国思维，作为21世纪世界文化交流的重要参照。中国文化的和合理念、执两用中的中庸之道，从根本上讲，是一种文化间性本位，是即此即彼，非此非彼、亦此亦彼的第三生成物。它是世界各个共同体间相互协商、谈判、让步、融合的结果。

这一结果就是全球文化的公共领域与公共空间。

（3）全球文化的公共领域与公共空间。

墨尔本大学的西蒙·马金森教授从知识经济的视角提出构建全球化的另一层面——全球公共领域。他认为，世界在保持政治、语言和文化多样性的同时，正日益成为一个单一的交流地带和知识大仓库。知识经济通过知识而非经济进行融合，但是由于民族利益和民族政策的原因，世界发展也变得愈加不稳定。

全球公共领域是多极化世界寻找全球共同理念的公共平台，

是寻求人类普世理念，协商、研讨、谈判人类的共同行为的公共平台。处理环境、生态、贫困、道德、文化等方面的全球共同问题，是全球化的根本任务。

2008年北京奥运会和2010年上海世界博览会在全球的文化传播的实践告诉我们，全球化的内涵中必然地包含着全球本土化和本土全球化的双重内涵，二者的交互作用构成了当代世界沟通、交流、协商、合作的对话主义的主潮。西方文化中发端的后殖民理论今天应当反思世界文化全球变异、转型的当下现实，它的核心应当是全球文化间的协商、约定、共谋，寻找普适性，并同时保持人类历史地形成的自身的个性、独特性、地域性或民族性等。

重建文化中国国际形象

著名国际关系研究专家乔舒业·库泊·雷默认为，在全球化时代"中国如何看待自己"和"其他国家如何看待中国"将在很大程度上决定中国的发展和未来。

中国目前的国家形象怎样呢？

一、从几个调查的数据看中国国家形象

2009年"世界和平指数"调查显示：中国国际形象名列74位，而日本的国际形象则名列第七，中国的国际形象与日本有很大差距。另一项英国广播公司的调查显示，日本的正面国际形象名列全球第二。2010年上海外国语大学的"国家形象舆论调查"显示，中国的国家形象为负面形象。

英国广播公司2010年公布的"国家影响力调查"显示，认为中国的国家形象较差的地区主要集中在欧洲发达国家以及美国和日本，认为中国的国家形象较好的地区大多数是发展中国家，尤其是非洲地区。

综上可见，在当今世界上，中国国家形象的建设与传播存在着诸多问题。中国人自身认定的国家形象和全球各国特别是发达

国家认定的中国形象差距极大。

那么,如何改善中国的国际形象?

从文化入手,重塑"文化中国"的国家形象。

中国人民大学胡百精等于2008年北京奥运会期间通过大规模实证研究发现,文化范畴应成为当前塑造中国国家形象的优先范畴,"文化中国"应成为国家形象战略的目标导向。调研显示,海外意见领袖对中国国家形象构成维度的期待中,文化范畴获选率最高(77.8%),以显著优势位居第一,以下依次为社会(37.0%)、经济(34.0%)、政治(21.7%)、科教(21.0%)、外交(9.6%)和军事(6.9%)等。

与之形成对照的是,在海外意见领袖的印象中,中国国家形象的现状是主打"经济牌"。调查发现,"经济迅猛发展"是目前中国留给海外意见领袖的第一印象(64.2%),而非前述的他们高度期待的文化范畴。这一结论客观地反映了"以经济建设为中心"的国策在国际社会的现实投射。

统观两组数据,胡百精认为,海外意见领袖的文化期待和我国的经济议题优先形成了显在的断裂。弥合断裂意味着国家形象系统的战略性调整:转换经济与文化在国家形象构建中的优先序列,以文化中国为国家形象战略的目标导向。导向调整意味着有"破"有"立"。破者,认清并规避既有导向——"经济中国"的缺陷和损害;立者,界定并规划预设导向——"文化中国"的内涵与属性。

二、建构文化中国的国际形象

(一) 世界眼中的中国形象

国际形象是在政治、经济、文化、军事、科技等国际交往活动中,国际社会对一个国家及其公众所形成的整体印象。国家之间在政治制度、民主制度、法律制度、意识形态、宗教信仰等方面的差异都会对一个国家的国际形象的形成产生影响。另外,一个国家的经济发展水平、社会公平程度、国家竞争力、历史文化积淀以及外交表现都对该国国际形象的形成产生直接影响。国际形象是一个国家在国际交往中的"国家名片",它的定位决定着一个国家在国际交往中的影响力,也直接关系到一个国家在国际交往中的利益关系。因此,在当代,社会各国都把提升国际形象作为国际交往的一个重要目标来追求。

(二) 历史上的中国形象

古代中国是一个具有灿烂文化的国度,是各国向往的对象。2000多年以来,西方一直在不断地创造着"中国形象"。13世纪,威尼斯商人马可·波罗的游记将一个富庶、文明、繁荣的契丹蛮子国(古时对中国的称呼)展现在西方人面前,使中国成为欧洲人心目中的神话。在马可·波罗眼里,忽必烈大汗英气照人,骁勇而有道德。14世纪中期,英国座椅上的旅行家曼德维尔在其虚构的小说《曼德维尔游记》中再次用了这一想象中美丽神奇的传奇国度。在曼德维尔的游记中对中国的大汗进行盛赞:

大汗拥有无数的金银财宝，国土辽阔，统治严明，是世界上最强大的君主，连欧洲的长老约翰也不如他伟大。这两部游记中富庶神奇的中国形象大大刺激了欧洲社会对东方的向往，导致了15世纪欧洲人的航海探险活动及地理大发现。16世纪，西方传教士利玛窦在自己的著作《十六世纪的中国》中写道："在这个几乎有无数人员的无限幅员的国家，而各种物产又极为丰富，虽然他们有装备精良的陆军和海军，很容易征服邻近的国家，他们的皇上和人民却从未想过发动侵略战争。他们很满足于自己已有的东西，没有征服的野心。在这方面，他们和欧洲人不同，欧洲人常常不满足于自己的政府，拼命贪求别人的东西。"1669年，英国学者约翰·韦伯（John Webb）著文劝说英王查理二世效法中国君主实行仁政；英国政治家威廉·坦普尔爵士（Sir William Temple）盛赞中国政府是哲人统治的政府，是柏拉图"理想国"的实现。17世纪70年代，西班牙传教士闵明我神父著书建议欧洲所有的君主都要仿效中国皇帝，加强自身修养，让哲学家参与辅佐政治。

17、18世纪启蒙时代的欧洲，中国皇帝、中国公主和中国哲人都曾经是西方人渴望的对象。法国的伏尔泰写于1745年的《人类思想史新提纲》中就认为，欧洲社会应该把目光投向东方，注意研究中国的思想。德国的莱布尼茨博览群书，醉心于中国文化，曾与好几位传教士交谈、通信，甚至想亲自访问中国，同中国学者交谈。

启蒙运动以后，随着欧洲科学的兴起和中国的衰落，西方的"中国形象"发生了很大变化，否定性形象占了主导地位。19世纪以来，西方将许多可怕的异域景象投向想象中的中国。中国由开明、富饶、发展、繁荣一变而为专制、贫困、停滞、腐朽，中国人由聪明、勤奋、坚强、质朴变成愚昧、奸诈、怯懦、保守，西方的中国印象由钦佩、狂热、仰视转为批判、憎恶、蔑视。中国被丑化、弱化、女性化、妖魔化，中国人在西方人眼中缺乏理性，阴险邪恶，道德沦丧。中国的国际形象在西方中心主义的眼光中一落千丈。

19世纪末20世纪初，中国人不仅成为西方人眼中没落帝国的"东亚病夫"，还和其他亚洲国家的人民一起，被视为威胁到西方世界的"黄祸"。

直到20世纪40年代以前，中国都没有摆脱积贫积弱的国际形象。尽管中国参加了第一次世界大战并成战胜国，但巴黎和会上的屈辱证明了西方列强对中国人民的根本蔑视。1945年，英勇的中国人民在经历了无数艰难曲折的斗争，付出了巨大的牺牲和代价之后，终于击败日本帝国主义，中国在世界上的国家地位和形象才获得较大的提高。

1949年中国共产党建立新中国之后，美国等主要西方国家拒绝承认中华人民共和国。中国领导人在权衡之后做出了向以苏联为首的社会主义阵营"一边倒"的外交决策。这一时期，中国的国家形象表现为两个相反的方面：一方面，对于社会主义和广大亚非拉争取民族独立的国家,中国扮演着同志加兄弟的角色;另一方面,对西方资本主义世界来说,中国是国际制度的局外者和挑战者。20世纪六七十年代,中苏盟友关系破裂,社会主义阵营宣告瓦解,发展中国家作为独立的政治力量登上世界舞台。中国改变了"一边倒"的外交战略,"两条线作战",既反"苏修",又反"美帝"。这一时期,中国以"革命者"的国际形象进一步挑战霸权及其主导的国际制度。

（三）改革开放以来的中国国际形象

改革开放以来,中国奉行和平发展的原则,努力发展本国经济,在经济上迅速崛起,创造了40多年经济高速增长的"中国奇迹",综合国力显著增强。通过对外开放和全面融入国际社会,中国逐渐建立起经济实力雄厚的"国际社会中负责任的大国"的形象,中国的国际形象不断向着成熟、理性的方向发展。2001年12月11日,中国正式加入世界贸易组织,2008年中国举办第二十九届奥林匹克运动会,2010年中国举办世界博览会,这标志着国际社会对中国国际形象的全面认可。日益开放、日益强大的中国以更为宽广博大的胸怀拥抱世界,为世界经济、政治和文化的发展做出越来越大的贡献。

但是,西方人对中国的了解仍然是想象多于实际。自20世纪90年代初以来,以美国为首的西方国家一直在鼓噪"中国威胁论"。在美国人看来,正在崛起的中国是一个"未得到满足的、野心勃勃的大国,其目标是主宰亚洲"。在美国和西方世界的媒体中，来自经济的威胁、粮食的威胁、军事的威胁、环境的威胁、文明的威胁等种种来自中国的威胁纷纷出现。2001年以来，与"中国威胁论"一脉相承的"中国崩溃论"又粉墨登场，国际社会有另外一种对中国国际形象的认识，即"强大但不确定的中国"。事实上，形形色色的"中国威胁论"和危言耸听的"中国崩溃论"已经严重损害了中国的国际形象，并影响了中国的国家利益。

意识形态的对立与西方大国的霸权心态是产生"中国威胁论"与"中国崩溃论"的根本原因。但是，我们也应该认识到，在中国走向世界、融入世界的过程中，包括西方国家在内的世界各国对中国的了解远远不及中国对世界的了解多。改革开放以来，世界各国看到了一个"经济中国"在发展经济方面所付出的巨大努力以及所取得的辉煌成就，但对承载这些辉煌成就的有着热爱和平、渴望发展的人民的悠久历史的"文化中国"的认识和了解却远远不够充分。由于在文化方面缺乏对中国的深入了解，也就无法充分理解中国对和平崛起的渴望，并对中国强大起来以后的发展方向感到担忧。同时，中国自身在经济社会发展中面临的挑战也为"中国威胁论"与"中国崩溃论"论调的嚣张提供了借口。近年来，我国在经济高速增长的同时，一些深层次的矛盾也逐渐表现出来，如经济发展与社会文化发展之间的不平衡、贫富差距加大、社会不公现象加剧、经济发展带来的资源紧张与环境压力、庞大的人口压力等。这些矛盾表明，仅仅依靠经济发展,是无法完成全面建设小康社会的,也无法实现中华民族的伟大复兴。要实现中华民族和平崛起的战略目标,建设和谐社会,必须增强国家的文化力量,通过文化力量推动和谐社会的建设,提升中国的国际形象。

三、文化中国与中国的国际形象

(一)文化与国家的"软实力"

18世纪以前,文化一词在西方主要指由"自然成长的倾向"以及由此派生的含义:人的培养过程。18世纪末开始,西方语言中的"文化"一词的词义与用法发生了重大变化,指心灵的某种状态或习惯,一个社会整体中知识发展的一般状态等含义。后来又指各类艺术的总体。到19世纪末,文化开始指一种物质上、知识上和精神上的整体生活方式。著名人类学学者泰勒提出一种非常具有代表性的文化定义:"文化或者文明就是由作为社会成员的人所获得的,包括知识、信念、艺术、道德法则、法律、风俗以及其他能力和习惯的复杂整体。从对其可以作一般原理的研究的意义上说,在不同社会中的文化条件是一个适于对人类思想和活动法则进行研究的主题。"

作为一个国家或民族的生活方式的整体,文化是社会生活环境的映照,也是人类社会实践的一切成果。文化使人理解人的生命存在、意义和人在宇宙中的地位。文化是民族的灵魂,是维系国家统一和民族团结的精神纽带。在当代社会,文化力量与其政治、经济力量一样，已经成为一个国家的综合实力和国家影响力的重要组成部分，是决定国家发展与国际形象的重要的"软实力"。

对于文化建设与文化发展的自觉是当今世界各国努力建立新型国家形象的共识。20世纪五六十年代以来，西方世界对文化的推重已日见其深。在经历了重商帝国主义的经济霸权时代和军事帝国主义的政治霸权时代之后，文化已日益成为影响未来的世界性力量。20世纪50年代，西方社会学家帕森斯以结构功能主义的方式研究社会，宣称自己是一个"文化决定论者"。他将社会生活分为四个相互渗透的行动体系：文化行动体系、社会行动体系、人格行动体系和行为有机体系。他认为文化是象征符号的模式化和秩序传达至另一个体系，并且有能力控制其他三个行动体系。所以，在帕森斯看来，文化行动体系是最高层次也是最主要的决定力量。

20世纪60年代以来，更多的学者对文化在当代社会中的重要地位投以极大关注。美国新保守主义代表人物丹尼尔·贝尔便在其名著《资本主义文化矛盾》中提出：在西方，如今的文化确已变得至高无上了。他认为文化变得至高无上有两个原因。首先，文化已成为西方文明中最具活力的成分，其能量已超过技术本身。其次，这种文化冲动力已经获得合法地位。它们担负的前所未有的使命是变革观念，对新事物进行永无休止的探索。在贝尔看来，西方当代的文化批判是建立在西方社会各自独立又相互影响的政治、经济、文化的三极支柱的结构之上，拥有长期的社会历史发展的背景。在未来的发展中，它必将成为影响当代文明的最具活力的成分。20世纪七八十年代，彼得·伯克的文化现象学、玛丽·道格拉斯等人的文化人类学、米歇尔·福柯的新历史主义文化研究以及尤尔根·哈贝马斯等人的法兰克福文化批判理论，都对当代文化研究的推进做出了新的概括和论述。

到20世纪90年代，世界对文化的关注以其更醒目的方式表达出来。我们还记得，1993年美国哈佛大学教授亨廷顿在美国《外交事务》上发表《文明的冲突》的长文，立论惊人，语震四海。作为哈佛大学奥连战略研究所就"转变中的防御环境及美国的国家利益"专题研究提供的报告，亨廷顿认为，"新世界的冲突的根源，将不再侧重于意识形态或经济，而文化将是截阻分隔人类和引起冲突的主要根源"。尽管我们并不同意他的观点，但这至少从另一角度昭示世界：文化在21世纪将发挥重要的作用。

从国际文化的格局看，20世纪80年代以来，文化与发展日益引起世界各国的普遍关注。世界经济的一体化、全球化，高新科学技术特别是信息与媒体技术的发展，使人们不得不对文化的发展投以极大的关注。越来越多的国家和民族认识到文化对当代社会经济生活的巨大影响和制约。在全球性潮流的推动下，联合国教科文组织策划了《世界文化发展十年实用指南（1988—1997）》活动，并于1992年成立了以联合国前秘书长佩雷斯·德奎利亚尔为主席的世界文化与发展委员会。1995年世界文与发展委员会经过数年的调查、积累、撰写和修改，推出了题为"我们的创造的多样性"的报告，深入论述了文化在人类发展中的极其重要的作用。报告认为，脱离人或文化背景的发展是一种没有灵魂的发展，经济的发展是一个民族的文化的一部分。报告指出，发展不仅包括得到商品和服务，而且包括过上充实的、满意的、有价值的和值得珍惜的共同生活，使整个人类的生活多姿多彩。因此，文化作为发展的手段尽管很重要，但最终不能降到只作为经济发展的促进者这样一个次要的地位。发展与经济是一个民族的文化的组成部分。发展是一种对个人和集体产生强大的思想和精神影响的现象。所以对发展和现代化的各种问题的认识，说到底都集中在文化价值和社会科学两个方面。文化是一种行为方式的传播。

1998年，联合国教科文组织在斯德哥尔摩召开了"文化政策促进发展"政府间会议。在这个会议上，提出了一份《文化政策促进发展行动计划》，供大会讨论通过。这份计划指出："发展可以最终以文化概念来定义，文化的繁荣是发展的最高目标。""文化的创造性是人类进步的源泉。文化多样性是人类最宝贵的财富，对发展是至关重要的。"尽管这一提法引起了争论，但"文化政策是发展政策的基本组成部分"，"未来世纪的文化政策必须面向和更加适应新的飞速发展的需要"则成为各国的共识。无疑，未来世界的竞争也将是文化的竞争，是文化生产力的竞争。文化的发展已成为21世纪最核心的持久常新的话题之一。

我国第一个《国家"十一五"时期文化发展规划纲要》于2006年出台,这是我国文化发展战略实施的一个重要的里程碑,它表明了我国作为文化大国自觉地加入当今世界文化战略和文化生产力的国际竞争的积极姿态,开辟了我国建设文化中国国际形象、实现中华民族伟大复兴的新的道路。

"软实力"概念是美国著名学者、哈佛大学肯尼迪政府学院院长约瑟夫·奈提出来的。什么是"软实力"?约瑟夫·奈认为,软实力是在国际事务中,国家通过吸引力而非恐吓力达到目的的能力,是说服别人相信和同意某些行为准则、价值观念和政治制度,以促使他们按预期目的行事。相对于以军事、科技、教育、经济为基础的"硬实力"而言,软实力的资源主要包括三个方面:文化、意识形态(或价值观念)、国际规范与制度。归根结底,"软实力"是价值观念、生活方式和社会制度的吸引力和感召力,是一个国家或民族的吸引力或魅力所在。

美国是当代世界上"软实力"影响最强的国家。大型跨国传媒集团大部分操纵在美国手中,全球传播网络很大程度上也被美国控制,这使美国的信息传播量占了世界的65%。借助强大的传播工具,美国政府向全世界传递着他们的声音,在国际政治舞台上,影响世界舆论,左右视听,为美国的全球政策服务。构成强大软实力的不只是媒体的力量,美国的企业巨头、华尔街金融模式、迪士尼世界、蓝色牛仔裤、可口可乐、好莱坞电影不仅向世界其他国家销售他们的产品,而且也推销美国的文化和价值观,向全球扩张着美国的国家"软实力"。在亚洲，日本和韩国已经开始重视"软实力"的发展。2002年，日本文化产品对美国的出口是钢铁产品出口的5倍。在韩剧、韩国流行歌曲的带动下，韩国近年来文化崛起，成为亚洲的主流文化之一，并促进了韩语、韩国科技产品，以及韩国体育的流行与传播。

经过30多年的改革开放，中国的政治、经济、科技、教育等"硬力量"都有了跨越式的发展，国家发生了巨大的变化，但以文化为代表的"软实力"的建构明显滞后。经济上的高速发展，使我们毫无疑问地成了"世界工厂"、世界制造业中心，但这个世界只认为你不过是个鞋子大国、帽子大国、小五金大国、廉价劳动力大国——一个汗水大国而已。

在目前市场开放、观念更新、社会转型和文化重塑这样一个特殊的历史时期，"软实力"的构建对中国的发展具有尤为特殊的重要意义。中国要实现"和平崛起"的战略目标，在应对美国强大的"软实力"的挑战时，不仅要积极发展自己的"硬实力"，同时还必须积极建构自己的"软实力"，形成自己在文化上的国际影响力和国际感召力。

（二）文化中国与中国的国际形象

"文化中国"是一个文化意义上的中国概念，蕴含着一个在经济上日益现代化的中国向世界展示自己博大浩瀚的文化蕴含、开放进取的文化品格、崇尚和平的文化理想的愿望。作为中国形象在文化层面的投射，"文化中国"意味着是在文化上全面传承自己优秀的民族传统文化，通过对话与交流，广采博纳世界各国文化的优秀成果，与时俱进，充满魅力与活力的中国形象。

中国是世界历史中唯一从古至今延续下来的文明古国。中国的现代化建设，是实现中华民族伟大复兴的壮丽事业，不仅要实现经济社会的全面发展，而且要实现中华民族优秀传统文化的现代转换。无论是增强国家"软实力"和国际影响力，还是实现经济与文化相互促进，建设和谐社会，都需要建设一个充满活力、富于创新的"文化中国"的国际形象。

由于文化渗透在日常生活中的每一个细节，具有强大的渗透力，一个被世界各国广泛接受和认可的"文化中国"，将会展示中国国际形象最具体、最亲切可感的一面。"文化中国"也意味着中华传统文化的丰富性、独特性在21世纪的更生，意味着中国文化对人类文化的创造性的不断开拓。

历史上形成过以中国文化为核心的"儒家文化圈"和以中国为中心的东亚"朝贡体系"。这一方面与古代中国高度发达的物质文明有关，另一方面更在于中国的文化及生活方式等对周边民族和国家具有强大的吸引力和辐射力。在文化的多样性和文化间的对话交往成人类普遍价值的今天，一个新的"文化中国"应该是一个统一的但同时又充满魅力的多元文化竞相发展的中国，是一个热爱和平、尊重人类所有文化价值的中国。一个热爱和平，富于创新，豁达、开放、理性的"文化中国"必将赢得国际社会的广泛信赖与尊重，也必将早日实现和平崛起的民族理想。

美国哈佛大学教授杜维明先生从全球背景对"文化中国"的内涵做了分析。他认为:"文化中国"可以分为三个意义的世界。第一意义世界是以华人为主体的社会,包括中国大陆、中国台湾、中国香港和新加坡。这四个地区虽然在政治和经济制度上都有不少差异,但其居民具有共同的族性、语言和文化传统,彼此之间有着千丝万缕的联系,共同构成了文化中国的核心。第二意义世界包括散布在世界各地的华人"离散族裔"。他们身为移民,远离故土,都在一定程度上保持着某种"中国性",对中国文化有认同感,对第一意义世界有一定的影响力。第三意义世界包括国际上那些关注华人世界,并且力图从文化上理解中国社会的非华裔人士。他们把自己对中国与华人的理解带入各自所属的社区,在某种意义上塑造着中国和华人的国际形象,同时又反过来对第一和第二意义世界产生各种影响。从以上三个层面来看,"文化中国"的资源是相当丰富的,它在整个世界文化中的地位是相当重要的,并且与西方文化以及其他非西方文化资源有机地结合了起来。"文化中国"为其他发展中国家的现代化建设提供了坚实的基础,还能为人类解决现代化过程中带来的许多问题找到有益的启示。

从鸦片战争到2008年北京奥运会已经168年了。168年以来,我们一直都在向西方学习,都是所谓的西风东渐。多少中国的有识之士、先烈、先辈、伟大的先驱,从魏源、梁启超到鲁迅都是向西方寻求中华复兴的思想动力,从孙中山到陈独秀都是向西方寻求救国的真理与道路。长期以来，中国文化在以西方文明为中心的世界体系中根本上处于失语状态，"文化中国"的形象是一个遥远的模糊不清并充满病态的被歪曲的形象。

（三）建构"文化中国"的国际形象

当今世界，文化在综合国力竞争中的地位越来越突出。"文化中国"为我们展示了文化与经济协调发展，充满魅力与活力的中国形象的愿景。从中国文化自身的特点来说，博大精深的传统智慧，辉煌灿烂的历史文化，多样和谐的民族特色，气象万千的秀美山川，都是建构"文化中国"的宝贵资源。从文化交流与人类文明发展的角度出发，自强不息、乐观自信的民族性格，热情奔放、富于创新的开拓精神，和而不同、兼容并蓄的博大胸怀，都应当是"文化中国"的重要内涵。我们就是要在这些方面努力开拓，把一个真正的"文化中国"呈现给世界。

中国古老文化历经五千余年，是世界上唯一从未间断、绵延至今的人类文化的瑰宝，是无法再造的世界文明的辉煌顶峰之一。它弘浩博大，流丽万有；它克明峻德，修道以仁；它刚健有为，自强不息；它阴阳相济，追求神人以和。在几千年的演进过程中，形成了博大精深的政治文化、礼仪文化、伦理文化、管理文化、饮食文化、服饰文化、建筑文化，几乎在人类文化生活的每一个领域都达到了令人叹为观止的高度。儒家哲学中的人本、民本、刚健、自强、革新、崇德、仁义、爱众、人和、以和为贵、和而不同等价值观念，对于现代国家管理和社会秩序的和谐运转以及个体的人格养成等具有重要意义。又如道家和道教的道器、重生、贵生、自然、尊道贵德、齐同慈爱、性命双修等观念所表现出的人生智慧，也具有重要的现代价值。佛教文化中的缘起、因果、平等、慈悲、中道、容忍、圆融、解脱等一系列理念，对于当代社会中的人伦关系与个体心理的调适，都具有重大意义。

在当代世界，人类共同面临着人与自然的严峻冲突，环境污染、生态危机、自然灾害等时刻威胁着我们，在人与自然之间寻找冲突中的平衡，达到人类社会与自然环境的共存是人类面临的重要问题。对此，中国传统文化提供了很好的启迪。中国礼乐文化主张万物和谐，阴阳协调，以中和、和谐、协调为生命的最高境界，从不过分强调人对自然、对自身的挑战，也不孤立地、片面地强调人对自然、天地的超越，而是讲究"象天法地"，保持个人、环境和社会之间的协调。

中国传统文化是中华民族智慧的结晶，包含着对当代人类社会生活具有重要意义和价值的智慧。建构"文化中国"的国际形象，就要保护珍惜丰富的文化资源，向世界弘扬传统文化，让更多的人了解中国珍贵的传统文化和其当代价值。只有当传统文化被更多的人认识和了解，它们对当代人类社会的潜在价值才能充分实现，"文化中国"的文化价值才能充分实现。

中国疆土辽阔，山川秀美，景色壮丽，气象万千。大漠戈壁，雪域高原，长江大河，浑浩流转，塞北林海，江南水乡，神奇壮观的自然与人文景观使中国充满魅力。中国迷人的自然风光与中华5000年的辉煌历史文明的成长和发展相辉映，形成了自然与风情、人文与地理、传说与历史、过去和未来相互交织的人文中国。吸引着世界各地的游客前来体验、观光，让数以亿计的各国人士心驰神往。这样一个神奇的中国，是魅力无穷的"文化中国"的重要的国际形象。今天，世界范围内的人类自然与文化遗产正遭受着全球化与工业文明的侵蚀，全球范围内的生态环境遭受到了前所未有的毁坏，许多自然景观已经惨遭破坏，永远消失了。在这种背景下，热爱祖国的壮丽河山，保护人类独一无二的历史文化遗产和自然遗产，珍惜资源，保护生态，使它们以更好的状态展示给世界，泽被后世，无可置疑地成为建构"文化中国"的重要环节。一个风光美丽、环境美好、自然生态良好、自然与文化和谐相处的中国才应当是"文化中国"所代表的中国。

尊重多样文化，建构和谐社会。

中国是一个有56个兄弟民族的大家庭。56个民族各自都有独具特色的民族文化，这些不同的民族文化相互交融、和谐共处，构成了瑰丽多彩的"文化中国"。建构"文化中国"，就要尊重不同民族的文化，尊重不同社会制度、不同意识形态的国家的文化，保护人类文化的多样性和创造性。

创造性是文化的重要价值所在，可以激发人们革新生产方式和经济理念，甚至革新人类的生存方式和发展理念，促进经济转型升级和社会更新发展，实现经济与文化、人与社会的全面协调发展。21世纪是创意世纪,是知识经济的时代,又是创意经济的时代。创意经济的乘势崛起和创意社会的应运而生,为我们的新世纪带来新的文化视野。我们应该大力培养创意人才,积极发展创意经济和文化产业,建构创意中国,实现从中国制作到中国创作以及从中国制造到中国创造的伟大转变,展示了当代中国崭新的精神面貌。这样一个"文化中国",才是一个真体现创造性的"文化中国"。

建构"文化中国",还应坚持民族和睦,营造和谐社会。在当代中国,和谐具有更为重要的意义。和谐就是要坚持和平、和睦,和而不同,和衷共济。它与我们坚持的可持续发展、科学发展观、努力建设和谐社会的总目标是完全一致的。和谐社会,是一个全面系统的目标。单一的GDP的增长,无法完成重建"文化中国"国际形象。一个真正意义上的"文化中国",应该是经济发展与社会进步相协调,政治文明与文化发展相协调,国家利益和人民的幸福生活相协调的中国。也只有这样一个"文化中国",才能提升中国的国际形象。

中国文化是具有包容性和开放性的文化,中国文化正是在其发展历程中不断吸收、融合不同地域的文化而逐步形成的。由于中国地域宽广,中国文化从一开始就表现出多元文化的特征,是本地域内不同文化融合的产物。历史上的"汉唐气象"正是中华文明海纳百川、开放博大的体现。那些富于创新、充满创造性的民族与国家,无一不是胸襟开放,广采博纳,善于吸收不同民族的文化精华。近代以来，中国文化的停滞与衰落在很大程度上就是丧失了这种开放气度的结果。因此，建设"文化中国"的国际形象必须以开阔的胸怀，广泛吸纳世界各民族的优秀文化，让中国分享世界，让世界参与中国。

中国的和平崛起是中华民族的伟大复兴的过程，也是"文化中国"国际形象的树立过程。我们比任何时候都需要向世界展现出我们作为一个发展中大国的国民风范。我们应该既保留传统礼仪中亲切、和谐、敦厚、诚信等良好传统，又有发展中大国国民开明开放、自信进取的现代风范，用宽容、豁达、开放、开朗的心态包容世界。

我们要充分开发中国传统文化资源，展示中华文明，尽显东方神韵。我们欢迎所有的人参与进来，共享盛大中国，共建"文化中国"的国际形象。建构"文化中国"的国际形象，就是要让一切创造潜能竞相迸发，让所有的人都能得到全面自由发展，让当代中国在不断创新和超越过程中实现中华民族的伟大复兴。

（四）2008年北京奥运会：中国文化走向世界的隆重揭幕礼

2008年北京奥运会是奥运史上一届无与伦比的奥运会。它所提出和展开的人文奥运的理念和实践，意义深远。它所弘扬的和谐世界、和谐奥运的人文精神，是北京对奥林匹克主义的独特贡献；它所弘扬和彰显的东方文化、东方气派、东方风骨和东方意境，与西方文化为主的奥林匹克文化形成生动的对比，并给予补充，展示了辉煌悠久的中华文明，也体现了多元文化交融互补的奥林匹克精神；它所实现的独具特色的天人合一的绿色奥运实践，为北京留下了生态平衡的宜居环境，泽被后世；它所推重的奥运文化与奥运经济协调发展，建立奥运文化创意产业的尝试，也是奥运史上最具挑战性的理论与实践的探索；它所开创的发展中国家举办奥运会的先例，所积累的经验教训，将成为奥运史上弥足珍贵的文化遗产。

从开幕式上《美丽的奥林匹克》的巨大画卷缓缓展开，2008年北京奥运会便成为有着5000年深厚底蕴的中国文化走向世界的隆重的揭幕礼。当中国观众为一场"失败"的男篮比赛鼓掌欢呼的时候，我们就看到了一个发展中大国的国民风范走向成熟的"成人礼"，看到和平崛起中的中国国民心态的一次全面升华。当2008年奥运会上中国运动健儿获得第51块金牌，创造了1988年之后第一次一个国家获得50块金牌以上的佳绩的时候，我们就坦然接纳了世界为中国体育与全民奥运举行的辉煌的"加冕礼"。当美丽的"蓝军"在奥运赛场内外以他们真诚的微笑和完善的服务赢得世界的赞叹的时候，中国志愿者的宏伟阵营和伟大事业便迎来了它隆重的"奠基礼"。这是30年改革开放成果的全面总结和展现，是中国走向另一个30年，走向未来的新的"开幕式"。国际奥委会主席罗格先生说得好："我相信，历史学家将把2008年奥运会看成是中国发生重大变革的一座重要的里程碑"。

对于2008年北京奥运会，65%的中国人表示最关注的是

"中国人的风采，世界对中国的评价"。奥运会是世界不同文明的融会，是各国文化进行交流的盛会。它是全世界超种族、超文化、超等级、超地域，也超越不同政治制度的人类的巨型狂欢节，是世界各民族文化之间对话、交流、沟通的巨大的现实平台。2008年北京奥运会，真正成为历史悠久的奥林匹克与源远流长的中华文明的一次伟大握手，成为世界各国文化与中国文化的一次雄伟交汇，成为东方文明与西方文明的激情对话。在这个世界各民族文化交融互惠的现实平台上，多元创造、对话交往、和谐共存成为北京人文奥运的灵魂，也成为21世纪世界奥林匹克精神的核心理念。

2008年，奥运会第一次在13亿人的中国举行。北京奥运会给中国带来了向世界展示自己的重大机遇。世界来到了中国，北京触摸着世界，正是奥林匹克运动提供给全世界各国朋友更多了解中国的机会。北京奥运会成为中国与世界多元文化进行交流的一次盛会，不仅尽情展示了历史悠久、灿烂辉煌、内涵丰富的中国文化，而且展现了当今中国走向繁荣和崛起的勃勃生机。在闭幕式上，国际奥委会主席罗格赞美了中国在本届奥运会上做出的努力。"世界更加了解中国，中国也更加了解世界，这就是真正了不起的奥运会。"

2008年北京奥运会是展示和平崛起的中国文化软实力的历史性转折点。北京奥运会人文奥运主题的提出恰逢文化在当代世界各国社会结构中地位的重大提升之际。它彪炳文化的伟力，呼唤中华文明的价值重构，为"中国文化走出去"和"中国融入世界"提供了独一无二的全球平台，给予我们重建中国国际形象的极好机缘。2008年北京奥运会，对于处在新的战略机遇期的中国具有极为重要的历史和现实意义。它所具有的全民参与、全民话题具有极为广泛的认同性，显示了强大的民族凝聚力。它成为展示中国国际姿态，重建"文化中国"当代形象，展示中国和平崛起的盛大舞台。

2008年北京奥运会期间，80多个国家的首脑及代表团，204个国家的运动员、教练员和领队，3.1万名注册与非注册记者，上百万名的中外游客，绘就了奥运史上前所未有的人类文明交融的宏伟图卷。通过电视观看奥运会的观众人数超过45亿人，通过网络和手机等观看奥运会的人数也已创历史新高。在这样一个短暂的时间内，我们成功地向如此庞大而密集的人群展示了中国形象：向世界展示了一个民主进步、文明开放的国家形象，展示了"文化中国"多姿多彩的辉煌文明和充满活力的当代成就，展示了"文化中国"热爱和平、开放进取的大国风范，展示了"文化中国"自然与文化、环境与人类协调共处的人文生态景观，展示了一个发展中国家和谐进步的社会面貌。英国广播公司总裁说出了他的感受——"中国比以往任何时候都更加开放，而开放的中国将会让世界更加亲近她"。

"世界给我十六天，我还世界五千年。"文化是中国面对世界最为深厚的积淀。中国传统的"和合文化"观经过现代转换，对当代西方世界而言具有重要借鉴和启示意义。北京提出的人文奥运体现了东方文化特别是中华文明对奥林匹克精神的开拓与发展。和谐、和睦、和爱、和美的和谐观是对奥林匹克更高、更快、更强的竞技文化的生动补充。北京奥运会充分开发了中国传统文化资源，展示了中华文明，尽显东方神韵，创造性地实现奥林匹克文化与中国文化的交流和融合。

5000年来，中国文化孕育了丰富的传统体育文化与多样化的民族体育文化，其种类、样式和丰富性举世罕匹。传统体育文化既有修身养性的五禽戏等各种气功导引术，又有防身健体的角抵、摔跤和武术；既有因时而作的端阳龙舟、重阳登高、清明秋千，又有娱乐表演的各种球戏和技巧；既有跑步、举重、嬉水、马术、射箭等夏季项目，又有冰嬉、滑雪等冬季项目。现代体育中的许多活动，不少可以在中国古代找到自己的雏形。各民族的不同体育文化丰富灿烂，56个民族各有自身独特的体育游戏、健身方式和竞赛。

长期以来，中国文化在以西方文明为中心的世界体系中基本上处于失语状态，"文化中国"的形象是一个遥远的模糊不清并充满病态的被歪曲的形象。直到2008年北京奥运会之前，我们做了调查，有60%—70%关于中国奥运的报道都是负面的。

但是2008年北京奥运会开启了一扇文化的大门，让世界近距离地感受中国文化，开始了一个"文化中国"走向世界的新的历程。这是一个重大的历史性的转折，奥运会是其最重要的标志。在过去漫长的岁月里,西方与中国相互之间的交流是不对称的,我们对西方了解得很多,西方人对中国所知甚少。中国文化究竟是什么,没有人真正考察、了解。这次借助于2008年北京奥运的现代传播手段,有45亿名以上的全世界的电视观众,第一次用视觉的方式,直观地了解中国文化,感受中国艺术,阅读北京,感受北京;几十万名外国人来到北京,第一次直接亲历北京、触摸北京,特别是通过2008年北京奥运会的公共艺术来了解中国文化,通过无处不在的中国元素体验北京。所以北京奥运会的开幕式,不仅仅是奥运会开幕的一场演出,还有一种很强烈的象征意义:它是中国文化走向世界的隆重的揭幕礼。

改革开放以来,我国经济、政治、文化和社会获得了全面高速的发展,迎来了空前的大发展、大繁荣。我国国内生产总值从1978年的3645亿元迅速增长到2007年的249530亿元[①],年均增长速度接近10%,远远高于同时期世界经济平均3%的增长速度。经济总量跃居世界第四。随着经济发展,综合国力也不断增强,人民生活从温饱不足发展到总体小康。政治建设、文化建设、社会建设也取得了举世瞩目的成就。

2008年北京奥运会给了中国一个向世界展示中国全新人文面貌的极好时机,也构建了一个落实科学发展观,以文化创新推动中国社会全面协调可持续发展的宽阔平台。它是贯彻科学发展

---

① 《改革开放30年我国经济社会发展成就》,http://www.gov.cn/test/2008-11/12/content_1146712.htm,访问日期:2008年11月15日。

观，改变单纯GDP增长方式，增强我国文化软实力，建设创意中国、创意北京，增强国际文化竞争力的最好的实践舞台。

2008年北京奥运会，以完善的实践推动了世界各民族文化之间的对话、交流、沟通，真正成为东方文化与西方文化交流的巨大的现实平台。2008年北京奥运会，实现了历史悠久的奥林匹克文化与源远流长的中华文明的伟大握手，推动了世界各国文化与中国文化的雄伟交会，创造了21世纪奥林匹克多元创造、对话交往、和谐共生、文明融会的新开端。

中编

新时代：从智客、创客、极客到数客

创意决定成败，成败系于人才。

要实现"十三五"时期发展目标，破解发展难题，厚植发展优势，必须牢固树立并切实贯彻创新、协调、绿色、开放和共享的新发展理念。新的发展理念，为新时期的发展勾勒了清晰路径，勾画了推动发展全局深刻变革的全新蓝图。而在五大理念中，创新居于重要的先导地位。

创新的关键在于人才，创新的成功依赖人才。对于文化创意产业来说，创新—创意人才，是推动产业发展的源动力。如何发现和培养创意产业实践迫切需要的创意人才，满足产业发展源源不断的需求，是当下现实给我们提出的重大课题。

互联网时代我们离不开智库（智客）、创客、极客、数客。

一、与智库交集

中共中央办公厅、国务院办公厅印发了《关于加强中国特色新型智库建设的意见》，国家将新型智库定位为国家决策的"先锋队"。智库在国家发展中需要不断发挥创新性和引领性的作用，在社会、政治、经济、生态、科技等各个方面，利用自身的优势，为我国正在进行的新一轮深化改革服务。在格局的布置上，该意见将智库分为中央和国家机关所属政策研究机构、国家高端智库、党校行政学院智库、高校智库、科技创新智库和企业智库、社会智库等不同的类型，其中更提出了明确的发展规则和发展方向，及各类不同智库发展的有效途径，这是非常具有实践意义的。如在实施规则上提出"重点建设50—100个国家亟须、特色鲜明、制度创新、引领发展的专业化高端智库"的目标，还提出了"完善以品德、能力和贡献为导向的人才评价机制和激励政策"等细化的内容，都将促进这些有针对性的政策更快地落地。

我国的新型智库发展要"面向世界、面向未来"。在世界范围内，智库的发展已十分迅速。美国宾夕法尼亚大学2015年1月发布的《全球智库报告2014》显示，目前全球共有6681家智库，其中，美国1830家，中国429家。我国已经成为世界上智库数量排名第二的国家，但笔者认为我国智库的数量可能远远超过这一数字。我国的智库分为多个体系，包括党政部门、社科院、党校行政学院、高校、军队、科研院所和企业、社会智库等，基础量十分庞大，这也从侧面反映出我国智库正在迅速崛起。《全球智库报告2014》同时指出，有7家中国智库入围"全球顶级智库150强榜单"。抛开数量而言，也说明我国智库整体水平与世界顶级智库的水平相比仍存在一些差距。未来，我国智库应更注重于研究质量的提高，注重于专业化发展，注重于解决切实问题，注重于完善国家的治理体系，从而更好地为我国社会发展提供智力支持。

二、创客

作为高度推崇个体创造性的创意产业来说，创意人才，特别是一个庞大的创客群体，具有举足轻重的意义。李克强总理在2015年的《政府工作报告》中，有几十处提及创客、创业。报告将"大众创业、万众创新"（双创）作为我国经济社会深化改革的重要战略，作为我国经济转型和保增长"双引擎"之一。"双创"战略的提出，将推动形成继20世纪80年代"个体户"创业潮、20世纪90年代"网络精英"创业潮之后我国改革开放以来的第三次创业潮。而文化科技的创新、创意与创业在此轮高潮中具有举足轻重的作用，通过新的创业潮，我国也将成长起一大批创新型人才集群，最终将我国真正建设成一个具有不竭原创动力的创新型国家。

创客（Maker）最初指专注于利用互联网数字技术设计产品原型的具有创新天赋和爱好的群体，后扩展为所有热衷动手实践、以分享技术和交流思想为乐的创新群体。他们的另一个相近的名字叫"极客"（美国俚语Geek），而其中最为痴迷于寻找一切网络系统缺陷的人，成了黑客（骇客）。他们都很年轻，好奇和逗能是他们本质特征。2007年以来，全球掀起了创客文化浪潮。2014年，美国总统奥巴马把创客提升到打造新一轮国家创新竞争力的高度，并宣布每年6月18日为"美国国家创客日"。

无疑，创客运动是新时代颠覆现实世界的助推器，是一轮具有时代意义的新浪潮。

创意产业对人才构成有很高要求。创意产业需要大量复合型人才，受过三级以上复合教育，如文化艺术的创作与理论教育，网络设计或相关专业技术教育与训练，工商管理或金融经贸教育与实践。这既是对未来创意人才教育提出的新要求，也是文化创意实践需求对人才品质的要求。

这种高度融合的人才可遇不可求，数量也很少，因此就需要组建多专业合作的创意团队来达到这一要求。这就是在企业内、行业内、创意产业集聚区内配置不同的专业人才，形成多种创意人才的互补聚合优势，相互启迪激荡，以期获得灵感的迸发。

一方面，创意产业无疑需要硬手，即优秀的科学家、设计家、工程师、建筑师、投资人、金融家；另一方面，创意产品的一个重要特征是无形化、文化化和艺术化，所以创意产业需要"波西米亚人"：富于灵感的艺术家（包括先锋艺术家）、民间艺人、自由撰稿人、文化学者，甚至哲学家。此外，创意产业需要管理人、广告人、媒介工作者等中介人。这是文化与经济、艺术与技术、人文与科学、形而上与形而下的冲突、较量、碰撞与融合。其实，无论是科学技术的创意，还是文学艺术的创意，在创造的境界上是完全可以相通的。

创客空间的建立与双创的战略决策意义重大。由个别创新型人才零星出现，到培养千千万万个创客的创意集群，直至创意阶层的形成，需要我们做好一系列培育提升的功课。美国学者理查德·佛罗里达在他的《创意阶层的崛起》一书中，强调了创意阶层对于创意产业的极端重要性。他认为，从根本上看，文化创意产业的高速发展依靠文化创意人力资本的投入产出和文化创意阶层的崛起。今天的创意产业越来越多地被用来表述国民经济中致力于利用人们的"智力资本"进行的文化服务和文化产品的生产与流通的新兴产业。事实上，几乎所有保持了长久生命力的世界著名企业都是创意高度发达的企业，而多数世界著名企业家都是富有创意、推崇创意的企业家。研究表明，从事于诸如广告、建筑、交互休闲软件、音乐、电视和电影等创造性产业职位的人们，都是受过多重教育的复合型高级人才。可见，智力资本、创新和新的信息技术之间已经建立起复杂而深刻的联系。

三、中国需要极客

在新的模式运营中，"极客"的作用不可忽视。极客是整个新模式运营的技术探索者和支撑者。他们以不断的技术创新奠基着改变着互联网、移动互联网，以及文化创意产业与文化经济的生态面貌。

随着互联网文化的兴起，极客这个词含有智力超群和努力的语意，又被用于形容对计算机和网络技术有狂热兴趣并投入大量时间钻研的人。在2015年极客公园创新大会上，百度创始人、董事长兼首席执行官李彦宏第三次做客极客公园大会，而他也以一名顶级极客的身份，解读了百度的移动互联网战略：为技术的投入，既是一种信仰，也是产业发展的未来。

总之，崭新模式的立体创意产业集聚区或"文化创意信息数字交易港"将有机会全面实现官、产、学、研、投、贸等各个链环的数字化整合，代表着创意产业集聚区的高级形态和未来发展趋势。

过去，我们一般总是按行业或部门来划分社会经济的各个产业门类，现在，当创意成为经济发展的重要推动力，创意人才和人力资本就具有了重要的意义。

美国学者理查德·佛罗里达在《创意阶层的崛起》一书中，便按职业的分类而不是按部门或行业的分类来分析和定位创意产业的。他认为，我们不能把创意简单视为一个部门或行业的分类，创意在当代经济中的异军突起表明了一个职业阶层的崛起。佛罗里达认为，在美国，社会分化成四个主要的职业群体：农业阶层、工业阶层、服务业阶层和创意阶层。创意阶层包括一个"超级创意核心"，这个核心由"从事科学和工程学、建筑与设计、教育、艺术、音乐和娱乐的人们"构成……他们的工作是"创造新观念、新技术和（或）新的创造性内容"。除了这个核心，创意阶层包括"更广泛的群体，即在商业和金融、法律、保健，以及相关领域的创造性专业人才。这些人解决着复杂的问题，而这包括许多独立的判断，需要高水平的教育和技能资本"。创意人才是遍布于许多部门或行业的。

四、数客人才与大数据的实践运行

什么是数客？这里命名的数客，是指首席数据官、数据分析师、数据运营官、数据管理师。特别是首席数据官（CDO），指的是在当下大数据时代，专门从事行业数据搜集、整理、挖掘、分析，并依据数据做出行业研究、评估和预测的专业人员，以及相关的跨行业顾问和有行业经验的编程人员、图形及视觉设计人员，以及将文化、技术和艺术融合为一、能将抽象语言形象化的人才。

数客已经成为数字时代最重要的人才之一，是当前推动大数据发展的关键所在。根据预测，未来若干年，数客将是全球最稀缺的人才。高德纳咨询公司（Gartner）预测，到2015年，全球大数据人才需求将达到440万人，届时仅有1/3的需求能够得到满足。麦肯锡全球研究所的一份报告指出，美国需要150万名精通数据的经理人员，以及14万至19万深度数据分析方面的专家。美国大学已专门开设了研究大数据技术的课程，正在大力培养下一代"数据科学家"。一些美国公司也向大学提供研究资助，并赞助与大数据有关的比赛。目前，美国正大力关注大数据这个人类科技的新领域，以求继续保持在全球的科技领先地位。

数据分析人才培养已被各国政府纳入推进大数据发展的重要议程中。美国《大数据研究与发展计划》的一个重要目标是"增加从事大数据技术开发和应用的人员数量"。美国通过国家科学基金会，鼓励研究性大学设立跨学科的学位项目，为培养下一代数据科学家和工程师做准备，并设立培训基金，支持对大学生进行相关技术培训，以及召集各个学科的研究人员共同探讨大数据如何改变教育和学习等。为促进基础研究，美国国家科学基金会采取的相关政策措施包括：将向美国加州大学伯克利分校资助1000万美元，帮助他们研究如何整合机器学习、云计算、众包三大技术用于将数据转变为信息；在关键技术研发方面，联邦部门大数据项目详细部署了国防、民生、社会科学等领域的核心关键技术研发。英国《英国数据能力战略》研究扶持与技术研发政策，对人才的培养做出专项部署：搭建高校、研究机构的资金扶持和合作平台，确定从初中、高中就开始设立数据和计算机课程，大学各学科更要全面教授数据分析技能。

目前，在互联网企业中首席数据官、首席信息官（CIO）都已成为企业的标配，在企业发展中发挥着不可替代的作用。数据也不再是无足轻重的一堆数字，而成为具有重要经济和文化价值的"资产"和"资本"。企业的数据战略将信息的各种应用场景统贯思考：综合考虑数据的各种需求，并作为一个整体进行规划——通过交易中心的数据完成操作，通过运营报告了解情况，通过关键绩效指标衡量价值，通过分析报告来了解，并通过操作数据存储来记录。

因此，大力推动大数据文化孵化器建设，培育一批新型创客、极客、数客，进而培育文化创客、文化极客、文化大数据分析师与文化大数据运营官,对我国文化事业和文化创意产业的发展无疑具有重要的实践意义。

以互联网为基础的大数据与创意产业有着十分密切的亲缘关系。美国一大批互联网领军企业——谷歌、微软、易安信(EMC)、思爱普(SAP)等文化科技巨头,以及脸书(Facebook)、天睿公司(Teradata)等一些文化创新公司,在多年的互联网技术沉淀和长期文化科技创新的积累中,形成了以硅谷创新精神为代表的时代风格,对全球产生了重大影响,也同时对大数据与文化创意产业及二者的融合产生了重大影响。比如,今天的广告商们更愿意为针对性强的网络广告多支付60%—200%的费用。在庞大的数据系统内,广告商们不仅与大公司接触,还会关注一些小微企业、创客空间和新创品牌。消费者可以从更好、更实用的广告中获得更广泛的企业信息。大数据为消费者与企业创造了巨大的价值。现在,无论是大型企业,还是小型企业,人们都会更多地利用互联网、移动互联网和大数据运算工具。电商通过线上与线下的渠道与客户进行互动,来为后者提供量身打造的建议与最优的价格。而对消费者来说,在大数据技术的推动下,他们可以获得更加多样化和有针对性的创意产品和文化服务。

文化创意产业与互联网有着千丝万缕的关系,与移动互联网、手机和全民文化消费有着须臾不可分离的关系。大数据的兴起大大推动了中国乃至全球文化创意产业发展,在电影、电视、广告、会展、演艺、娱乐、旅游、体育、休闲等传统行业发挥着重大作用，特别是在移动互联网、新媒体、动漫、游戏、视频以及电商等领域。在新闻出版、广播电视媒体行业，运营者能否准确、详细和及时地了解受众状况和市场变化的趋势，无疑是其运营成败的关键。

对于文化创意产业来说，重心首先是互联网时代的数字转型。我国文创产业要借助大数据战略实现两个升级换代——制造业走向高端的升级换代和文创产业自身通过高新科技实现行业的升级换代。大数据将在文化金融、内容产业与文化消费方面发挥重要作用。

五、创意协同的国际化与实施方略

在当今世界全球化的环境中，创意人才开始在全世界城市间频繁流动，英语世界的流动更甚。因为不仅市场在寻求创意人才，创意人才也在寻找和选择最能够实现其价值与抱负的市场环境。这是一个双向选择的过程。《指环王》总设计者约翰·豪在新西兰创作完成这部作品以后回到欧洲，到瑞士从事新的创作。笔者曾问他，如果中国邀请他来工作，是否愿意。他表示，一个艺术家，只要能实现艺术抱负，有更好的创作和制作环境，他为什么不来呢？

除了要考虑工作环境，还要考虑创意人才的生活场所。要对创造性阶层的生活进行更全面的观察。创意团队创意能力的培养和发展需要一种适合其成长的语境和氛围，需要一种环境和组织。当然，并不是所有的创造性都需要背景，创造、创意和发明总是"不择地而出"的"神来之笔"，但毕竟宽松、惬意、自由、舒展的环境更宜于创新、创意的发生发展。创意是一种过程，是从内在精神活动、知识聚敛发散，到技术操作实践的一个复杂过程。它来自创造者灵感的触发，独异性的张扬和与环境间的相互作用。佛罗里达认为，创意阶层的成员"有一种共同的创造性气质，即对创造性、个性、差异和价值的重视。……每一个方面和每一创造性的显现——科技的、文化的、经济的——是相互联系、不可分割的"。这种精神气质笔者称之为"波西米亚性"，自由、无拘无束、狂放不羁、长发飘飘或不修边幅、特立独行。这种性格特征影响着创意阶层对工作的选择，影响着他们对工作地（所工作城市）的选择，对在哪里居住的选择，乃至乐于购买哪类物品，怎样将工作时间与休闲时间分开等。

发展文化创意产业，充分借鉴和引进经济改革的成功经验，最重要的是要引进经济领域、科技领域的先进人才——战略策划人才、产业运营人才、企业管理人才、金融（上市）人才、投融资人才、科技创新人才，特别是原创设计人才，培养每一专业的专门人才。由于历史原因，我国相关文化部门工作人员长期在计划经济的体制下工作，吃惯了大锅饭，市场意识和产业意识不强，这一领域的干部在思想观念、理论准备，尤其是实践操作等前设框架上，都缺乏准备、缺少经验。因此，转变文化发展方式，要引进一批懂得市场、懂得产业经营的管理人才，全面提高我国文化产业运营的水平,缩小与经济改革的较大差距。另外,文化产业和文化市场又有自己产业、行业、企业的特点,需要在实践中培养既懂经济运营又精通文化产业的复合型专业人才。

最富创造性的高端创意人才是文化创意产业发展的核心。据统计,现代财富的创造更多集中在像比尔·盖茨这样的一批最优秀的创意天才手上。这样,创意就成了当代产业组构中的一种特殊的设置。它决定了产业的性质,并由此决定了产业的管理与操作。二产的发展靠机器、厂房、资源和劳动力,文化创意产业不同于制造业和劳动力密集型产业,它的发展靠创意阶层,靠创意群体的高文化、高技术、高管理和新经济的"杂交"优势。

组建创意学院,建立创意人才孵化器,是培养创意人才的重要方式。目前,一批企业运营的创意学院规模很大,运行良好,如水晶石动漫学校;一批民营创意学院发展势头很好,如吉林动画学院等独立学院。创意产业孵化区经过新的发展,其功能得到进一步拓展,如归国留学生创意园等,将孵化中小企业与孵化创意人才结合起来,展现了良好的前景。

实行项目招标集聚攻关孵化的方式。这种方式是一些跨国企业采用的十分实用的项目和人才孵化方式:将企业发展中的大量问题一一列出,选出攻关项目,通过网络与社会招标,选择一批青年创意人才集中到孵化区工作,按难易程度确定工作时间长度,如3个月、半年或一年,可以解决众多难题,并发现和培养杰出人才。

六、新的创意人才协同发展模式：威客模式

新的创意人才协同发展模式可采用威客①模式——网络虚拟研究平台模式。创意人才培养的根本观念是通过"越界"促成不同行业、不同领域，特别是线上和线下的重组与合作，实现复合型人才和复合型人才群体的协同平台运行。通过越界融合，寻找新的增长点，推动文化创意、科技前沿、经济运行与金融创新人才的融合和团队的协同发展，并且通过在全社会推动创造性原创，来促进社会机制的改革创新。而从发展来看，数字化高端融合的O2O新模式，也是创意产业人才集聚培养的高级形态和未来发展趋势。创意产业人才集聚发展的高级形态和未来发展趋势是依托一定的实体创意人才群组、团队和智库，在实际机制、设施的基础上打造无国界、国际化的创意人才培育、训练和承接从园区到国家需求的集聚区，建设一个迅速顺畅交换传播的数字化网上创意人才市场和一个数字化的人才交流平台，构建"虚拟创意人才集聚区"或"文化创意人才信息数字交易港"。

自由自觉的创造是马克思主义创造观的根本原则。在新的人才培育过程中，笔者认为其中最重要的一个条件，是要让不同的观点都能够发出自己的声音，让不同的建议政策都能够在平等的状态下切磋争鸣。这需要我们的社会不断努力营造宽容的环境，

---

①威客，为英文Witkey的音译，指通过互联网把智慧、知识、经验和技能转换为实际收益的人。

需要我们具有科学精神,更需要保持学术的自由和思想的自由,从而创造平等的讨论空间,让不同类型的智库都能在公平、平等的氛围内表达自己的建议与观点,这也是党的十八届三中全会所提倡的"学术自由"精神的一种体现。

"波西米亚族"：一个创意阶层的崛起

——谈我国创意人才的选拔与培养

创意人才——有时候我们把他们称之为"波西米亚族"，他们是推动创意产业发展的源动力。如何发现和培养创意产业实践迫切需要的创意人才，满足产业发展源源不断的需求，是当下现实给我们提出的重大课题。

一

作为高度推崇个体创造性的创意产业来说，创意人才更加具有举足轻重的意义。目前，从全球来看，创意阶层在世界经济中的数量和地位不断上升。美国工业阶层的人数从1960年到2000年下降了15%。到20世纪末，非制造业在所有职业中所占比重增长至约80%（Morris and Western，1999）。佛罗里达从这些非制造业中挑选出最好的部分，将之合并成创意阶层。即使将超级创造性核心和创造性专门人才去除，剩下的服务阶层仍是最大的职业团体，占劳动力整体的约45%。创意阶层约占劳动力整体的30%，约12%的劳动者属于"超级创造性核心"。

在美国，漂泊性的工作（软件设计师和阁楼艺术家等）占据了劳动力总数的12%，一个世纪前只有5%。在英国，文化方面的专家认为"创意产业在英国价值1125亿英镑"。1994年，61个申请读大学的人中有一个寻求艺术家或者设计师的职业，五年后，这个比例已经是1∶19，现在这个比例更高了。这些数据让政策制定者们把目光从那些经济学家愉快地称之为"从事单调工作的人"转向"艺术工作者"，假定这两者之间的区别是单调工作追求的是最大化他们的收入，而艺术的工作者追求最大化他们的创造力。

因为创意阶层的精神气质表现在他们生活的各个方面，他们偏爱能提供多种选择、富有活力的城市和社区。那些"在技术、人才群和宽容"的程度上排在前列的城市将吸引大批创意阶层的成员，形成自我促进的良性循环。反过来，创意阶层也培植了艺术、音乐、夜生活，创建了新的名胜，比如纽约的"硅港"，伦敦的切尔西（伦敦的自治城市，文艺界人士聚居地），那里的房屋租金自1996年始增长了很多倍。美国国家管理者协会声称："创新产业，非营利机构和独立艺术家都是一个成功的地区居住环境的不可缺少部分。"而上海的"新天地"、八号桥，北京的"798"、宋庄、三里屯的情形也完全类似。

当然，最好的创意社区，拥有简单舒适的生活环境、宽松自由的创作氛围、精神交流的便利平台、艺术理念的实践场域。一个社区的生活质量越好，在吸引和挽留创造性人才方面成功的可能性就越大。佛罗里达对创意阶层的界定十分宽泛，其范围要比艺术家、文化企业家广泛得多。他对创意阶层的界定也包括建筑师、工程师和科学家——简而言之，在佛罗里达看来，所有产生新观念、新技术和创意内容的人都属于创意阶层。佛罗里达认为，这一创意阶层构成了美国经济发展的新动力。

二

从我国目前的现实来看，文化创意产业的发展还处在初级阶段，其基础至今仍不是十分雄厚，市场程度仍有待提升，体制弊端依然存在。但是，作为改革开放前沿阵地的广东，经济改革和高科技产业的发展却是成就喜人、举世瞩目。所以，发展文化创意产业需借鉴和引进经济改革的成功经验，转变文化发展方式。

我国实施经济改革以来，从观念、形态、体制、管理到实践操作，均积累了丰富的经验，也不乏教训。特别是在现代企业制度、股份制改造、上市金融运营、投融资、产业管理、对外贸易、会计、法律、咨询乃至广告运营和品牌构建等方面尤著。转变文化发展方式，就要全面学习我国经济改革的成功经验，把它运用到当前文化创意产业发展的现实实践中来。

"威客"等网络创意交易形式将实物领域的交易推展到创意设计的招投标和交易，成为最活跃的创意网络虚拟集聚区，打破了地域集聚的陈规，全面改变了创意人才的集聚方式，对于创意人才的培养和选拔，产生了重要启示。威客具有低门槛、无障碍、无国界传输的特点。通过威客（未来可采用多语言网络）世界各地的人才都将为我所用，改变过去为我所有的方式，建立了新的"订单式创意招投与交易"。威客的展开形态，将改变市场贸易由厂家销售既定产品的单向出售模式，实现了买家成为卖家，需求成为厂家选购对象的双向交互买卖的新形态。而其中发现和培养人才，也将成为它的重要功能。威客也将突破简单单一的家庭装饰设计等内容，让市场成长为订单式数字交易竞争市场，需求将成为众家争夺的热门商品。

　　文化和旅游部《全国文化系统人才发展规划（2010—2020年）》，是文化系统第一部人才发展规划，也是《国家中长期人才发展规划纲要（2010—2020年）》颁布实施后，首个行业人才发展规划，其呈现了开放的文化人才政策，提供了科学的人才培养方式，对于改变文化发展人才匮乏的现状具有重要意义。

威客：引领创意产业新模式

笔者曾在一篇文章《数字港·物联网·云计算：文化创意产业集聚区与国际贸易的高端融合》中主张，创意产业集聚区发展的高级形态和未来发展趋势是依托一定的实体创意产业集聚区，打造无界域国际化的虚拟创意集聚区，建设一个迅速顺畅交换传播的数字化网上市场和一个数字化的交易平台，构建"虚拟创意产业集聚区"或"文化创意信息数字交易港"。这是未来创意产业集聚区发展的崭新模式。

在当下中国，纯粹本土创造的互联网新秀脱颖而出，它就是威客。作为中国创意产业的实践者和先行者，作为中国电子商务产业的重要组成部分，中国威客行业在产业经济，特别是互联网领域占据着十分重要的位置，并发挥着日益重要的作用。2010年11月18日，在重庆召开的首届全球威客大会上，由艾瑞咨询发布的《中国威客白皮书》显示，国内拥有超过100家威客网站，注册威客超过2000万人，交易额超过3亿元。而这些成绩是仅在短短几年时间内取得的。截至2010年10月，全国威客网站蓬勃发展，仅猪八戒网一家交易累计超过1.7亿元。短短几年，从威客的年交易金额到年任务总量，再到注册威客数都在飞速增加。目前威客模式涵盖的范围包括法律、管理咨询、农业、教育、程序和图形设计、科研、体育、医疗、招聘等多个领域。此外，门户网站新浪、雅虎，搜索网站百度等影响力巨大的网站也在试水威客。威客模式的出现也引起了媒体广泛的关注，包括中央电视台、《中国日报》、《人民日报》、国际文传电讯社（俄罗斯）、《明星周刊》（德国）等数百家国内外媒体对威客模式进行了报道。2007年，威客的概念进入中国高考试题。未来威客将成为创意产业最具成长性的新业态之一，随着威客产业的扩大，威客行业内部进一步细分，投融资介入与上市公司出现，威客模式将有一个巨大的飞跃。

那么，威客是什么？

威客模式创始人刘锋给出定义：人的知识、智慧、经验、技能通过互联网转换成实际收益，从而形成各取所需的互联网新模式。主要应用于解决包括科学、技术、工作、生活、学习等领域的问题，体现了互联网按劳取酬和以人为中心的新理念。在数字化的高速发展中，威客模式已经融会搜索引擎、维基百科、电子商务、数字市场等多种优势，创造出一种适应我国产业转型的新功能与新模式。

一、威客是一个巨大的科研与产业实践结合的枢纽站

2005年，威客创始人刘锋开始建立威客网，试图将中国科学院的专家资源、科技成果与企业的科技难题对接起来。在建设

网站的过程中，刘锋发现通过互联网解决问题并让解决者获取报酬是互联网应用的一个全新领域，于是开始通过边实践边总结的方式对这个领域进行探讨和研究，从而提出威客理论。

可见威客的创立首先是问题驱动，或者说是需求驱动，即科研与产业实践的脱钩带来的问题。我国长期存在科研高高在上，不愿和不能解决企业现实问题的困境，催促和呼唤新业态的出场。实际上，现实经济活动中，企业存在着大量急需解决的难题，这些难题有些是跨行业的难题：因为不了解其他行业中的创新与技术发展，有些是在其他行业不成为难题的难题，有些是乡镇企业等低端制造业与较高技术水平的差距，以及人才缺乏形成的难题。而目前威客要解决的是高科技支持下的创意设计等大量难题，即产业升级换代、高科技技术改造、富有文化含量的创意设计、产品的广告创意推广、销售网络的设计与建立等方面的各类问题。这些问题都可以通过悬赏招标、筛选方案、筛选对象、优中选优的方式来解决。威客成为一个巨大的科研与产业实践结合的枢纽站。

目前，我国在经济转型、转变发展方式、产业升级换代的大背景下，许多城市的机关、企业都有大量解决问题的需求，更具专业性运营的细分威客将有广阔的市场前景。

二、威客是智力交易的大平台

随着互联网支付手段的不断成熟，信息完全免费共享的互联网时代已经过去。随着知识产权意识的逐渐建立，知识、智慧、经验、技能的商业价值被逐步认可，知识、智慧，特别是创意等无形资产，已逐步成为商品进入交易。这就需要一个智力产品交易的市场。原有的物质产品交易市场，如广交会、义乌小商品市场，往往很难承担这种独特的精神类、文化类的智慧产品和创意产品的交易，而威客适时而出，构建了一个智力交易的大平台。这个平台的特点：一是知识、智慧、经验、技能都作为商品以明确的价格标出，肯定了所有参与投标者的智力价值；二是这个平台上的所有参与者都参与到一场场智力互动问答，脑力激荡，彰显群体智慧；三是成功的参与者的智力产品能够得到市场价值的回报。

　　威客超越了维客，成为互联网知识产权交易的重要方式之一。维客从编程的角度来看同威客一样属于电子公告牌（BBS）功能的变形。以往我们在BBS上发帖，只有发帖人和管理员有修改权，而维客模式把这种修改权扩大到所有查看该帖的用户。这样，就给无数的互联网用户——维客们创造了参与知识构成的机会。他们为维基百科无偿地贡献智力劳动，使得维基的管理者不能随意地将其用于谋利。维客是公益的、无偿的、志愿的，而威客则是有偿的、遵循市场规律的，也是可持续发展的。

　　一品威客网坚信：自己所从事的威客行业是一项颠覆性的事业。在这里，威客把创意和服务转化为真金白银，雇主花比现实中更少的钱拿到满意的解决方案。一种更为简洁和富有实效的创意和服务解决方案，必将为越来越多的威客和雇主所认可。

三、威客是巨大的项目发包市场

在中国提出威客理论之后，美国互联网曾提出与威客相似的众包概念。2006年7月，《连线》杂志记者杰夫·豪尔（Jeff Howe）首次提出众包概念：众包指的是一个公司或机构把过去由员工执行的工作任务，以自由自愿的形式外包给非特定的（而且通常是大型的）大众网络的做法。众包的任务通常由个人来承担，但如果涉及需要多人协作完成的任务，也有可能以依靠开源的个体生产的形式出现。2009年，《众包》（*Crowdsourcing*）出版，可以视为其理论体系的形成。与远早于它的中国威客理论相比，众包至今尚无实践操作的成熟模式。

中国威客是成熟的成功的实践方式。它包括两种发包方式：现金悬赏和威客地图。现金悬赏的主要运营程序是：招标方发布任务→支付少量定金或不支付定金→经威客网站确认的高水平威客报名参加→招标方选择合适威客开始工作→根据工作进度由任务发布者或威客网站向威客支付酬劳。

这里的问题是网站运营利润何出（一些网站采取抽取悬赏金额20%的方式）、第三方支付的保证（谁做第三方）、应标成果如何评定（谁来评定，评定的费用何出）、发包方诚信如何确定。

威客模式的意义在于，它打破了中国式的单位院墙内自给自足的研究方式，而采取了"用天下大脑"的新思维。这种新的解决难题的方式，是一种全新的研究和运营范式。它利用威客平台上众多威客的知识、智慧、专业技能、行业经验和个人创意，为企业提供低成本高质量的服务，所以它更经济、更高效，在未来可能更专业，成果层次更高。因为这种"众包"还有一种"优选"的功能：发包者将兼取各家之长，获得最好的创意，并在"问答"过程中不断受到启发和理念的提升。

四、威客地图是创意个体集聚的虚拟创意产业集聚区

威客模式创造了威客地图的新形式。刘锋2005年提出并建立了世界上第一个关于"威客"的搜索引擎——威客地图。它借用了知识管理里知识地图的概念，即通过互联网将人的地理位置、专业特长或兴趣、联系方式、威客空间这四个最重要的属性聚合在一起从而形成关于"威客"的搜索引擎。在威客空间中，威客把自己的知识、智慧、经验、技能形成作品出售，威客网站可以通过威客地图的衍生产品进行盈利，如知识交易、右侧广告、竞价排名、威客推荐、联系方式信息费等。目前，包括猪八戒威客网、一品威客网、创意网、创意功夫网、淘智网、帮助者网、威客巴巴、任务中国、Taskcity、脑根网等已经为威客建立了威客空间或个人工作室（见维基百科）。威客地图成了创意个体集聚的虚拟创意产业集聚区。

威客模式是发现人才、培养人才的大舞台，是草根浮出水面的星光大道。威客模式打破了地域、时间、工作方式的限制，也

打破了职称、地位、权力、名声等传统评价门槛,通过互联网把世界各地的工作者放在同一平台中,给创意者、后来者、年轻人提供了公平竞争的互联网环境,不仅带来更多自由工作时间,创造了一种灵活的就业方式,而且有利于发现富于创新精神的新人,许多民间的草根创意人才就是借此平台得到锤炼,逐渐成长,乃至脱颖而出。

五、威客模式是前景广阔的文化创意产业新业态

威客是网络由电子公告牌(BBS)到发包大市场飞跃的产物。2005年7月刘锋第一次提出威客理论时,一个重要的理论基础就是发现了互联网发展历史上BBS功能分离的现象。从20世纪80年代初互联网BBS出现以来,其功能不断分离出去,形成了各自独立的互联网应用,如新闻类网站、电子商务类网站、博客类网站、热点点评类网站(DIGG)、维基类网站、SNS类网站、换客类网站、搜索引擎等多种类型。而作为智力互动问答类网站的威客,最初起源于在BBS中发布科学、技术、工作、生活、学习中问题的功能,人们通过互联网寻求问题的解决方案或能够解决问题的人。

威客理论的要点在于,互联网不仅仅是全世界机器的联网,更是全世界人的大脑的联网,人的智慧的联网。它不但连接了世界各地的机器终端,也把世界上各个角落的人连接在一起,把人类解决难题的多样化多层次的智慧连接、凝聚、融会到一起。威

客用最简洁的方式创造了无数机会来激发每一个致力于创意的散布于不同角落的个体的主动性、参与性，也给了他们实现理想和抱负的可能性，以及市场的回报——这是他们可持续参与的动力。威客创造了一种激发创意、汇聚创意、实现创意的场效应，是激发竞争的创意场，创造了文化创意产业新业态——网上虚拟创意经济交易港。

威客的发展，也正在大踏步走向世界。猪八戒网创始人兼首席执行官朱明跃说："在美国开设分公司，是我们冲击海外市场的第一站，我们的目标是把中国的威客推送到全世界，让中国威客的智慧服务全球创意产业市场。根据我们对国际市场的考量，由于西方人力成本居高不下，中国威客在参与国际创意服务市场的竞争中，具备十分明显的竞争力。"猪八戒网英文版在2011年7月上线，由此拉开猪八戒网正式进军国际市场的大幕。因此，大力推动中国威客行业的发展，不仅可以促进中国互联网产业经济的繁荣与发展，而且可以依托威客模式的独特优势，加快中国创意经济的整体进程，对于整个社会都可能产生广泛而深远的影响。

威客模式正在不断地创新开发一系列过去时代从未有过的"资源"，像数字网络技术等高新科技，给世界创造了财富增长的新机会和海量的资源。它所创造的创意新业态正越来越成为当代社会财富增值的源泉。它启示我们：过去时代发展传统文化产业的方式必须再度审视并予以转换。

智库,全力营造平等宽松的发展环境

2015年,中共中央办公厅、国务院办公厅印发了《关于加强中国特色新型智库建设的意见》(以下简称《意见》),提出到2020年,统筹推进党政部门、社科院、党校行政学院、高校、军队、科研院所和企业、社会智库协调发展,形成定位明晰、特色鲜明、规模适度、布局合理的中国特色新型智库体系。《意见》的出台对我国新型智库的发展具有怎样的意义?

《意见》首先从整体角度对我国新型智库的建设进行了统筹性的规划和全面、系统的整理,因此具有十分重要的整合性意义。这也是我国第一次如此全面地从多个角度对智库建设提出切实的指导。《意见》将新型智库定位为党和政府科学民主依法决策的重要支撑,从而将智库作为科学决策的重要依靠力量,再次凸显了其重要的地位。同时,也对智库的科学化水平提出了更高的要求,加强智库建设需要以科学咨询支撑科学决策,以科学决策引领科学发展。

《意见》也是对我国新型智库建设的高端布局,明确了我国新型智库的建设目标及各类智库的归属与任务。我们看到,在世界范围内尤其是在很多西方国家,智库的发展已有相当规模且有产业化的趋势，其中也涌现了很多知名的智库。此时，我国明确提出了新型智库建设的目标是建设充分体现中国特色、中国风格、中国气派的智库，同时表明要重点建设一批具有较大影响力和国际知名度的高端智库，让中国的智库走向国际。它的重大意义在于确保我国公共决策正确性，因此要将方方面面的力量聚集融会，确保实现习近平总书记在谈到改革时一再强调过的"决不能在根本性问题上出现颠覆性错误"的目标。

《意见》将新型智库定位为国家决策的"先锋队"。智库在国家发展中需要不断发挥创新和引领性的作用，在社会、政治、经济、生态、科技等各个方面，利用自身的优势，为我国新一轮深化改革服务。在格局的布置上，《意见》将智库分为中央和国家机关所属政策研究机构、国家高端智库、党校行政学院智库、高校智库、科技创新智库和企业智库、社会智库等不同的类型，其中更提出了明确的发展规则和发展方向，及各类不同智库发展的有效途径，这是非常具有实践意义的。如在实施规则上提出"重点建设50—100个国家亟须、特色鲜明、制度创新、引领发展的专业化高端智库"的目标，提出了"完善以品德、能力和贡献为导向的人才评价机制和激励政策"等细化的内容，都将促进这些有针对性的政策更快地落地。

在新型智库发展过程中，笔者认为其中最重要的一个条件，是要让不同的观点都能够发出自己的声音，让不同的建议政策都能够在平等的状态下切磋争鸣。这需要我们的社会不断努力营造宽容的环境，需要我们具有科学精神，更需要保持学术的自由和思想的自由，从而创造平等的讨论空间，让不同类型的智库都能在公平、平等的氛围内表达自己的建议与观点，这也是十八届三中全会所提倡的"学术自由"精神的一种体现。

《意见》还提出，我国的新型智库发展要"面向世界、面向未来"。在世界范围内，智库的发展已十分迅速，美国宾夕法尼亚大学2015年1月发布的《全球智库报告2014》显示，目前全球共有6681家智库，其中，美国1830家，中国429家，我国已经成为世界上智库数量排名第二的国家。但我国智库的数量可能远远超过这一数字，我国的智库分为多个体系，基础量十分庞大，这也从侧面反映出我国智库正在迅速崛起。《全球智库报告2014》同时指出，有7家中国智库入围"全球智库150强榜单"，抛开数量而言，也说明我国智库整体水平与世界顶级智库相比仍存在一些差距。未来，我国智库应更注重于研究质量的提升，注重于专业化发展，注重于解决切实问题，注重于完善国家的治理体系，从而更好地为我国社会发展提供智力支持。

作为以政策研究为导向的研究机构和社会力量，我国的智库与西方国家的智库既存在共同点又有很大差别。尤其以美国为例，智库一般都标榜自己立场的中立性，不受政府、政党的影响。不少智库力求自己的研究成果不受政府和其他特定因素的影响。同时，价值中立原则也是国际范围内普遍认可的标准。其实美国智库与政府之间有着千丝万缕的联系，一些智库的研究带有鲜明的政治倾向性，如在美国总统竞选之前就有智库机构在为其竞选出谋划策。中国智库在研究过程中，在服务于党和国家发展的大局上也要尽力做到独立客观，放眼大局。因此，我国将智库的角色设定为为全民族服务的智力资源，是非常具有前瞻性的。同时也说明我国智库仍将以非营利性和公益性为主导。在资金的来源方面，美国智库的资金基本来源于企业或个人捐赠。为确保智库的研究不受到资金来源的影响，每家智库在接受资金捐赠时都力图保证自己的资金来源更加多元化。我国的智库更多以国家出资为主同时兼有项目资金收入。

我国未来智库的建设，也要充分发挥社会智库和民间智库的重要作用。我国是一个多民族的国家，地域广大，人口众多，经济水平、文化发展呈现多样化的形态，各族人民的诉求也有差别。社会智库、民间智库可以反映各种不同的意见和思考。同时在对外交往、民间外交等方面也有其自身的特色。

总之，无论其归属什么机构，资金来源如何，未来我国各类智库的发展方式，都应是在保持自己不同特色的同时，为国家长治久安的共同目标而展开独立客观的研究。不论是党的系统、国家行政系统的智库，还是企业、民间系统的智库都要有平等发言的机会。因此，必须营造有利于我国智库发展的宽松、自由的环境，做到全面、公正，让各类智库都能得到良好的发展机会。

下编

国际文化创意产业伦理问题研究的内容与路径

我国文化创意产业发展迅速，而与之伴行的产业伦理的理论与实践却相对滞后，出现了与之相关的一系列道德伦理甚至犯罪问题。如文化产品的诚信问题、涉黄问题、青少年网瘾问题、电信诈骗问题、网络谣言问题、盗版泛滥问题、"有毒"信息问题；媒介职业道德失范问题，虚假新闻、新闻敲诈和新闻腐败问题；广告失德问题，明星吸毒、嫖娼、赌博等道德失范行为及对青少年影响问题，"人肉搜索"等，已经相当严重地影响到文化创意产业的健康发展。

何以如此？我国文化产业市场化发展中，忽视或缺失了类似西方市场经济与新教伦理伴行的大环境，我国优秀的传统文化伦理和商业伦理被打倒或排斥，造成市场经济中文化伦理和法制观念的缺位与混乱。这一方面是由于我国市场经济发展时间短，市场化与法制化程度不高，特别是发展初期对人文价值忽视所致；另一方面是世界创意产业、创意经济的伦理问题许多也是在全球新技术、新媒介、新业态发展中产生的共同的新问题，迫切需要各国共同面对、共同解决。

面对文化创意产业伦理实践的严峻问题,我国相关理论和政策研究还处于落后状态。我国相关业界必须深入研究和借鉴西方各国文化产业伦理的理论与实践成果,研究和转化中国传统伦理文化的深厚资源,以落实中国特色的社会主义核心价值观为宗旨,全面探索我国文化创意产业伦理学的框架、概念、思路、对策和路径。

国际上对创意产业、创意经济中的伦理问题有很多研究,值得我们大力关注与借鉴。比如从学术史来看,道尼尔·福雷(Donald Frey)的专著《美国的经济伦理家:竞争伦理学与经济学史》就对美国经济伦理家以及他们对经济伦理问题的争论进行了一番严肃的学术史的梳理,厘清了自殖民时代以来盛行于美国的"个人主义"和"集体主义"两种探讨商业和经济伦理的思维范式的发展轨迹,以跨学科的视角分析了美国经济史、宗教思想、伦理观念、政府政策以及公共文化等多方面的资料,对美国这一全球最大经济体的商业、经济伦理现状进行了历史渊源。这本书,无论是具体内容,还是研究范式,对我们梳理中国社会经济和传统思想文化中的经济伦理脉络和重构,应对当下中国经济、商业伦理的现实问题,特别是尝试建设一门文化创意产业伦理学,都有着重要的借鉴意义。

回到我国文化创意产业伦理问题研究这一主题,问题意识的产生,即当前我们为什么更加关注文化产业、创意产业的伦理问题，首先是问题倒逼的结果。近年来，在国家的高度重视与大力扶持之下，文化产业的热度一直居高不下，然而，文化产业在急遽发展的同时也产生了诸多乱象，暴露了许多深层的结构性隐患。而这些问题大多是涉及产业和整个社会经济发展的伦理问题，不是单纯依赖经济或技术手段就能解决的。较我国而言，欧美等西方国家以及日本等一些亚洲国家的文化产业和创意经济已经相对成熟，其相应的产业和经济伦理讨论与制度设计也更为先进。因此，从国内文化产业发展现状和全球文化产业的格局来看，借鉴他山之石，应该作为我国文化创意产业伦理问题研究的一个起点和重要领域。

一、国际文化产业、创意经济伦理研究对价值的追问

近年来，国内外一批文化创意产业从业者，特别是具有广泛影响力的影视、体育、网络明星，大V、博主、意见领袖、持异议者，大肆冲击公共伦理道德底线。一些名人不断传出失德丑闻并涉嫌犯罪，严重影响了全社会的道德氛围，尤其对青少年影响更大。个人价值观、伦理观是文化产业、创意经济伦理学必须关注的首要问题。在当下社会伦理环境恶化的语境中，问题倒逼，我们必须切实研究对策。

在这些文化经济伦理研究中，价值观、价值选择被放在文化经济学的首要位置。伦理学大师、哈佛神学院的拉尔夫·波特博士设计了一种道德推理模式——波特图式，或曰波特方格，为我

们今天文化创意产业从业者在面对困境时如何做出抉择提供了一种重要途径。波特图式是一种社会伦理模式,它将道德分析的四个方面纳入其中,即定义、价值、原则、忠诚。其核心应当是从业者的价值观、伦理准则和对谁忠诚或负责。在这里,价值观与伦理准则相对来讲具有"普世价值",而对谁忠诚则是争议颇多的问题,比如新闻记者的职业责任与公共伦理的关系,对企业忠诚,还是对社会负责;对更高的道德负责,还是对商业和金钱俯首称臣。但更重要的是价值观和伦理准则。

为什么?戴维·思罗斯比在《经济学与文化》中提出:"在经济学与文化这两个我们所关注的领域里,尽管起源不同,却都将价值概念视为事物估价的一种表述方式,不仅在静态或消极意义上,而且在动态或积极意义上,将其视为一种议价或交易现象。因此,在将经济学与文化这两个领域连在一起时,可以从价值入手,价值是连接经济学与文化的基石。"[①]

思罗斯比认为,我们关注文化产业、创意产业的伦理问题,是因为文化创意产品和文化服务的特殊性质。"我们需要铭记的是,许多文化商品和文化服务事实上都是混合商品,他们兼具私人物品和公共物品的双重属性。"作为私人文化商品,消费者将为购买此商品付出相应的价格,这与购买其他类别的商品如大量的物质商品基本相同。但是文化创意产品和文化服务还有明显的

[①] 戴维·思罗斯比:《经济学与文化》,王志标等 中译,中国人民大学出版社,2011,第20—21页。

公共产品的性质。它不同于一般商品，而有着极大的溢出效应。许多文化商品不是像物质商品那样在消费中被消耗掉了，像汽车，而是越消费价值越大，如电影、电视、文学、艺术、绘画、音乐作品。消费的人越多，商品的价值越高，而且还会产生长远的价值，包括商业价值、投资价值、增值价值和文化价值、社会价值、艺术价值、审美价值。作为公共产品的集体消费，它就天然地具有了消费者共同关注的政治理念、社会价值、社会伦理、公民责任，乃至交往准则、道德底线、文化惯习、民族喜好和审美取向等一系列性质。另外，它的公共性质还在于与城市或社会的公共服务密切结合在一起，比如，大型剧院、体育场馆或音乐厅是作为一个城市的公共基础设施建设的，而后的运营则是市场化的，你去欣赏戏剧，则必须付费。

所以，思罗斯比指出："在宽泛的文化语境里界定价值需要遵循一条必不可少的原则，该原则意味着，（文化）价值代表了积极的而非消极的特征，导向了好的而非坏的，更好的而非更糟的方面。……用简单的享乐主义界定文化价值可能失之偏颇，甚至不够贴切。例如，价值产生于一定的道德和社会环境中，道德和社会环境可能促进人们对享乐原则的理解与接受，并可能影响人们对价值的阐释。"[1]

纵观国际上的相关研究，从探讨价值的角度展开的总体性研

---

[1] 戴维·思罗斯比：《经济学与文化》，王志标等 中译，中国人民大学出版社，2011。

究大致包括两大类：一类是围绕文化产业的性质，特别是交叉地带带来的双重性，在产业或制度经济学以及公共管理、社会治理等学科领域内展开的针对经济伦理与相应政策、制度设计的宏观研究，例如莎拉·欧文·范德斯鲁伊（Sarah Owen Vandersluis）的专著《全球经济下的伦理学与文化政策》就是在经济全球化的特殊语境下讨论文化政策的伦理维度。大卫·赫斯蒙德夫（David Hesmondhalgh）、安迪·普拉特（Andy C. Pratt）、苏珊·盖勒威（Susan Galloway）、斯图亚特·邓禄普（Stewart Dunlop）以及乔·卡斯特（Jo Caust）等人也撰文讨论同一主题。这类研究也包括对传统文化——道德、宗教的要素对经济的影响的分析，例如《市场经济与天主教伦理》一书就以批判的笔触分析了个体在市场经济中的身份与处境，并且指出了天主教会在市场经济中仍然在扮演着重要的角色。

实际上，发达国家主要从产业经济学、制度经济学和政治经济学的范畴切入研究，涉及制度设计和公共管理、文化政策等学科和领域。对此进行了宏观和理论化研究的是彼得·格隆维根（Peter Groenewegen）出版于1996年的专著《经济学还是伦理学?》和约翰·布鲁姆（John Broome）1999年在剑桥大学出版的《出自经济学的伦理学》。两本专著从创意经济的宏观角度对经济伦理进行了深入探讨，更强调了经济与产业运行中的伦理问题。萨拉·欧文·凡德留斯（Sarah Owen Vandersluis）的著作《全球经济中的伦理和文化政策》（2004）则从经济全球化的角度讨论了文化政策的伦理维度。

另一类研究则从微观的视角讨论了一些具体的论题。例如安迪·班尼特（Andy Bennett）在《后亚文化转向：十年后的一些反思》一文中，在回顾青年亚文化和青少年发展的过程中对后亚文化理论（Post-subcultural theory）进行批判；又如特里·弗卢（Terry Flew）针对发展文化产业的不同诉求所主导的两种政策制定模式，即"主权"和"软件"的分析。

二、国际文化产业、创意经济对媒介伦理的高度关注

国内报载，×网高管和少数记者以×网为平台，以不报道负面新闻为诱饵，联合公关公司招揽广告客户。凡是与其签订广告协议的客户，网站就不再刊登其负面新闻，或删除已上网的负面报道，从中牟取暴利。这种方式成为其经营思路，业内称之为收"保护费"。业内人士称，这种用所谓"广告费"换取"舆论安全"的行为，已经泛滥成灾，成为首次公开募股（IPO）公司、上市公司与媒体之间的"潜规则"。之后，×网总裁等数人已被抓捕。

令人震惊的是，这一案件是具有相当高知名度和影响力的×网所为。×网是国内公认的三大财经媒体之一——×报系旗下专业的新闻网站，经过近4年发展，×网日均点击量超过200万次，成为国内最具影响力的专业财经新闻网站之一。这一现象引起了国家相关部门的高度重视，纷纷从不同角度予以批判并处理，由

此开始了对互联网与文化产业法律法规的制定与管理，同时展开了对相关伦理理念的学术研究。

其实，国外也一样。2002年3月一名13岁女孩被人绑架，以报道内幕闻名的《×报》曾雇佣私人侦探，在案发后入侵女孩的手机语音信箱，窃听留言，还在信箱已满的情况下删除了部分留言。这一做法让警方和家属以为女孩还活着，其实女孩已经被撕票，耽误了警方的搜救活动。

"窃听门"爆出后，英国舆论哗然，伦敦警方立即展开调查，包括与道勒一同被撕票的女孩的电话是否也被窃听。此后有关《×报》更多的窃听行为被公之于众。伦敦警察局透露，《×报》窃听行为的受害者可能多达4000人，英国王室、社会名流、政坛要员、影视演员、体育明星、谋杀案受害者家属等都成为《×报》的窃听对象。其他如默多克新闻集团子报《太阳报》及《镜报》等都卷入窃听丑闻。

更有甚者，诸多主持人的性丑闻也令世界瞠目结舌。英国政府公布英国广播公司（BBC）已故主持人性侵案调查报告。调查报告显示，该主持人在50多年间性侵了数百名女性，受害者年龄最小的只有5岁，年龄最大的75岁。

过度商业化和利益至上扭曲了新闻媒介的社会公正和良心。大卫·赫斯蒙德夫在其著作《文化产业》中引用吉特林的研究，描述了西方媒介道德伦理的缺失："自1990年以来NBC例行公事般地掩盖了其母公司的丑闻，ABC新闻的彼得·詹宁斯则掩盖了对迪士尼的批评。在吉特林看来，最大的危险是'自我审查'：记者决定不追踪可能与公司文化相冲突的新闻事件，而新闻媒介则被用于宣传其所属集团的娱乐业务。"①

他指出，最近20年，从这些媒介公司所支持的利益群体以及他们在宣传或抑制社会公正追求上所扮演的潜在角色来看，一个清晰的答案就是：文化产业公司已成为其自身利益，特别是首要利益和整个商业利益的宣传者。②

在这里，媒介的社会公正与社会责任荡然无存，剩下的是赤裸裸的金钱和利益。

与国内学者习惯在对媒介伦理进行研究时把伦理原则或道德规范作为首要的出路方案相比，国外的媒介伦理研究更倾向于内在德性的观念与对道德修养实践的关注。德性论认为伦理学的首要任务是告诉人们如何认识自己的生活目的，并为实现一种善的生活的内在目的而培植自我的品行与美德。

国际媒介伦理研究有丰富的理论资源和悠久的研究史。从古希腊开始，就有亚里士多德的中道之行的伦理观、康德的绝对律令、密尔等人的功利主义、罗尔斯的正义论，以及麦金泰尔等人的社群主义理论等。而奠基于这些原则体系的国外媒介伦理的规范建构也因其有着更为丰富的文化与价值内涵而超越了单纯的规范铺陈。

---

① 大卫·赫斯蒙德夫：《文化产业》，张菲娜译，中国人民大学出版社，2007，第193页。

② 同上书，第83—84页。

现代国外媒介伦理学的研究起步较早,并且已经基本建构起了比较完整的学科体系,媒介伦理研究中针对传统媒介的部分主要包括对传播内容的讨论、争议和媒介从业人员,例如记者的职业操守;而与互联网等新兴媒介以及信息产业相关的内容,主要涉及隐私保护、信息安全以及频繁出现的媒体记者窃听等问题。

马修·基兰(Matthew Kieran)的专著《媒介伦理》与S.P.裴克(S.P. Phadke)的专著《全球媒介伦理:问题和前景》,均直面当代新媒体中诸多伦理问题和媒体人的职业道德操守问题,提出了关注与解决的方向与建议。斯蒂芬·沃德(Stephen Ward)、凯特琳·隆比(Catharine Lumby)与埃尔斯佩思·普罗宾(Elspeth Probyn)的专著则从全球化和新媒体的新颖视角探讨了媒介伦理。

一些研究直接进入文化产业中的具体领域。以下三部著作分别从电影、摄影、电视和出版角度研究了伦理问题。

霍华德·古德(Howard Good)和迈克尔·迪伦(Michael J. Dillon)的著作《关乎电影的媒介伦理学》集中探讨了作为重要媒介的电影中的道德伦理与电影突破传统、反叛创新的关系。拉里·格罗斯等人撰写了《影像伦理学:主体在图像、电影和电视中的道德权力》,更关注视觉文化中的道德伦理问题以及每一主体在创作与观影中的权力与底线。克利福德·克里斯坦等人撰写的《好新闻:社会伦理学与出版》,则从出版的角度出发,探讨出版作为媒介的伦理问题。

三、国际文化产业创意经济伦理研究关注发展与环境之间的矛盾

我国在文化产业大发展中，有些地区搭建各类旅游景点，在发展创意产业园区和小城镇建设名义下进行"圈地运动"，许多地方过度开发，破坏了原有的生态环境和人文环境。国际上的研究对此有强烈的抨击，并提出一系列保护环境的准则。

《联合国创意经济报告2013》十分关注创意经济的发展与环境和文化遗产的开发、保护之间的平衡关系，是一部联合国教科文组织主持的特别版，与之前由世界贸易大会主编的《创意经济报告2008》和《创意经济报告2010》略有不同，更强调经济与文化的协调和平衡。它认为："有必要在更大范围内剖析地方创意经济带来的经济及非经济利益与促成变革的各项因素之间的关系。"这也正是联合国系统"后2015联合国发展议程工作组"在2012年的报告《实现我们希望人人享有的未来》中提出的挑战："迫切需要找到鼓励创造和创新的发展新途径，力争实现包容、公平和可持续的增长与发展。"报告大力提倡从全球伦理和人文角度来审视创意经济，将创造力视为某种具象、灵动、能够影响多种产业和活动的特征，提出了大量从实地经验、技术援助和项目管理活动，以及从非洲、阿拉伯国家、亚洲和太平洋、拉丁美洲和加勒比的学术研究和专家论文中获取的例证，来寻求产业经济与社会公平、人文诉求的协调与平衡。联合国的另一个报告

《2013年人类发展报告——南方的崛起：多样化世界的人类进程》则强调发展中国家与发达国家在经济、文化、资源上的协调和平衡，"150年来第一次，发展中国家的三大领衔经济体巴西、中国和印度的总产出，与北方国家加拿大、法国、德国、意大利、英国和美国常年的GDP总额相同"，这就是世界范围内的经济平衡与发展伦理问题。

开发与保护的矛盾是国际文化产业和创意经济伦理问题研究的一个重要主题，这揭示出国外研究较强的政策应用性和操作性，也体现了借鉴其研究成果和经验对中国完善制度、法规和具体操作的实际价值。这方面的代表性专著有《评估自然：伦理学、经济学和环境》《经济学、伦理学和环境政策：争议性的选择》《环境伦理和公司》。三者关注的都是自然生态的价值，并且在此基础上进一步讨论了产业经济和环境的协调发展以及相应的环境政策的价值选择。相关的学术论文则更多了。

四、创意经济伦理学高度关注知识产权保护与盗版问题

与文化生态环境和遗产保护一样，知识产权保护是文化创意产业伦理学的一个重要研究主题，同时知识产权和相应的反盗版问题也是文化产业发展的一个核心问题。侵犯知识产权、盗版，是世界文化产业创意经济发展的毒瘤、无形资产保护的困境；知识产权保护是文化产业发展的最重要保障；建设与维护知识产权

的伦理氛围和法律保护体系,是全球共同努力的目标。

目前,盗版、信息盗取、黑客入侵、破坏网络程序、网络诈骗、设置病毒以及电子商务间谍等问题泛滥,全球知识产权保护困难重重。尤其是在数字化、互联网、移动互联网的现实环境下,问题更是触目惊心。美国联邦调查局雇员斯诺登揭露了美国疯狂地进行信息盗取的大量问题,不仅在政治上产生了恶劣影响,在经济上、伦理上、道德上也产生了大量负面影响,造成全球创意经济伦理秩序混乱。

世界知识产权组织创意产业发展部副主任迪米特·甘特雪夫指出:"目前在全世界盗版十分猖獗,已经影响到与版权相关的行业,影响这个产业的可持续发展。当然,盗版还有很多其他的负面影响,并不能靠一个单独的政策来解决,需要一个全面的应对。当然需要很多公司、行业、网络的内容服务商,还有一些法制人员的参与,一些公平的技术保护措施和完善的法律框架将会起到重要的作用。"[1]

甘特雪夫认为,保护知识产权对于创意产业的发展意义重大。"(它)在创意经济当中有三个作用。第一,它是一个知识因素,可以帮助创作者获得自己作品的回报,这样创作者就有了动力,有了激励机制,创作了就可以得到回报。第二,它体现了一个市场运营的框架,你需要有一定的规则,能够建立起来创意

---

[1]《甘特雪夫:知识产权是促进创意产业的重要因子》,http://www.nipso.cn/onews.asp?id=10599,访问日期:2010年9月18日。

产业的运作方式。版权也可以被看作是这样一个框架，或者说是建立一个游戏规则。第三，版权的界定清楚，就可以把它作为一个衡量创意产业的标准，来了解它对国际经济产生的影响"。①

国际知识产权保护的研究是中国需要重点借鉴的一个方面。2011年，欧洲经济和社会委员会以及地区委员会发布的《在知识产权单一市场化下，推动创造力和创新能力为欧洲带来经济增长和提供高质量的就业岗位，以及提供一流的产品和服务报告（2011—2020）》，强调在创意经济中进一步加强知识产权保护对欧盟各国的重大意义。

该报告陈述，有组织和大规模的知识产权侵权已经成为一个全球性的现象，正在引起全世界的关注。经济合作与发展组织估计，假冒商品的国际贸易增长在2000年约为1000亿美元，到2007年更是达到了约2500亿美元，这一数额超过约150个国家的国内生产总值。由欧盟委员会公布的数据显示，从2005年到2009年，欧盟边境登机在册的疑似知识产权侵权案件量从26704件增至43572件。5年间，增长超过60%。

报告指出："知识产权侵权剥夺欧盟创造的应获利益，阻碍创新，损害竞争力，破坏就业，减少公共财政，并可能威胁到欧盟公民的健康和安全。经济和商业研究中心开展的一项研究强调，假冒和盗版所造成的损失可能会使欧盟每年减少80亿欧元

---

①金元浦、迪米特·甘特雪夫：《创意产业·知识产权·盗版》，《甘肃社会科学》2013年第6期。

的国内生产总值。假冒也会为有组织的犯罪集团带来大量的利润，并且因为鼓励企业间的非法行为，扭曲内部市场竞争。"

报告还特别强调了当今高科技条件下知识产权的保护，"欧洲内部知识产权的实施和它的执行范畴依然还不完善。新科技发展的时代对如何预防使用那些未经授权的受保护作品带来了挑战。到2009年为止，欧盟知识产权的执法框架并没有与数字化的新环境相匹配。欧盟的政策要适应数字化时代，那些为消费者提供数码产品内容的具有吸引力和可行性的政策法规，必须与进一步加强知识产权保护的其他措施并行。而且，保护知识产权不能止步在欧盟范围内。在全球化贸易的背景下，这些问题变得更加严峻。知识产权是欧盟在新兴市场竞争力的重要资本构成"。

面对当代科技发展现实的急剧变化，一些作者反复探讨技术、伦理和经济三者的关系，以应对新的现实条件下如何处理技术发展、伦理失序和经济复苏三者的关系。

保护知识产权还需法律的武器。基斯·玛斯库斯（Keith Maskus）出版于2012年的专著《私权与公共问题：21世纪知识产权的全球经济学》和詹姆斯·英格利士（James English）的专著《声誉的经济：奖项、荣誉和文化价值的传播》等大量偏于法律的著作，讨论和研究了知识产权保护和反盗版措施。而肯尼斯·艾纳·西玛（Kenneth Einar Himma）的《信息伦理》亚当·莫尔（Adam Moore）的《信息伦理：隐私、财产和权力》和塞斯·海姆林克（Cees Hamelink）的《赛博空间的伦理》等著作则着重研究了赛博伦理、信息伦理、信息安全、防止黑客入侵等新兴产业的文化伦理问题。同时，为提高从业人员的职业道德水平，增强其伦理意识，西玛等人还编写了《信息与计算机伦理指南》通俗读本，以教育培养更多新从业者。

五、文化经济发展与文化遗产和非遗之间的矛盾

当代文化创意产业的发展一直存在着产业的发展与历史文化遗产保护之间的矛盾。现代世界以工业化为主体的现代化发展，取得了巨大的成就，但也存在着无视、损害，乃至破坏历史遗产和文化传统的严峻问题，甚至犯下不可挽回的罪责。当代文化创意产业的发展，在保护人类文化遗产上也出现了一系列问题，如假造文化遗迹、景点过度开发、文化遗产失传等文化伦理问题。造成历史断裂、传统消失、地域特色文化无存、多样性人文失去光辉。

国际上，在关于文化伦理的研究中，有关人文传承和遗产保护的文献与著作十分丰富。这些研究针对文化遗产和非遗保护中的问题，批判过度商业化，勾画人文前景，推动了文化多样性的发展。

2001年，联合国教科文组织发表了《世界文化多样性宣言》（以下简称《宣言》），把保护历史文化多样性提升到"道德律令"的高度。《宣言》指出，文化是一个社会或族群的一整套精神的、器物的、智力的和情感的特征，除文学艺术之外，包括生

活方式、共同生活准则、价值体系、传统和信仰。文化多样性对于人类来讲就像生物多样性对于维持生态平衡那样必不可少。从这个意义上说，文化多样性是人类的共同遗产，应当为当代人和子孙后代的利益考虑，保护、改善和传承那些记录着人类经验和理想的一切形式的文化遗产，以便促进形成多种多样的创造力，鼓励文化间真正的对话。《宣言》认为，保护文化多样性意味着对人权、自由和尊严的承诺，特别是对少数族群和土著居民权利的承诺。每个人都有权用自己选择的语言，特别是用母语来表达思想，创作并传播作品。《宣言》还特别强调，目前世界上文化物品的流通和交换存在的失衡现象是对文化多样性的一种威胁。必须加强国际协作和团结，以使所有国家，特别是发展中国家和转型期国家，建立在国内和国际上都能够生存的、有竞争力的文化产业。

与文化创意产业有着千丝万缕联系的非物质文化遗产，一开始就存在着文化性与产业性之间的矛盾。联合国教科文组织于2003年10月17日第三十二届大会通过了《保护非物质文化遗产公约》，使得世界保护非物质文化遗产和人类文化的多样性获得了明确的法律保证。本公约中，"'非物质文化遗产'指被各群体、团体，有时被个人视为其文化遗产的各种实践、表演、表现形式、知识和技能及其有关的工具、实物、工艺品和文化空间。各个群体和团体随着其所处环境、与自然界的相互关系和历史条件的变化不断使这种代代相传的非物质文化遗产得到创新，同时使他们自己具有一种认同感和历史感，从而丰富了文化多样性，提升了人类的创造力。在本公约中，只考虑符合现有的国际人权文件，各群体、团体和个人之间相互尊重的需要和顺应可持续发展的非物质文化遗产。"在文化创意产业的市场化、商业化、产业化发展中如何关注非物质文化遗产的保护、再生、革新和创新，如何适度地与当下的市场经济融合发展，并保存其历史性、民族性、人文性及其多样化形态，是文化伦理学必须关注的课题。

国外对于文化产业发展的伦理问题的研究比较注重创意经济与文化的协调发展，特别关注应用领域的实用性和操作性。这对于中国完善制度、法规和具体操作具有很强的借鉴性。约翰·福斯特（John L. Foster）的专著讨论自然生态的价值，关注伦理、产业经济和环境的协调，丹尼尔·布鲁姆雷和约尼·帕沃拉也关注同样的问题。

在大量相关文献中，有两份报告特别值得关注：一份是费什（S. Fisch）在2008年发表的《历史遗产长期保护的政府管理：一份比较报告》，其中细致总结了十多个发达国家历史遗产保护的政策和措施；另一份则是世界银行在2001年发布的类似报告，不同的是其内容针对的是中东和北非地区。梅兰妮·霍尔（Melanie Hall）2011年的新著作总结了1870年到1930年间的遗产保护运动的历史根源，探索了遗产、文化与身份三者的关系，该书有助于国内学者和政策制定者理解国际文化遗产保护的历史和思想渊源。另外两部比较有特色的专著则是从具体问题着眼：罗伯特·谢泼德（Robert Shepherd）讨论了文化遗产地旅游开发，而基斯·霍华德（Keith Howard）则介绍了东亚地区作为无形文化遗产的音乐传统，并探讨了相关传统的保护。

总体来看，我们对西方相关伦理的研究，要服务于建构适用于当下中国文化与产业发展的文化创意产业伦理制度与政策体系，更要服务于长远地培育中华民族审美文化伦理结构的宏大目标。

这是一个需要几代人不懈努力的工作。

"伦理危机"下互联网新媒体的历史性变革

一、文化产业发展中的伦理危机

（一）平台危机：平台虚假信息形成产业链，遭受用户质疑

"小红书"App被曝光存在虚假笔记问题。"小红书"创立于2013年，最初的市场定位是海淘化妆品平台，后来逐渐转变为吃穿玩乐买的生活方式分享社区，主要由用户互相分享服饰搭配、美妆教程、旅游攻略、美食测评等方面的内容。2019年5月，"小红书"对外公布用户量超过2.5亿人，月活用户量突破8500万人，每日社区笔记曝光超30亿次。在QQ等平台上有大量第三方机构或个人能够提供笔记代写服务，一些团队能提供包括关键词置顶、笔记代写代发、刷评论点赞、上热搜在内的"一条龙服务"。这种笔记代写、刷单成风、数据造假、谣言泛滥等遭到用户大规模质疑，影响了小红书的品牌美誉度。

（二）业务危机：业务造假造成商业危机

1.瑞幸咖啡业绩造假导致退市危机

瑞幸咖啡创立于2017年，此后仅用时18个月就登陆纳斯达克，创造了中国企业赴美上市的最快纪录，但2020年5月19日收到纳斯达克强制退市警示。浑水发布做空报告，指出瑞幸夸大门店商品的销售数量，将2019年三、四季度门店商品日销量至少分别夸大了69%和88%。瑞幸内部调查显示，从2019年第二季度到2019年第四季度与虚假交易相关的总销售金额约为22亿元。财务作假事实导致瑞幸咖啡股价从最高的51.38美元跌至4.39美元，市值蒸发90%，仅剩11亿美元。除此以外，更造成了国际投资者对中国概念股的信任危机。

2.《叶问3》票房造假被国家广播电视总局明令处罚

2018年3月4日，《叶问3》电影在大陆正式上映。上映4天拿下5亿元票房的《叶问3》，遭受了大量"虚假排场""票房注水"的质疑。投资方快鹿集团在发行中与大量影院签订了"包场"协议，经过国家广播电视总局查证后正式受罚。其是投资主体以《叶问3》为标的，以影视投资公司为融资方，以私募基金公司、信托、资产交易等理财平台为中介，以投资管理公司为债权方，再吸引进大量的散户投资者组成的融资游戏。这种融资方式利用网络P2P（个人对个人）、基金、理财圈钱，甚至拉动股价。国家广播电视总局介入调查且其收益达不到预期，引发了商业资金链断裂、崩盘，创始人逃至国外躲避追债。信任危机还一度使社会对制作精良的电影本身产生了负面评价。

（三）产品危机：文化产品盗版抄袭引发信任危机

1.网络文学产品抄袭引发争议

网络文学被誉为新时代中国新四大发明之一，在国内备受追捧的同时也出口海外。根据中国互联网信息中心（CNNIC）2019年公布的数据，2019年6月，我国网络文学用户规模达4.55亿人，占网民整体的53.2%。据2019年第三届中国"网络文学+"大会发布的报告显示，国内网络文学创作者达1755万人，"90后"作者已占50.6%。而这样利好的数据背后是抄袭行为的泛滥。《甄嬛传》《花千骨》《三生三世十里桃花》等网络文学作品被爆涉嫌抄袭，市场上盛行的写作软件可以整合不同图书，进行文章、人名、情节、细节等内容修改，以《锦绣未央》为例，涉嫌抄袭图书竟然多达219部。这一方面产生了文学作者相关创作的法律纠纷，影响了文学作品的美誉度；另一方面伤害了相关知识产权（IP）改编影视剧的品牌，引发了商业争议，更重要的是抄袭背离了文学创作的本质和初心，破坏了社会公平。

2.潮流玩具设计盗版引发争议

潮流玩具品牌最核心的声誉是"原创性"。泡泡玛特新发布的整个系列均与"BJD娃圈"里知名"娃社"Doll Chateau（中文简称"娃娃城堡"）2017年发布的数款娃娃在服饰、造型与配色元素上高度重合，且买家实际拿到的成品AYLA也与展会版本在做工与细节上颇有差距。截至2020年2月19日，微博上关于"泡泡玛特艾拉兔抄袭"话题阅读量已达858万次。尽管泡泡玛特官方致歉，但设计抄袭问题和水军评论等衍生问题造成了消费者权利受侵害和产品的信任危机，更是带来了商业品牌美誉度的损害。

（四）数据危机：点击量作假影响娱乐行业环境

某知名歌手的新浪微博点击量短时破1亿次引发点击量造假争议。2018年8月，某男星发了一条宣传歌曲MV的微博，在发布后的10天左右时间里转发量超过1亿次。以微博用户总数3.37亿人的比例来看，相当于每3名微博用户当中，就有一人转发了这条内容，此事件引发舆论哗然。北京警方很快查封名为"星援"的App，其主犯因涉嫌破坏计算机信息系统被检方批捕。

利用App刷流量，这在粉丝圈内被称为"轮博"，是一种饭圈文化。粉丝通过大量转发爱豆（idol音译，偶像）的微博，增加其曝光率，进而使其进入热搜榜，吸引更多人关注。热衷选秀节目和狂热追星的粉丝，通过"水军"刷榜让数据造假日常化，这影响了明星和娱乐行业的美誉度，也促使更多的粉丝形成了错误的追星价值观。

（五）创新危机：以《庆余年》网剧为代表的超前点播模式引发争议

2019年11月26日，知名网文IP《庆余年》改编的网络剧在腾讯视频、爱奇艺两个互联网视频平台播出。该剧在播出后引发市场追捧，两大视频平台一致采用超前点播服务，即VIP用户再付费50元可超前解锁6集网剧。这一行为造成大量用户转向使用盗版，后期该剧全集泄露，正版VIP用户、视频平台和剧集创作公司均遭受巨大利益损失。

这一"庆余年效应"可以称之为"劣币驱除良币"的经典案例。尽管这一超前点播创新饱受争议，但是视频平台没有停止尝试。2020年初，爱奇艺独播剧《爱情公寓5》和腾讯视频独播剧《将夜2》都沿用了VIP超前点播付费方式。超前点播或将成为视频网站新盈利常态。这种"超前点播"已在《爱奇艺VIP用户协议》中写明，在《腾讯VIP会员特权（2020）》中已经明确新增"超前点播特权"。

以上略举数例，已见当前社会伦理的诸多失范之处。危机已经如此严峻，需要全社会倾力合作，深化改革，去除沉疴，创新议程。

2017年，文化部公布了第二十五批违法违规互联网文化活动查处名单，19家网络直播平台被查处。据悉，文化部拟出台加强网络表演管理的政策，对网络表演关键环节进行规范。此外，将建立违规网络直播平台和违规主播警示名单及黑名单制度。

2018年，文化和旅游部发布《全国文化市场黑名单管理办法》，文件规定将严重违法失信的文化市场主体及人员列入全国文化市场黑名单，并向社会公布，实施信用约束、联合惩戒等措施。

文化和旅游部加强网络文化市场监管，严查网络游戏、网络表演、网络音乐市场禁止内容，指导各地文化市场综合执法机构查处了一批网络文化市场典型案件。专项行动开展以来，各地文化市场综合执法机构出动执法人员1.2万余人次，检查网络文化经营单位7858家次，受理举报1636件，立案236件，办结案件214件，净化了网络文化市场环境。

为加快建立以信用监管为核心的监管制度，推进文化市场信用体系建设，建立健全文化市场领域失信联合惩戒机制，2019年1月3日，发展和改革委、中国人民银行、文化和旅游部、中央宣传部、国家市场监督管理总局等17家单位联合签署了《关于对文化市场领域严重违法失信市场主体及有关人员开展联合惩戒的合作备忘录》（以下简称《备忘录》）。《备忘录》的出台，与2018年6月文化和旅游部修订实施的《全国文化市场黑名单管理办法》（文旅市发〔2018〕30号）实现了有效衔接。《备忘录》明确了联合惩戒对象为根据《全国文化市场黑名单管理办法》因严重违法失信被列入全国文化市场黑名单的市场主体及有关人员，包括从事营业性演出、娱乐场所、艺术品、互联网上网服务、网络文化等经营活动的企业和个体工商户及其法定代表人或主要负责人。

但是，在必要且有力的惩戒之后，我们还必须深入细致地进行研究，看到现象背后伦理失范的社会原因，市场主导下无序的环境氛围，改革变化中媒介眼花缭乱的升降腾挪。

二、媒体革命的历史性变革

在当代中国百年未有之大变局中，我国社会发生着传播媒介的巨大变革。主流媒体的接力棒已转移到新媒体手上，新媒体成为影响社会和人群最重要的媒体形式。虽然传统媒体的影响力还在，但影响社会人群认知的主阵地已逐渐转移到以社交媒体为代表的新媒体上。

主流媒体的优势为何丧失？个中原因非常复杂。主要来说，主流媒体在描述报道这个社会时喜好宏大叙事，即用所谓比较理性的精英逻辑来构建整个社会的反应和理解，通常表现为理性逻辑的单向传播。

相较之下，互联网是一个全媒体全通道的传播环境。受众在判断和认知时，不再像过去那样通过理性逻辑，而是更多地把非逻辑、非理性的信息作为关系判断的依据。不仅如此，受众接受信息的渠道是全方位的，信息的社会性传播更具人际传播的特性，更珍惜信息传播过程中的互动体验。

关键问题是非理性、非逻辑的信息传播。非理性、非逻辑的信息传播核心要素是情感和情绪，而这是过去精英媒体很难顾及，甚至基本上忽略的。

我们必须看到：数字技术在原创领域开创了新思路、新通道；数字技术推动了内容产业的大发展，创造出巨量的微文化产品；数字技术开创了传播方式的新革命、新手段；数字技术促进了文化消费与接受方式的新变革；数字技术打开了中国文化走出去的新通道。

这一系列文化新形态、新业态是以5G技术背景下现代数字技术和移动互联网为核心支撑的文化形式。与传统的文化业态不同，文化新业态所具有的技术密集、知识密集、附加值高等特点，体现出数字技术对传统文化行业与形式的升级与创造。

最为重要的新兴媒体是自媒体，是由手机成为第一媒介而形成的传播新格局。由智能手机带来了中国的全球最大的手机阅读群和阅读量，但也形成了浅阅读、闲阅读独霸的局面。

网站、门户网站之后勃兴的博客、微博、微信、微信朋友圈，代表了互联网来到了文化自媒体的新阶段。

自媒体是互联网时代最伟大的交互式传播的革命，具有改变或颠覆传统媒体的强大动能。它是万众喧哗时代的网络民主形式，极大地增强了中国公民的文化参与度、交流度、信息流通度，丰富了浅知识和文明素养。自媒体也是创意经济、粉丝经济、眼球与注意力经济、体验经济、娱乐经济、分享经济的新形态。

1.网络直播改变了新闻现场感

网络直播可以打造网民与新闻现场即视感与零距离的用户体验。例如，如家酒店女子遇袭事件。新浪在网站搭建图文直播平台，对整个事件进行多维度跟进，并派出人对酒店进行现场探访，在发布会现场发起了全程视频直播。结合前方视频、图片，后方原创评论，多方联动，让事件发展变得具象又立体。网民不仅可以围观，还可以及时互动，近距离体验以往"遥不可及"的新闻现场。

2. 网络直播已经成为移动网络舆论的重要载体

随着互联网以及移动设备的广泛覆盖，一部手机就可以让每个人都成为视频的发布者和舆论议题的发起者，完成出镜、采访、剪辑、发布等复杂的新闻采、编、发任务。此时，主流新闻网站及各门户网站，都开设有视频直播，并将其作为热门进行推介。比如，2016年1月"快播案"网络直播，超百万名网民围观和跟进发表评论，在相关网络舆论场中表现活跃。

3. 网络直播具有跨界融合的特征

网络直播在移动端具有巨大的网络传播能力。由文字、声音、图片、影像等多种元素组成的网络视频是传统媒体无法比拟的，视觉、声觉的全方位体验能使观赏者更全面、更形象地了解传播内容，在各种元素的冲击下易引起海量的观看。尤其一些网站利用明星效应，更能增加网民观看与参与的热情。

4. 网络视频通过移动端具有随时分享（共享）能力

随着互联网融合不断发展，网络直播所具有的强传播性和分享便利的特点被进一步强化。网民不断将直播分享出去，数量的骤增、膨胀会迅速产生话题转向和发散性效果。比如，任何网友都可以在微信朋友圈观看网络直播的页面，并分享到微信朋友圈。

5.新媒体的双向互动形态

网络直播的双向互动能力，创造了新网络舆论议题。网络直播在分享和传播过程中，还具有信息互动功能。网民可以通过转发、分享、回复视频、发送弹幕等方式发表自己看法，与直播发布者进行互动，将个体收看变成了群体式行为。这不但改变了传统媒体单向的信息传播模式，同时与其他网民在互动中可能产生新的议题。

目前，境内各大网站纷纷开设网络直播平台，游戏（斗鱼、熊猫）、弹幕（bilibili）、视频（乐视、优酷网、爱奇艺）、秀场（9158、六间房）、移动（映客、花椒）、社交（微博、微信）等各类网络直播迅速涌现。

一个全民网络直播的时代已经到来，每一部手机就是制造网络新闻和产出网络舆论的平台，每一个网民都可能成为信息的来源和传播的媒介。由此带来的新变化和挑战，值得重视和研究。

三、移动互联网新技术开创文化创造和传播新形态

网络直播在移动端兴起的主要表现：一是网络主播，即网民通过网络直播平台担当主持工作，并且实时与线上网民交流互动，如前些时候网络热议的"papi酱"等网红，后来的李佳琦、李子柒等；二是一些门户网站对热点事件、体育娱乐等的视频、图文直播，如商业网站新浪视频直播联合国公开面试下任秘书长候选人等。

以网络主播为例,随着网络直播这一传播形式流行开来,越来越多的网络主播通过粉丝埋单、商家投放广告获得收益,促进"网红经济"的形成。

(1)文字、图片、视频、VR与AR、移动直播正在成为新时代的互联网社交平台和超级入口。

图片:当网络带宽上到一个新的台阶,猫扑、视觉中国等争相出现,杂糅图片、文字和表情,引领第二代的网络潮流;QQ空间、贴吧随后出现,彻底改变了个人展示和群体交流的方式,使互联网广告变现方式得以进一步稳固;再到移动互联网时代,以in和nice为代表的新一代图片社交App出现,进一步增强了社交属性。

视频:从长视频到短视频,内容生产门槛逐步降低;从录播到直播,实时互动带来全新体验;从PC到移动,便捷性进一步提升。

视频从产生到发展至今,一直存在四大门槛:一是采集,即内容的制作问题;二是上传,即内容传输的问题;三是存储;四是分享,内容的传播性和互动性问题。整个视频的发展历程正是见证这四大门槛如何一步步降低的过程。

随着用户对更丰富形态、内容的需求和互联网基础条件的升级,以长视频为主要形式的视频网站应运而生。2005—2006年,土豆、56、PPTV、优酷等第一批视频网站相继上线,为用户带来新型的内容和视频内容观看体验。用户原创内容(UGC)的

"播客"模式再次引发全民参与的热潮,逐渐给传统电视台系统造成冲击,也引来各大巨头争相布局,历经五六年的厮杀才形成较为稳定的格局。到如今,视频网站的新一轮竞争正在进行,同时A站、B站等新型的弹幕视频网站崛起也给行业带来了新的血液和机会。

短视频的制作门槛进一步降低,掀起新一代的人人参与的热潮。进入移动互联网时代,美拍、秒拍、小咖秀等短视频App的出现,进一步降低了视频制作门槛,视频短到只有几十秒,却带动了互联网娱乐迅速发展。

全民移动直播时代或将到来,随着移动互联网的高速发展和4G网络的普及,参与感与代入感很强的网络直播正在重新定义社交和媒体。2016年,境外社交媒体Facebook以及境内社交媒体"陌陌"在主页增加了"直播"入口,发力网络直播。每一名网民都可通过这些入口进行直播。境内除网络主播平台方兴未艾外,一些网站借虚拟现实技术(VR)全景视频、航拍直播等新技术应用,直播热点新闻。可以预计,一个全民网络直播的时代即将到来,每一部手机就是制造网络新闻和产出网络舆论的平台,由此带来的新变化和挑战,值得重视和研究。

(2)以网络主播为主的"网红"群体2017年突变。研究证明,网络红人几乎是伴随互联网的发展历程而演进的,尤其是与社交媒体的出现和发展紧密相关。1997年以网络写手为代表的"网红"开始产生;2003年博客的普及则推动了"网红"2.0时代的到来；2009年到2011年微博和微信的产生与普及迎来了"网红"3.0时代，每两个阶段的间隔时间均为6—7年。如果按照7年的发展阶段周期估算，2017年以后，以网络主播为主的"网红"群体进入新的发展阶段。

（3）当今是一个强调个性和观点的时代，人云亦云无法脱颖而出，只有另辟蹊径才可能受到广泛的关注。目前，知名的网络主播个人特色突出，具有标签化和脸谱化的特征，而未来的网络主播，也将朝着更加细分的市场领域发展，更多关注垂直领域或垂直类型。

（4）网络直播领域的"星工厂"已经出现。网络主播与演艺明星相似，本质上都是依靠"粉丝经济"变现，但与演艺明星不同的是，网络主播的内容生产形式和变现渠道更加多元。孵化器的产生，意味着网络直播领域也出现了"星工厂"。网络主播从最初的单打独斗，到"个人+推手"的模式，目前已经走进了团队运营的时代。孵化器使"网红经济"发展出完整的产业链，使产业分工日益明晰。

（5）网络直播平台有可能成为网络社群进行互动传播、交流对话、组织动员的重要渠道。随着网络直播平台影响力的不断扩大，网络直播作为一种新的媒介，已经渗透到网民的生活中。网络直播平台可能成为继微博、微信之后，重大舆情事件的首发媒体和舆论集散地，也可能成为网络群体事件的组织平台和信息传播平台，使得一些敏感信息在监测和管控措施到位之前，就已经发生了大面积传播。值得注意的是，网络社群的线上活动有可能和线下活动相结合，给社会秩序和稳定带来挑战。

（6）成为意见领袖新生渠道，影响网络舆论走向。借助于网络直播平台，无数默默无闻的"草根"成长为知名的网络主播，传播力得以凸显，吸引着本就拥有一定人气的社会名人。2015年直播平台兴起，明星也加入其中，既实现粉丝导流，也为平台推广，实现双方的共赢。比如，周杰伦与王思聪在游戏平台上直播《英雄联盟》对战，吸引了约1000万人在线观看。

四、新生意见领袖可能会在社会议题方面发言

一些明星和大V的粉丝，会跟随自己的偶像自然迁移到网络直播平台上，而一些新晋"网红"，则会凭借其数量庞大的粉丝团和在特定领域的影响力，成为新的意见领袖。

目前，网络直播平台上的意见领袖虽然以娱乐为主，但需要警惕的是，新生的意见领袖可能会在社会议题方面发言，从而在一些舆情事件中影响舆论走向。

1.网络直播存在加剧社会不稳定的风险

网络直播相比传统媒体传播速度更快，具有更强的包容性和更宽广的参与度。如果每一个网民都成为信息的来源和传播的媒介，还成为各种政府行动、社会事务的监督者，甚至是参与者，会使各种社会问题的暴露变得更为容易，其所引发的舆论效应也更加巨大。这将给社会带来不稳定的风险，也或将为普通民众参

与政治活动提供可能。

2.影响网络舆论空间，给监管带来挑战

作为产业链条的顶层，"孵化网红"的直播平台的市场影响力和经济效益非常显著，成为投资机构和传统公司争相追捧的对象，也成为网络推手团队频繁活动的舞台。部分推手团队通过策划新闻事件、炮制假消息来推高网络主播的关注度，扰乱社会秩序，破坏网络环境。

3.传播涉黄涉暴信息，有违伦理、公序良俗和法律法规

由于网络直播平台的激烈竞争，网络主播为了积攒人气各显神通。其中一些不断挑战法律底线，将一些涉黄、涉赌、涉暴、涉恐或涉封建迷信的内容搬上了直播平台，违反法律法规，损害了公序良俗。2017年1月10日，网络主播直播飙车酿车祸风波未平，一则网络主播在线直播"造人"的淫秽视频，再次成为网络热议话题。当晚，武汉网警表态，已收到涉及斗鱼TV相关举报，正在开展调查。还有些自以为聪明的网络主播，在直播涉黄视频时掩饰自己主观上的"明知"，装作是"忘记关摄像头了"等意外。这种精心设计游走在合法与非法的边缘地带，给执法人员的取证制造了不少困难。有媒体评论称，要提醒一些网络主播，别在法律边缘打"擦边球"。

4.传播不当价值观，助长不良社会风气

在"粉丝经济"的巨大红利下，很多网络主播升级为"网红"，快速赚取了第一桶金，过程简单粗暴，经济利益很是诱人。

这让渴望迅速成功、成名的年轻人看到了"曙光"。部分人迷失了自己，他们羡慕着、追求着"网红"，渴望成为"网红"，甚至盲目为"红"而疯狂，为"红"而"丑"。"网红"在某种程度上助长了社会的浮躁风气，容易扭曲年轻人的价值观。

5.利用直播带货开展社会公益慈善活动

央视新闻与李佳琦连麦，直播播出了新花样，走出了新高度。2020年4月6日，央视新闻"谢谢你为湖北拼单"公益行动首场开播，央视新闻主播朱广权隔空连麦带货达人李佳琦，组成"小朱配琦"组合，吸引了1091万人围观。朱广权一边吟诗一边带货，尽显文化段子手的底蕴。这场由"小朱配琦"搭档的公益直播累计观看次数达1.22亿次，直播间收获1.6亿点赞，两个小时为湖北带货4014万元。这一实践，使得直播带货有了更高的伦理价值，而李佳琦则在这场公益活动中提升了形象，影响了一众粉丝，成为一个经典的案例。

6.利用视频展示中国传统文化，成为文化走出去的大使

李子柒，一个四川女孩，因传播美食与传统文化被大家熟悉。她于2015年开始拍摄短视频，而前期视频从编导、摄像、出演、剪辑几乎由她自己完成。她的作品题材来源于中国人古朴的传统生活，以中华民族引以为傲的美食文化为主线，围绕衣食住行四个方面展开，逐渐走红。由于展示了安逸的大山里的生活，被国内粉丝捧红。在国内大火之后，她又收割了国外粉丝。她在Youtube上的粉丝突破1000万个，成为首个在该平台粉丝破

千万的中文创作者,全球累计粉丝破亿。她把中国传统文化演绎得清新隽美,受到世界各国粉丝喜爱。中国传统文化的元素在她的展示中悄然走进粉丝们的心田。李子柒也因此被成都市授予"成都非遗大使"的称号。作为一名网红,她肩负了更多的责任,她参加国际非遗节,真正成为中国文化的传承人。

总之,在新媒体不断的发展中我们必须进入其中了解它,品味它,摸清它的套路,深入它的内核。我们的策略是鼓励发展,因势利导。

五、"网红"到底能红多久

网红经济是在互联网背景下的粉丝经济和体验经济的新形态。从草根网络红人,到淘宝网红,再到后来的"papi酱",网红的发展模式不断发展变化,已经形成一股"科技+社交+商业"的不小的潮流。

网红经济是"互联网+"的融合模态。"网红"一般是在某些细分领域具有一定专业行动力的"素人"。他们通过互联网的方式传播自己的产品知识和生活方式,在特定领域成为具有一定影响力的关键意见领袖,形成"互联网+"时代下一种新兴的商业模式。

网红经济是"互联网+传统商品"的创新实践。它利用互联网平台和社交媒体,寻找新的营销路径。对于创意产业来说,利用网红经济的特点和优势进行传统品牌的推广和传播就是一种新的创意探索。

网红经济是一种粉丝经济。《连线》杂志的创始人凯文·凯利有一个著名的"1000名铁杆粉丝理论"：在互联网时代，有1000名铁杆粉丝，就能够在商业上达成目标。无粉丝，不品牌。因为，粉丝可以直接产生价值，粉丝可以引导消费，粉丝可以营造氛围，粉丝还可以创造大量间接价值。与对电影明星、体育明星等的喜爱有所不同，网红和粉丝之间的互动性更强，因此也更具有黏合性。粉丝对明星更多的是崇拜，但对网红，更多的则是能够得到与邻家女孩相互交流的亲切感，这就是网红之所以"红"的原因之一。比如淘宝网红会通过推出多款产品样式，提供给喜欢他或她、关注他或她的消费者来选择，并与这部分消费者对话，实现承诺、服务、引导等。

网红经济还是一种体验经济。它的秘诀就在于购买者的体验式消费。卖家可以借助互联网方式实现对话式营销，实现与粉丝的互动，强化情感联系，消费者可以表达意见，参与服装等各种产品的优化设计，使产品更符合消费者的需要。关注网红的粉丝往往是对特定领域有了解或需求或感兴趣的受众，当网红推介产品时，这些受众天然地成为产品的潜在客户。而且因为网红与粉丝在长期大量的互动过程中建立了信任关系，使得粉丝对网红推介的产品更敏感，也更容易接受。传统的品牌商在定位和寻找销售对象时，经常受困于如何在海量的用户数据库中寻找到自己的消费者，并将产品信息精准地传递，因而不得不用一种"漫灌"

的方式，将信息以撒网的形式传递给所有受众。而网红经济往往能够更精准地将产品导向粉丝需求，实现"精准"营销，极大地提高了消费转化率。网红和粉丝之间，通过口碑传播、互动、评论分享等形式逐渐确定了一种信任和亲密的关系。网红以自身作背书，将自己的个性融入产品中，使产品更具人格化，也更容易被粉丝接受。

因此，网红经济比较贴近年轻人的生活，比如papi酱。她一个人在镜头前，刻画女孩们在社会生活中的失衡心理，节目迎合了年轻人的心理。这种唠嗑、倾诉、谈心的真人秀直播视频，能够把忙碌的人们丢失的情绪串联起来，使人们带着娱乐化心态享受着自己的"二手"生活。这种节目比大成本制作的电视电影更贴近生活中的真实、真像，具备一定的情绪倾泻功能，但这种娱乐具有侵蚀性。

同时，今天的网红经济还因有金融和资本的介入，变成了一些风险投资家特别关注的新的领域。"papi酱"融资1200万元，投资被估值为3亿元，然后迅速地出售2200万元贴片广告，很快获得投资回报，引发了投资和营销网红的小热潮。网红经济已经或正在形成网红产业链：网红选择—网红培训（网红商学院）—网红孵化器—网红经纪人—网红合作商—网红营销团队—网红运营。

总之，网红经济是互联网时代的经济新形态，不仅打破了传统的营销模式，更开辟了"互联网（移动网）+文化+"的融合创新的新路径。作为一种潜在的商业形态，未来会吸引较多的人进入该领域，因此更要以审慎的态度来规范和约束其未来的发展，毕竟产业链上不是只有网红这一个节点。

网红到底能红多久？除了自身的粉丝效应、加强文化底蕴之外，需要不断创新，用文化创意的真实力来说话。有人说，网红们"会说话"，他们选择的内容都是潮头上的时尚话题，往往能击中粉丝们的软肋。其实这些话题都是经过精心策划而不是随口而来的无意识表露。

从当前的发展情况看，网红可能会成为一时的"风口"，但从长远来看，按照网络时代浪潮式的运行方式，网红也会呈现出波浪式的发展态势——一拨网红会慢慢淡出，新的一拨网红又会出现。

网红到底能走多远，取决于其在整个社会精神文化领域的角色定位。大众花费大量时间娱乐，使得精英文化越来越空心化、无厘头化。人们对网红的青睐，是文化逆淘汰的加速。所以说，不加强文化底蕴，网红不可能走远。

我们还必须指出目前一些网络红人存在不少问题，有些脏话连篇、粗口频爆，整体基调不高；有些则涉黄涉骗，走在法律边缘。引人瞩目的快播案宣判，就给所有从业者敲响了警钟：人文伦理的关怀是包括网红经济在内的文创产业的命脉，而法律的底线是我们不可逾越的边界。

须知，网红一旦成为社会公众人物，就要以公众人物的标准去衡量，接受社会的严格评判，承担社会责任，在价值观、态度、情绪等方面起到更好、更健康的引领作用。因为网红向其受众传播的不仅仅是产品，更有自己个性化的生活方式、价值理念、消费习惯，粉丝在购买产品的时候，购买的是他们信赖的网红所创立的生活样本和人格模式。

作为一个正在快速崛起的新生事物，网红经济发展势头凶猛，可以预见，"papi酱"的案例只是开始，未来会有越来越多的具有内容制作能力的优质网红受到资本和市场的青睐，也会有更多缺乏踏实内容创作的网红昙花一现，消逝在新经济的浪潮中。在这个过程中，传统的品牌商转变观念，主动迎接和把握网红经济带来的机会，拥抱这种新兴的带有电商和社交基因的商业模式，或许会为自己在新形势下的转型和突破带来新的契机。

粉丝经济到底会红多久？

急速旋转的世界给我们提出了一系列难题，同时也给了我们变革的机遇。需要我们以敏锐的感知、理性的认识、迅捷的行动、实操的力度，来化危为机。

大数据时代个人隐私数据泄露的调研与分析报告[①]

大数据时代,个人隐私数据泄露是一个全球共同的重大社会问题。互联网技术的发展为当代世界人们的生活和工作带来了更多的便利,但同时也让个人隐私泄露事件频繁发生。在过去的2016—2019年中,全球各地发生了大量情节严重的个人隐私泄露事件,其引发的后果为各国政府、企业及企业用户、患者带来了大量损失。我国由于加强互联网监管和侦破违法案件,并加大对泄漏个人隐私数据的犯罪嫌疑人的打击力度,个人隐私数据得到保护,整体形势有所好转,但对个人隐私数据的认识和实践关切依然存在众多问题。

从个人隐私数据泄露的现状来看,通过黑客等手段攻击获取信息的主要目标是大型企业的服务器、网站,包括相关政府管理的网站。到2020年,这一攻击仍未停止。世界许多知名企业遭遇了重大泄露事件,其中,最大规模的泄露是美国Facebook应

[①] 本论文为国家哲学社会科学基金的重大项目"文化产业伦理研究"(项目编号14ZDB169)的成果之一。本报告由网智天元科技集团股份有限公司支持。

用程序数据泄露达 5.4 亿条[1]；单次攻击泄露最多的是美国市场营销及数据聚合企业 Exactis 公司所泄露的个人信息，多达 3.4 亿条[2]；持续泄露数据量最大的是美国雅虎公司的账户泄露事件，全球 30 亿个雅虎账号均惨遭泄露，最终导致公司破产，被 Verizon 收购[3]。

除了常见的企业攻击外，基于不同目的，针对不同目标受害者的危害行为在不断升级。在网络社交领域，因为平台持有数据方的失误，导致数千万名 Facebook 用户的隐私信息被泄露。

本报告参考 2016—2019 年来全球发生的重大个人隐私泄露事件，进行归类总结分析，以期对当前全球不同地区的数据安全防护进行交叉式对比和借鉴，为中国的个人隐私保护机制的制定提供有效建议。

一、隐私的定义和概念

隐私的概念在不同国家、不同文化和不同管辖范围内存在很大差别。隐私主要是由公众期望和法律解释所形成的，因此很难有统一的定义。隐私的权利或义务与个人数据的收集、使用、披

---

[1] Jason Silverstein, "Hundreds of millions of Facebook user records were exposed on Amazon cloud server," April 4, 2019, https：//www.cbsnews.com.

[2] Andy Greenberg, "Marketing Firm Exactis Leaked a Personal Info Database With 340 Million Records," June 27, 2018, https：//www.wired.com/story/exactis-database-leak-340-million-records/.

[3] "Yahoo 2013 data breach hit 'all three billion accounts'," October 3, 2017, https：//www.bbc.com.

露、存储和销毁方面相关。总体来说，隐私是企业对数据所有者所负有的责任，是机构围绕个人信息开展业务活动的透明程度。

关于个人隐私数据到底包含哪些内容一直也没有达成普遍的共识。

1890年《哈佛法律评论》第四期的《论隐私权》是全球关于个人隐私权最早的论述，其中提到，将隐私视为是"个人有权保持个体私密以防止被呈现于公众之前，这是隐私权外延中最简单的情形。保护个人不成为文字描述的对象、私生活不受媒体指指点点，将是一种更为重要、范围更广的权利"[1]。

学界通常将隐私界定为一种免受外界干扰的独处的权利，即个人具有不可侵害的人格，对其思想、情绪和感受等自身事务的公开、揭露具有决定的权利。从这个角度来看，保护隐私的目的是保护人的尊严[2]。

经济合作与发展组织（OECD）对隐私的定义是：任何与已识别的或可识别的个人（数据所有者）相关的信息[3]。

美国注册会计师协会（AICPA）和加拿大特许会计师协会（CICA）在公认隐私原则（GAPP）标准中提出的个人数据定义是：个人或机构有关收集、使用、保留和披露个人信息的权利和

---

[1] Warren and Brandeis, "The Right to Privacy," *Harvard Law Review*, 4.no.5（Dec.1890）.

[2] 同上。

[3] OECD, "The OECD Privacy Framework," 2013, http://www.oecd.org/sti/ieconomy/oecd_privacy_framework.pdf.

义务①。

何为公民个人信息？2017年5月9日颁布的《最高人民法院、最高人民检察院关于办理侵犯公民个人信息刑事案件适用法律若干问题的解释》指出，《中华人民共和国刑法》第二百五十三条之一规定的"公民个人信息"，是指以电子或者其他方式记录的能够单独或者与其他信息结合识别特定自然人身份或者反映特定自然人活动情况的各种信息，包括姓名、身份证件号码、通信通讯联系方式、住址、账号密码、财产状况、行踪轨迹等。

借鉴欧美国家的相关原则及中国法律对公民个人信息的定义，本报告将个人隐私数据界定为基于公民信息所产生的一切个体活动（动态）数据及静态数据的总和。所有与此相关的数据泄露，均视为个人隐私数据泄露事件。

为深入分析个人隐私数据泄露问题，本报告将个人数据进行以下维度的划分：

首先，参考2011年世界经济论坛编制的数据研究报告后，本报告将个人数据分为自愿提供、被观测数据和被推断数据三类。一是自愿提供的数据，即用户自愿提供的一系列数据，如微博发表的各种言论及照片、向某些网站注册时提交的信息等。二是被观测数据，即用户在使用信息设施或者软件时，被记录和观

---

① AICPA/CICA, "Records Management: Integrating Privacy Using Generally Accepted Privacy Principles," 2009, https://www.aicpa.org/content/dam/aicpa/interestareas/informationtechnology/resources/privacy/downloadabledocuments/10252-346-records-management-pro.pdf.

察到的一系列行为数据，如上网记录、购物记录、搜索记录等。三是被推断的数据，即根据用户的各种信息推测的个人数据，如个人信用评级、消费需求、购物偏好等。本报告中采集的案例中不包含第三类数据，被推断的数据更多地被用于公开发布或供企业在进行商业决策时参考使用，其数据的保密属性极小，缺乏被盗取或泄露的事实操作性。

其次，按照是否涉及隐私，本报告将个人数据分为敏感性和非敏感性个人数据。敏感性个人数据涉及个人隐私，法律给予特殊保护，某些数据会有专门法律进行规制，如个人征信数据。非敏感性个人数据指不涉及个人隐私的数据，一般没有特殊保护。

关于非敏感性数据的归因说明：社交网络上的用户偏好、网约车用户的出行轨迹、用户账户等级、浏览历史记录、快递轨迹等并非敏感性数据，这一归纳的考量标准为单一数据值的获利价值极低。独立的非敏感性数据几乎没有商业价值，但积累到一定量级后，通过大数据分析和维度比对，可获得可观的商业趋势参考。

最后，个人数据的内容复杂多样，本报告按照用途将频繁使用的主要数据划分为交易数据、电子邮件数据、社交媒体数据等。一是交易数据。交易数据中的用户账户、支付记录、消费商品记录及电子账户余额等均为重要的个人数据。二是电子邮件数据。电子邮件中，用户隐私数据和商务机密数据较多。不仅可能包括用户对某一热点事件的看法，而且可能包括用户的年龄、爱好和学历等重要基本信息。三是社交媒体数据。社交媒体数据包括位置信息、行为特征、甚至与意识形态相关的重要数据等。这些重要的个人数据不仅蕴涵着较大的商业价值，而且对经济组织乃至国家而言，极具战略性意义。四是位置信息、数据。随着移动终端的普及并成为生活必需品，个人的位置信息无处遁形，都被移动终端记载下来。五是医疗信息。世界上不少国家已经应用了电子健康记录。随着电子健康记录的逐步推广，个人的病史、健康状况、医疗保险等也将成为重要的个人数据。六是身份信息数据，大量泄露事件中，用户身份是首先被泄露的。

二、数据来源属性解析

（一）泄露数据的来源

在大数据技术的背景下，绝大部分泄露的数据来自用户自愿地提供。

采集案例中，仅Facebook数据泄露事件、Gearbest跨境电商网站数据泄露事件、亚马逊服务器泄露患者隐私事件的数据中，包含或部分包含由企业观测到的数据信息。其他均为用户在注册登记等过程中，自愿提供的信息，或者为了正常使用功能而不得不接受某些条款而"自愿"提供的数据。

在Facebook事件中，第三方数据分析公司的用户性格测试App在收集数据时采集了大量Facebook用户的个人信息，在这些个人信息中，除基础信息（ID、个人资料）外，包括用户在使用Facebook过程中的偏好及行为特点等观测数据。

在 Gearbest 事件中，泄露数据中除客户个人信息外，包括订单轨迹及付款记录等观测数据。

2018 年 10 月，亚马逊服务器泄露患者隐私事件中，被泄露的患者数据除基础个人信息外，包含具有更多商业价值的医生病例管理笔记等内容。

全球重大数据泄露事件中，绝大多数数据源自用户自愿（主动）提供，这类数据的大部分内容为个人隐私信息，不包含任何主观倾向性，因此具有最强的数据稳定性。

从 Facebook 案来看，观测数据的商业价值更高，但属于经过人工处理后的二次数据，不具有普遍适配性，因此，观测数据的泄露或被盗取存在强目标动机和使用场景。从 Gearbest 案、亚马逊服务器案来看，观测数据可能被包含在用户原始数据之中。亦有大量案例，即使在用户自愿提供数据的情况下，企业收集数据的方式，是利用强制性法律条款等途径，仅提供"同意条款""接受协议"等选项，用户如拒绝公开信息或被收集信息，将无法正常使用企业提供的服务或相关功能。

（二）数据持有方性质

重大数据泄露事件中，商业数据依然是重灾区，尤以连锁企业、跨国企业为主。

医疗机构的数据泄露事件共三起，学校数据泄露事件仅一起（普渡大学案），均发生在海外地区。

各国政府数据的安全性也存在问题。值得注意的是，在本报告采集到的8例政府数据泄露案中,有4例发生在美国各级政府。较其他国家,美国作为世界上大数据技术和信息存储技术最发达的国家,其数据泄露的概率更大。

在媒体公开披露的政府重大数据泄露事件中,未发现涉及中国各级政府的相关案例。原因有三:首先,一些地方政府网站曾出现小范围数据泄露事件,但规模和涉及人群数量很小,未能形成重大舆情热点;其次,与欧美发达国家相比,中国在基层政府层面的大数据建设和数据库积累上依然存在较大差距,缺乏有效的数据泄露可能性;再次,受限于中国政府的舆论政策,也有一些确曾发生的政府数据泄露事件可能未被公开。

(三)企业所处行业分布

在本报告采集到的企业数据泄露事件中,涵盖了所有主流商业领域(图1)。

酒店业成为数据泄露事件的高发区。酒店重大泄露事件涉及酒店均为国际大型连锁酒店,包括中国的华住酒店集团,英国的洲际酒店集团,美国的万豪集团、丽笙酒店、凯悦酒店集团,泄露内容涵盖了客户基本资料和信用卡信息等核心数据。

在零售业中,优衣库的网上商城遭黑客攻击,资生堂用户数据泄露,屈臣氏旗下药妆店用户信息遭黑客攻击,美国最大的面包连锁店Panera Bread用户数据泄露。

通信业的泄露事件包含T-Mobile信息失窃,加拿大贝尔公司消费者信息泄露,瑞士电信用户信息遭破坏,印度通信运营商

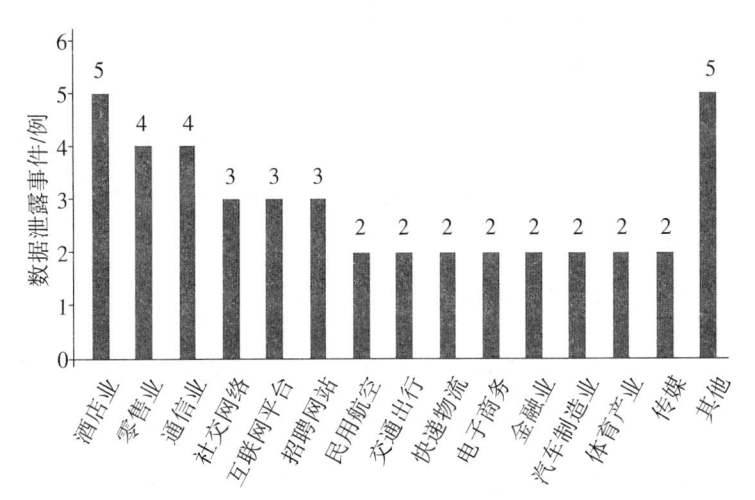

Reliance Jio 用户资料泄露。

图1 2016—2019年数据泄露事件的企业所处行业分布

（四）企业性质分布

重大数据泄露事件的特征包含数据的关键性指标（个人隐私信息）流失、数据量巨大、引发重大负面影响。

上市公司的发展成熟，商业数据可利用价值更高，因此成为黑客入侵的最大目标。同时一些上市公司在运营中对数据安全的重视程度不高，也是事件的诱因。

发生重大数据泄露事件的非上市公司包含丽笙酒店（被A股上市公司锦江股份旗下锦江国际收购）、印度板球管理委员会（商业机构）、菜鸟驿站（菜鸟网络旗下产品）、面包连锁店Panera Bread（退市）、Acfun网站、oBike（创业公司）、Quora（美国问答社交网站）、深网视界、Exactis。

牵涉数据泄露的非上市公司，所涉及业务亦属于连锁店模式、全球化布局或区域内行业顶级水平。

（五）数据所属企业所在地域

如前所述，由于美国在数据库建设、大数据技术发展等方面处于全球领导地位，该国企业或政府机构所遭遇到的数据攻击或泄露事件也较为频繁。

涉及中国的数据泄露事件共 11 例，涉及企业包括华住酒店集团、国泰航空、Gearbest（跨境通旗下电商网站）、趣店、58同城、菜鸟驿站、Acfun 网站、数据堂、圆通快递、瑞智华胜（新三板上市公司）、深网视界（东方网力旗下公司）。

三、泄露数据内容属性解析

（一）个人数据敏感性

本报告中，涉及敏感性数据泄露的事件高达 40 例，充分说明了个人隐私数据中的核心部分（如身份证、信用卡卡号、家庭住址、账户与密码等）在网络黑色产业链中具有更高的可利用价值。

非敏感性数据泄露事件包含 Facebook 数据泄露事件、Uber 遭黑客攻击事件、Gearbest 泄露资料事件、丽笙酒店泄露事件、五角大楼泄露社交用户信息事件、贝尔公司信息泄露事件等。在非敏感数据泄露事件中，涉及数据多为个人用户非核心身份数据和部分基于用户习惯得出的商业分析数据。

（二）数据用途分类

在被泄露数据的用途属性分析中，部分案例中涉及的数据可能包含多种用途，故分写结果并非单一样本选项。

身份数据依然是隐私泄露中的重点部分，共有33例事件涉及身份数据的泄露。

交易数据也是隐私数据中较有商业价值的部分，共有10例事件涉及此项数据内容的泄露。

社交数据泄露的事件共有9例，其中以Facebook泄露事件影响最大，还包括Ins名人账户泄露事件、五角大楼泄露社交用户信息事件、美成人网站账号泄露事件、领英账号泄露事件等。

涉及医疗数据泄露的事件共有4例，邮件数据泄露共有3例，位置数据泄露共1例。

四、数据泄露事件属性

（一）数据泄露原因

在数据泄露事件中，部分事件并非单一归因，例如因企业操作失误导致黑客入侵的事件亦有发生。故本维度可能存在同一事件的多个选项。黑客入侵是泄露归因中最主要的一项，共30例，在企业操作失误导致的事件中，很大一部分均与云存储技术（包括AWS）有密切关系。

（二）泄露数据量

泄露数据的量在一定程度上可以衡量事件的影响度。本报告采用的案例中，泄露数据的量或涉及用户超过10亿人的事件共有5例，分别是雅虎泄露30亿条账户信息、印度政府网站泄露10亿名公民信息、五角大楼泄露18亿条社交用户信息、圆通10亿条快递信息泄露、瑞智华胜窃取30亿条用户信息。

涉及天量数据泄露的均为大国政府或大型企业。

超过1亿人的数据泄露事件较多，共12例，超过1000万人的数据泄露事件共11例。

在互联网普及的当下，泄露事件所波及的用户或账户越来越多，但数据量并不是考量事件严重程度的唯一指标，也与所泄露事件的持有方企业规模、持有方机构权势、数据内容的关键性指标有密切关系。如美国政府健康保健官网的敏感信息泄露事件中，虽然仅涉及7.5万人，但遭到黑客攻击的系统实际上是一个直接登记渠道，它允许代理人和经纪人帮助个人申请联邦便利交易所的保险。

（三）泄露致企业或政府损失

在数据泄露事件中，主责方的损失通常并非表现为单一损失，故存在同一事件包含多个选项的可能性。

在公开媒体披露中，股票下跌成为泄露数据的企业最常见的损失，相较于此，大部分发生数据泄露事件的企业或机构并未披露损失。

另一点值得关注的是，在公开披露的媒体信息中，绝大多数涉及数据泄露的企业，在法律层面及赔偿方面均未受到影响。这进一步说明,数据安全保护的监管依然有待加强。

(四)企业或政府挽回损失

绝大部分数据一旦泄露,就成为被曝光的隐私,毫无追回的可能性。

在本报告采集到的案例中,仅有2例事件的数据被追回,包括华住事件、Ins名人账户数据泄露事件。这进一步说明了数据安全的重要性,因为这种错误几乎是不可挽回的。

(五)数据泄露的危害性与破坏性

数据泄露的危害性与破坏性十分严重。随着数据价值的提高,黑客越来越多地将攻击目标转向企业内部存留的用户、员工数据。当企业发生数据泄露,损失的不仅仅是经济利益,还会产生更多严重的社会问题,造成难以挽回的损失。从企业来看:

首先,数据泄露会导致企业公众声望严重受损,进而造成企业形象和企业品牌受损。雅虎邮箱被曝出泄露事件后,被大批用户弃用,正在商谈收购事宜的雅虎甚至一度难以卖出。可见,企业数据泄露事件的发生,让公众对企业产生了不信任感,从而影响了公众的选择,并因此影响到企业的整体运行。

其次,企业经济利益受损。数据是企业财产的一部分,泄露的数据资产相当于拱手让给别人,对企业竞争力产生威胁,间接提高了成本且减少了收益。另外,也会导致企业股价下跌、用户流失,甚至如雅虎一样公司贬值,不得不低价出售。

再次,企业可能将面临诉讼等法律指控。数据泄露后必定会有受害者，则企业必然受到法律的追究。在本报告中，有相当一部分数据泄露事件的涉事企业被政府或用户起诉，最后承担了巨额赔偿。

最后，企业内部容易产生不和谐因素。数据泄露的原因有很多种，可能是黑客攻击，也可能是内部管理不善，而内部原因会让员工对企业产生不信任感，影响公司人员的团结协作。企业数据泄露还可能引发高层震荡，产生一系列连锁效应。如数据泄露发生后，通常会有高管被政府或相关机构传唤，进行举证、说明等，更有甚者，引起相关高管引咎辞职。

相关讨论：个体隐私数据泄露。

本报告调查中个人隐私数据的提供均是自愿的，但这个自愿是一种"被自愿"。要获得服务，就"必须"提供个人信息，所提供的个人信息就必然成为数据获取方（企业、政府、机构）的资源、资本和运营基础。这就形成了个人信息与信息获取方（企业、机构、政府、研究者、大数据分析师）之间的悖论关系。个人隐私保护到什么程度，个人信息中哪些信息可以提供，哪些信息的提供是一次性的，信息获得方是否超出需要搜集的个人信息范围，它如何使用、保存和保护这些信息，是一次性使用还是多次使用，使用是否受到监管等，形成全球性的重大理论、法规和监管方式的比较、讨论和决策。它牵涉互联网时代个人信息保护与互联网运行（大数据、云计算、人工智能）发展二者之间的协调、平衡与创新发展的动力机制。隐私保护过严可能对互联网大数据等的发展形成某种掣肘,过于放松则带来隐私数据的大量泄露或滥用,带来对个体的不同程度的伤害和安全威胁。从相关案例来看,发达国家的隐私保护普遍较为成熟,一些国家和地区如欧盟等管理得更为严格。互联网的创新发展相对显弱,美国对互联网创新发展给予更多助力,而数据保护则相对松弛。马克·扎克伯格在Facebook信息泄露之后,在美国和在欧盟的不同对待就是一个明显的案例。寻找一个信息保护与互联网运行二者间的良性发展机制,是我国当前互联网发展的重大课题。运用中国传统文化的"执两用中""致中和"的理念,建立在二者基础上的对立中介的第三生成物——信息保护与发展的文化间性,是未来进一步发展的方向。

  本报告以理性逻辑为指导,以案例调研为依据,对泄露数据的内容属性、泄露数据的来源及其分布、数据持有方的性质分布、数据泄露的原因、数据所属企业所在地域分布、数据泄露的归因及其分布、数据泄露的量级及其分布、数据泄露导致损失类型及其分布进行了数据分析,其框架构成对隐私数据泄露的调查和研究具有启示意义。

  个人信息数据泄露的最大受害者是普通公民。我国大面积发生的电话和网络诈骗均起源于个人信息数据的泄露。近年来,个人信息泄露随着打击力度的增强得到了一定程度的遏制,而根本原因在于公民隐私保护意识的加强和对企业信息安全运行的监管加强。

数据泄露的危害性与破坏性是十分严重的。但中国公民对个人（企业）隐私数据泄露的危害性与破坏性没有充分的认识。这不仅在中老年群体中表现突出，而且在其余各类群体，包括青年人群中也是如此。公民对隐私的自我保护意识不强，对"被自愿"的个人隐私提供缺乏应有的防范意识。这与我国长期形成的制度形态和社会机制有关，也与长期形成的朴素善良的传统人际关系理念有关，而未与大数据时代市场化的新现实接轨。否则就不会有大批受骗上当的人群和大量数据泄露案件发生。

因此，隐私保护和数据泄露防范需要我们进一步深化改革，在新的历史条件下从制度、机制、传播与教育诸方面推进治国理政达到新高度，进入新境界。

附件一：本报告样本采集

本报告提取的数据泄露事件样本总量为55个，时间跨度为2016年1月至2019年5月，地域涵盖亚洲、欧洲、北美洲、非洲、大洋洲，涉及国家包括中国、日本、印度、新加坡、美国、英国、澳大利亚、南非等。

本报告中所采用的案例，基本涵盖了这三年来涉及个人隐私损失的全球重大网络数据泄露事件，涉及企业包括Facebook、雅虎、华住、万豪等全球知名企业，还涉及大量政府部门。

需要说明的是，样本中不包含未经官方确认的泄露事件，亦不包含最终确认所泄露数据并非对应企业持有的案例，即非有效数据泄露事件。

综合公网所能查询检索到的新闻事件及学术报告中采集到的数据泄露事件，本报告中所采纳的55个案例，已经可以较全面地反映这三年来全球数据泄露的整体趋势及状态，因此，借此样本所得出的指标分析结果，具有足够的行业参考性。

本报告在对相关数据维度进行统计时，会附列当前维度下的重点事件梗概，更详细的事件分析可参见《大数据时代个人隐私数据的泄露与保护》。

样本采集关键词：

一级关键词：大数据、数据泄露、个人隐私、黑客。

二级关键词：全球知名企业名称，参考《财富》世界五百强排名（2018年版）。中国知名企业名称，参考2019年中国独角兽榜单。

三级关键词：中国法律、中国企业、中国政府、地方政府、政策法规、欧盟、美国法律、《通用数据保护条例》（GDPR）、医疗机构、政府网站、数据保护、隐私保护、密码。

四级关键词：赔偿、索赔、诉讼、起诉、市值、股价。

附件二：各地区主要数据泄露事件一览

表1　2016年1月—2019年5月北美洲数据泄露案例

时间	国家	企业或政府机构	事件梗概	泄露原因
2016年1月	美国	时代华纳	32万个用户数据被盗	黑客入侵

续表一

时间	国家	企业或政府机构	事件梗概	泄露原因
2016年5月	美国	领英	1.6亿个用户密码及邮箱地址泄露	黑客入侵
2016年11月	美国	成人交友网站Friend Finder Network	超过4.12亿个账号的信息泄露	黑客入侵
2016年12月	美国	雅虎	30亿个用户账号遭黑客攻击	黑客入侵
2017年6月	美国	共和党全国委员会承包商营销公司Deep Root Analytics	托管在AWS S3上超过1.98亿名美国公民1.1TB的资料数据库泄露，约占投票人口的61%	黑客入侵
2017年6月	美国	美国最大的医疗保险公司Anthem	7900万名客户信息泄露，支付1.15亿美元巨额赔款	黑客入侵
2017年7月	美国	富国银行	发错电子邮件导致5万名客户信息泄露	工作失误
2017年8月	美国	Instagram	5000万个用户的联系信息被泄露，其中包含大量明星及大V	黑客入侵
2017年8月	美国	选票计算机公司	泄露了180多万个伊利诺伊州居民的个人信息	服务器安全问题
2017年9月	美国	Equifax	征信机构数据库遭攻击，1.43亿名美国人信息泄露	黑客入侵
2017年10月	美国	凯悦酒店	支付系统遭黑客入侵事件	黑客入侵

续表二

时间	国家	企业或政府机构	事件梗概	泄露原因
2017年11月	美国	Uber	5000万名用户及700万名司机信息泄露	黑客入侵
2017年11月	美国	五角大楼	美国国防部分类数据库泄露美国当局在全球社交媒体平台收集的18亿名用户信息	服务器安全问题
2018年1月	加拿大	贝尔公司	10万名消费者的个人数据已遭攻陷	黑客入侵
2018年3月	美国	Under Armour	旗下应用软件MyFitness Pal上的1.5亿名用户数据泄露	黑客入侵
2018年3月17日	美国	Facebook	8700万名用户个人资料被第三方合作公司剑桥分析公司获取	工作失误
2018年4月	美国	面包连锁店PaneraBread	旗下网站泄露了数百万名顾客个人隐私信息及信用卡信息	工作失误
2018年6月	美国	市场和数据汇总公司Exactis	2.3亿人美国上网人口信息泄露	服务器安全问题
2018年7月	美国	普渡大学	超过2.6万条学生信息被泄露	工作失误
2018年10月	美国	政府健康官网HealthCare.gov	政府计算机系统遭黑客攻击,约7.5万人的敏感信息泄露	黑客入侵

续表三

时间	国家	企业或政府机构	事件梗概	泄露原因
2018年10月	美国	医疗服务机构 Patient Home Monitoring	存储在亚马逊S3上的大约47GB医疗数据意外对公众开放，涉及15万名病人	服务器安全问题
2018年10月	美国	丽笙酒店	丽笙奖励项目部分会员信息泄漏，全球的1100多家酒店未能幸免	黑客入侵
2018年11月	美国	万豪酒店集团	旗下喜达屋酒店预订系统2014年起泄露大约5亿名客户的个人信息	黑客入侵
2018年12月	美国	问答网站Quora	大约1亿个用户的账户及私人信息泄露	黑客入侵
2019年5月	美国	著名招聘公司Ladders	因安全失效，超过1370万名用户信息被泄露	工作失误

表2　2017年1月—2018年9月欧洲数据泄露案例

时间	国家	企业或政府机构	事件梗概	泄露原因
2017年1月	英国	洲际集团	1200家酒店信用卡数据外泄	黑客入侵
2018年2月	瑞士	瑞士电信	约80万名客户（占瑞士总人口的10%）的个人信息泄露	黑客入侵
2018年8月	德国	T-Mobile	约230万名用户的个人数据被窃取	黑客入侵

续表

时间	国家	企业或政府机构	事件梗概	泄露原因
2018年8月	英国	屈臣氏	屈臣氏旗下知名药妆店Superdrug的2万名用户信息泄露	黑客入侵
2018年9月	英国	英国航空公司	大约38万笔用户网上支付交易信息泄露	黑客入侵

表3　2016年4月—2019年1月亚洲（除中国）、非洲、大洋洲数据泄露案例

时间	国家	企业或政府机构	事件梗概	泄露原因
2016年4月	土耳其	政府公民数据管理机构	5000万名公民信息泄露	黑客入侵
2016年12月	日本	资生堂	泄露数据涉及42万名用户的信用卡等财务信息	黑客入侵
2017年3月	日本	东京都政府网站及日本住宅金融支援机构	泄露总计72万条电子邮箱地址及信用卡信息	黑客入侵
2017年7月	印度	印度运营商Reliance Jio	印度运营商史上最大数据泄露事件，Magicapk.com泄露了超过1亿名用户的个人资料	黑客入侵
2017年11月	印度	隶属于印度中央政府和邦政府的210个网站	暴露了部分印度公民的个人信息及Aadhaar号码	黑客入侵
2017年12月	日本	日产	113万名客户个人信息遭窃取	黑客入侵
2017年12月	新加坡	共享单车企业oBike	用户个人信息被泄露	黑客入侵
2018年5月	印度	印度板球管理委员会	2万名印度球员及亲属的个人信息被泄露	黑客入侵

续表

时间	国家	企业或政府机构	事件梗概	泄露原因
2018年5月	日本	本田	本田印度（HondaIndia）因不安全AWS S3存储桶泄露了超过5万名客户的个人详细信息	服务器安全问题
2018年7月	新加坡	新加坡卫生部（MOH）	约150万名公民的个人信息被窃取	黑客入侵
2019年2月	印度	印度国有天然气公司Indane	由于网络安全措施不到位，泄露百万条Aadhaar生物识别数据库信息，受影响人数或超过670万人	服务器安全问题
2019年4月	日本	优衣库和GU	46万名用户信息泄露	黑客入侵
2017年10月	南非	Dracore Data Sciences的GoVault平台	南非史上最大的数据泄露事件，3000万条公民个人信息及财务信息泄露	黑客入侵
2019年1月	澳大利亚	澳大利亚维多利亚州府	不知名政党下载了部分维多利亚州政府名录后，3万名维多利亚州公务员工作详情数据遭窃	工作失误

表4　2017年3月—2019年3月中国数据泄露案例

时间	企业	事件梗概	泄露原因
2017年3月	58同城	服务器泄露2亿条用户简历信息	服务器安全问题
2017年11月	趣店	数据疑似外泄，10万元可买百万条学生信息	内部人员外泄
2018年6月	Acfun网站	千万条用户数据外泄	黑客入侵

续表

时间	企业	事件梗概	泄露原因
2018年6月	圆通	10亿条快递信息泄露	内部人员外泄
2018年7月	数据堂	在8个月时间内,日均传输公民个人信息1亿3000万余条,累计传输数据压缩后约为4000G	工作失误
2018年8月	华住酒店集团	近5亿条用户信息被在暗网出售	黑客入侵
2018年8月	瑞智华胜	警方侦破史上最大规模数据窃取案。企业通过与全国多家运营商签订营销广告系统服务合同,非法从运营商流量池中获取用户数据,进而操控用户账号,窃取30亿条用户信息	内部人员外泄
2018年9月	菜鸟驿站	菜鸟服务商非法获取1000余万条用户快递信息	内部人员外泄
2018年10月	国泰航空	940万名乘客资料被泄露	黑客入侵
2019年2月	深网视界	超过250万人的数据被获取,680万条记录泄露,其中包括身份证信息、人脸识别图像及捕捉地点	黑客入侵
2019年3月	Gearbest	泄露了数百万名用户的档案和购物订单	工作失误

大数据时代个人隐私数据的泄露与保护

大数据时代的数据管理是各国治国理政的重要课题。近年来的大量个人隐私数据泄露已成为当前全球关注的一个重大社会问题。它涉及经济运行、商业伦理、文化安全、社会安定,乃至政治清明的众多领域。本研究选择中外2016—2019年的重要案例来分析隐私数据泄露的原因。

本文的逻辑:问题导向—调研筛选—案例分析—讨论建议—理论探讨。

一、隐私数据泄露已成为互联网时代全球重大的社会问题

隐私数据泄露已成为互联网时代全球重大的社会问题,严峻现实要求我们必须对此做出回答。近年来,随着大数据运用的日益频繁,技术日益成熟,隐私数据的泄露到了触目惊心、令人恐惧的地步。隐私数据泄露的案例比比皆是,据不完全统计,各类案例多达数百万件起,受隐私数据泄露影响的人已达数十亿人,隐私数据泄露的总量仅从2018年以来就达到数百亿条,且有不断增加的趋势。频次也越来越高,由2013年以前的偶发,变为

密集性常态。

案例：新三板挂牌公司北京瑞智华胜涉窃取30亿条个人信息，非法操控公众账号加粉或关注。2018年8月，澎湃新闻从绍兴市越城区公安分局获悉，该局日前侦破一起特大流量劫持案，涉案的新三板挂牌公司北京瑞智华胜科技股份有限公司，涉嫌非法窃取用户个人信息30亿条，涉及百度、腾讯、阿里巴巴、京东等全国96家互联网公司产品。

案例：4200万份中国用户简历疑似泄露。安全研究者Sanyam Jain先后5次发现Elastic Search服务器不安全。第一台服务器存有3300万份中国用户简历。他将问题报告给中国国家计算机应急响应小组（CNCERT），4天后数据库得到修复；第二台服务器存有8480万份简历，在CNCERT的帮助下，问题得以解决；第三台服务器存有9300万份简历；第四台服务器同样存放着来自中国企业的900万份简历数据；第五个泄露点是Elastic Search服务器集群，里面存放着逾1.29亿份简历。Jain无法确认所有者，但数据库仍为开放状态。

案例：Exactis大数据公司失误泄露2TB隐私信息3.4亿条，涉及2.3亿人。据WIRED报道，2018年曝光的市场和数据汇总公司Exactis服务器信息泄露的事情经调查为实。这些数据包含的隐私深度超乎想象，包括一个人吸烟情况、宗教信仰、养狗或养猫以及各种兴趣等。Exactis事后对数据进行了加密防护，以避免信息的进一步泄露。

隐私数据泄露所涉及的范围日益扩大，陷入困境的行业、部门越来越多，包括互联网信息业、大数据行业、快递业、酒店业、航空业、综合类商业，以及医疗行业、餐饮业等，越是与人们现代生活、商务、出行有密切关系的行业，受到的影响越大。以酒店业为例，近年来，酒店业的信息泄露问题越来越严重，原因就在于巨大的经济利益。截至2017年底，全国住宿业的设施总数为457834家，客房总规模16770394间。其中酒店类住宿业设施317476家，客房总数15480813间。每位住客的身份证号、电话号码、房间号等个人信息将同步上传至酒店内部的管理系统。因此，从行业来看，酒店业是黑客获取核心隐私数据最方便、最集中的行业之一，而国际连锁酒店因其客源质量很高、信息量巨大，信息的经济效益也十分可观，故其往往成为黑客或犯罪人员的最佳选择。

案例：信息业。瑞士数据管理公司 Veeam 泄露 4.45 亿条用户数据。2018年9月，研究人员在一个配置错误的服务器上发现了存储有超过200GB数据的数据库。据悉，该服务器处于完全无防御的状态，且面向公众开放，任何人都能够公开查询和访问其数据。据研究人员介绍，该数据库中存储有来自 Veeam 公司的约4.45亿条客户记录，其中包含客户的个人信息，如姓名、电子邮件地址以及居住地、国家等。此外，该服务器上提供的其他详细信息还包括部分营销数据，例如客户类型和组织规模、IP 地址、referrer、URL 以及用户代理等。

案例：快递业。圆通10亿条快递信息泄露。2018年6月，暗网一位ID"f666666"的用户开始兜售圆通10亿条快递数据，该用户表示售卖的数据为2014年下旬的数据，数据信息包括寄（收）件人姓名、电话、地址等，10亿条数据已经经过去重处理，数据重复率低于20%。数据被该用户以1比特币打包出售。网友验证了其中一部分数据，发现所购"单号"中，姓名、电话、住址等信息均属实。

案例：酒店业。万豪酒店5亿条用户开房信息泄露。万豪国际集团发布公告称，旗下喜达屋酒店客房预订数据库遭黑客入侵，最多约5亿名客人的信息可能泄露。万豪酒店在随后的调查中发现，有未经授权的第三方对喜达屋的网络进行访问。目前，未经授权的第三方已复制并加密了某些信息，且采取措施试图将该信息移出。万豪披露，大约3.27亿位客人的个人姓名、通信地址、电话号码、电子邮箱、护照号码、喜达屋SPG俱乐部账户信息、出生日期、性别等信息都可能已经全部泄漏。

案例：航空业。2018年10月24日晚间，国泰航空发布公告称，公司及子公司港龙航空共有940万名乘客信息遭泄露，包括乘客姓名、出生日期、电话号码、护照及身份证号码、过往飞行记录等资料，约86万个护照号码及24.5万个香港身份证号码曾被不当取阅，另有403张已逾期信用卡号码和27张无安全码的信用卡号码被不当取阅。

案例：综合商业类（含电子商务）。美国功能性运动品牌

Under Armour（安德玛）1.5亿条用户信息泄露。美国功能性运动品牌Under Armour旗下饮食和营养管理App及网站My Fitness Pal发生大规模的数据泄露，多达1.5亿条用户信息被盗。此次数据泄露事件影响到的用户数据，包括用户名、邮箱地址和加密的密码。安德玛表示，该数据泄露事件并没有涉及用户的社会安全号码、驾驶证号和银行卡号等隐私信息。

从以上的案例及梳理我们看到：隐私数据泄露是一个危及全球各国的国际性重大事件，是一个侵害公民生命财产安全的重大危机，是一个渗透到社会经济各个领域的普遍性困境，是一个互联网时代关于网络安全、法律保护、制度建设的新课题，也是尊重人权、隐私权、知识产权等有关新时代网络伦理、商业伦理、文化伦理的理论和实践研究的重大课题。

隐私数据的大规模泄露是在4G、5G条件下，以互联网、大数据、人工智能、云计算、物联网等新科技为支撑发生发展并迅速蔓延的。一方面，随着技术的进步，我们享有现代社会高科技带来的高速、便捷、共享和智能的服务；另一方面，反向的控制、盗窃等技术也日益精细，我们也因此不得不面对隐私数据泄露带来巨大危害的新困境。

隐私数据泄露的事件具有普遍性、多发性、爆发性特征。从目前来看，隐私数据泄露已经十分普遍，除了上述大型案件，中小企业、普通民众都受到骚扰和侵害。在云存储服务平台MEGA上，7.73亿个电子邮件地址和近2200万个密码，被黑客公开窃取。这些文件一共超过 1.2 万份，数据超过 87GB。这类事件具有很高的发生频率，随着技术的更新，案件发生率不断升高。隐私数据泄露往往会引发爆发性事件。事件一旦发生就会产生严重后果，其危害烈度很高，往往产生共振效应，引发社会不满和动荡，影响广泛，在时间上也可能会延续数年，短时间内很难消除影响。

从社会安定和谐来看，我国隐私数据泄露带来了非常多的社会问题，甚至造成严重社会危机事件。国内外信息犯罪团伙涉及的养老、养生、医疗、房地产、金融、股市、债市、慈善等巨量诈骗案件，都是从信息泄露开始，给众多受害人带来严重侵害，造成财产损失、家庭破裂、身心受损等后果，甚至带来社会动荡，破坏了社会的安定。

二、大数据时代的数据管理是信息时代各国治国理政的重要课题

大数据时代的数据管理是信息时代各国治国理政的重要课题。习近平同志多次提出关注数字化时代的大数据、数据治理、数据运行、网络安全等一系列关乎治国理政的重大问题。随着世界多极化、经济全球化、社会信息化、文化多样化的深入发展，互联网对人类文明进步将发挥更大的促进作用。数字信息流的全球流动，不断引领技术流、资金流、人才流，信息资源日益成为重要生产要素和社会财富，信息掌握的多寡成为国家软实力和竞

争力的重要标志。我国积极倡导发展5G背景下的移动网、大数据、云计算、人工智能、区块链、物联网等当代数字信息科技，大力构建数字中国。习近平在各种场合，反复强调信息技术和产业发展程度决定着信息化发展水平，要加强核心技术自主创新和基础设施建设，提升信息采集、处理、传播、利用、保管能力，更好惠及民生。

在2019年4月20日召开的全国网络安全和信息化工作会议上，习近平总书记强调互联网等高新科技代表着新的生产力和新的发展方向。他指出："要发展数字经济，加快推动数字产业化，依靠信息技术创新驱动，不断催生新产业新业态新模式，用新动能推动新发展。要推动产业数字化，利用互联网新技术新应用对传统产业进行全方位、全角度、全链条的改造，提高全要素生产率，释放数字对经济发展的放大、叠加、倍增作用。"在这里，习近平从顶层设计出发，提出了"五新、四全、三大作用"的总体要求，这是未来一段时间数字中国发展的总纲领。

在发展数字科技的同时，我国也大力推动网络安全、数据保护和信息管理的升级换代。早在2014年2月27日，习近平在主持召开中央网络安全和信息化领导小组第一次会议时就提出，"没有网络安全就没有国家安全，没有信息化就没有现代化"。他要求我们树立正确的网络安全观，加强信息基础设施网络安全防护，加强网络安全信息统筹机制、手段、平台建设，加强网络安全事件应急指挥能力建设，积极发展网络安全产业，做到关口前移,防患于未然。2016年4月19日,习近平总书记在网络安全和信息化工作座谈会上指出:"网络空间是亿万民众共同的精神家园。网络空间天朗气清、生态良好,符合人民利益。网络空间乌烟瘴气、生态恶化,不符合人民利益。谁都不愿生活在一个充斥着虚假、诈骗、攻击、谩骂、恐怖、色情、暴力的空间。互联网不是法外之地。"

他还指出:"利用网络进行欺诈活动,散布色情材料,进行人身攻击,兜售非法物品,等等,这样的言行也要坚决管控,决不能任其大行其道。没有哪个国家会允许这样的行为泛滥开来。我们要本着对社会负责、对人民负责的态度,依法加强网络空间治理,加强网络内容建设,做强网上正面宣传,培育积极健康、向上向善的网络文化,用社会主义核心价值观和人类优秀文明成果滋养人心、滋养社会,做到正能量充沛、主旋律高昂,为广大网民特别是青少年营造一个风清气正的网络空间。""不能搬弄是非、颠倒黑白、造谣生事、违法犯罪,不能超越了宪法法律界限。"[1]面对复杂变化的现实,习近平要求全党"认清我们面临的形势和任务,充分认识做好工作的重要性和紧迫性,因势而谋,应势而动,顺势而为"[2]。

---

[1]《习近平:在网络安全和信息化工作座谈会上的讲话(2016年4月19日)》,《人民日报》2016年4月26日。

[2]《习近平主持召开中央网络安全和信息化领导小组第一次会议强调 总体布局统筹各方创新发展 努力把我国建设成为网络强国》,《人民日报》2014年2月28日。

如何把握和运用我国目前已经拥有的互联网高位势能，解决发展和安全、开放与法制、数据管理与隐私保护等一系列的现实难题？习近平提出辨证施治、对位发展的总体战略："网络安全和信息化是一体之两翼、驱动之双轮，必须统一谋划、统一部署、统一推进、统一实施。做好网络安全和信息化工作，要处理好安全和发展的关系，做到协调一致、齐头并进，以安全保发展、以发展促安全，努力建久安之势、成长治之业。"[1]习近平总书记高瞻远瞩，将之视为同一事物的两个侧面，实施四个统一，方能建久安之势、成长治之业。

要想保证数字信息发展与网络安全保护的对位性辩证治理，保证网络空间天清气朗，习近平提出了时、度、效三个重要策略[2]。所谓时，即对时间节点的把握。进入第四次工业革命，时间代表速度，代表机遇，代表竞争的实践策略。互联网、移动网时代，经济变革时时发生，技术创新瞬息万变，社会思潮动荡不已，政治斗争如箭在弦。在这种环境下，时间节点的精准把握就显得尤为重要。度，是指对界限的把握，审大局，度大势。在不同维度之间，在质量与数量之间，在前进与后撤之间，在国际与国内之间，都存在着度的把握问题。这是一种高超的领导艺术和斗争策略，是所谓"从心所欲不逾矩"，是理论与经验融汇为一、

---

[1]《习近平主持召开中央网络安全和信息化领导小组第一次会议强调 总体布局统筹各方创新发展 努力把我国建设成为网络强国》，《人民日报》2014年2月28日。

[2]同上。

神乎技矣的策略把握。效,是指效果、效应、效能。它包含直指数字信息发展与网络安全保护的对位性辩证治理的目标、可能实现的效果、由效能极值而选择的合理路径、量力而行适度选择的风险值与难度值,特别是由效果要求而来的溯源探究和"效果历史"意识。

三、当前隐私数据泄露的四种类型及其防范

本报告选择中外两年来的重要案例来分析隐私数据泄露的原因。习近平指出:"要依法严厉打击网络黑客、电信网络诈骗、侵犯公民个人隐私等违法犯罪行为,切断网络犯罪利益链条,持续形成高压态势,维护人民群众合法权益。""网信事业发展必须贯彻以人民为中心的发展思想,把增进人民福祉作为信息化发展的出发点和落脚点,让人民群众在信息化发展中有更多获得感、幸福感、安全感。"[①]

研究发现,目前隐私数据泄露有四种类型。黑客攻击作为数据泄露的主因之一,通过攻击企业技术漏洞带来严重后果;网络企业观念上的诸多问题和管理上的漏洞,使攻击者有可乘之机;数据管理松弛,企业内部人员作案,外泄数据非法获益;利益驱使第三方企业非法获取、利用个人隐私数据获利。从顶层全面减少或进一步杜绝大规模隐私数据泄露,是我们当前的一项紧迫的

---

① 《习近平:敏锐抓住信息化发展历史机遇 自主创新推进网络强国建设》,《人民日报》2018年4月22日。

重要任务。

(一) 黑客攻击是数据泄露的首要原因

黑客入侵企业的技术漏洞是导致个人隐私与企业机密暴露的首要原因。一批以营利为目的职业黑客,专门在未经许可的情况下,载入对方系统。

案例:雅虎30亿条账户信息泄露,成全球最大数据泄露事件。2016年9月22日,雅虎证实至少5亿个用户账户信息在2014年遭人窃取,内容涉及用户姓名、电子邮箱、电话号码、出生日期和部分登录密码。2013年8月,未经授权的第三方盗取了超过10亿个用户的账户信息。2017年10月3日,雅虎公司证实,其所有30亿个用户账号应该都受到了黑客攻击的影响,公司已经向更多用户发送提示,请其更改登录密码以及相关登录信息。

案例:黑客利用高科技手段进入英航网络系统。2018年9月6日,英国航空公司发布,因遭黑客攻击导致其乘客数据被盗,约有38万名乘客数据在此数据泄露事件中受到影响,这些被盗数据信息包括个人基本信息和付款记录,但不包括个人护照信息。英航董事长称,黑客作案手法"极其复杂",为英航在线运营20多年来所未见。黑客没有破坏英航加密系统,而是用"另一种非常复杂"的方式侵入英航系统并获取用户信息。根据网络安全专家的调查,此事件很可能与黑客组织有关,此次网络攻击是为英航定制的。目前的技术无法确定攻击者在英航服务器上的覆盖范围,但可以确认黑客的访问权限极大,可以修改站点资源。

根据本次调研结果来看，黑客攻击是当代互联网条件下数据泄露事件中最典型、最常见的原因。从课题组采集到的相关案例可知，国泰航空、Uber、雅虎、优衣库、多个大型酒店集团、领英等知名企业都是黑客攻击的受害者。黑客入侵事件具有巨大的破坏性。

黑客的兴起具有其发生发展的历史[①]。黑客一般具有较高的技术能力，是"一种热衷于研究系统和计算机（特别是网络）内部运作的人"。他们无视当代社会的道德和伦理规范，破坏信息安全。为某种经济利益不惜以身犯险，甚至践踏法律，走上犯罪的道路。

当前，重要商业网站的海量用户数据是企业的核心资产，也是民间黑客甚至国家级黑客攻击的重要对象，重点企业数据安全管理面临更高的要求，必须建立严格的安全体系。因而，不仅需要确保对用户数据进行加密处理，对数据的访问权限进行精准控制，而且需为网络破坏事件、应急响应建立弹性设计方案，与监管部门建立应急沟通机制。

雅虎信息泄露事件是有史以来规模最大的单一网站数据泄露

[①] 黑客一词，最初曾指热心于计算机技术、水平高超的电脑专家，尤其是程序设计人员。在互联网时代，这些具有互联网专业技能的"技术控"，由早先对互联网技术的迷恋和探索，分裂演变为白帽、灰帽、黑帽等，其中黑帽即黑客（Cracker）。在媒体报道中，黑客一词常指软件黑客（Software Cracker），而与黑帽相对的则是白帽（维护计算机和互联网安全），灰帽则居于其间。黑客们精通各种编程语言和各类操作系统，伴随着计算机和网络的发展而产生、成长。

事件，性质非常严重。海量用户账号失窃，令网民对账户安全产生强烈的不信任感，今后更多互联网用户会设法避免在互联网的系统上存储敏感信息。

口令简单或疏于管理是网络数据泄密的主要原因之一。口令是网络系统保密的第一道防线。当前的网络系统都是通过口令来验证用户身份实施访问控制的。口令攻击是指黑客以口令为攻击目标，破解合法用户的口令，或避开口令验证过程，冒充合法用户嵌入目标网络系统，夺取目标系统控制权的过程。然而在现实生活中，人们常会不经意间使用了弱口令（简单易破解口令）去防护自己或企业的资产。全球最大的漏洞响应平台"补天平台"的数据显示，52.2%的事件是由于使用弱口令导致其所在机构被攻击的。黑客破解或绕过网站设置的口令，进入目标网络系统后，即可随心所欲地窃取、破坏和篡改被侵入方的信息，直至完全控制被侵入方。

更令人警觉的是，黑客通过更新解码技术侵入网络软件公司思杰（Citrix Systems）多个员工账号，并获得内网权限，窃取了6—10TB的敏感数据，包括电子邮件、网络共享文件，以及项目管理和采购相关文档等。美国联邦调查局（FBI）表示黑客可能使用了一种名为"密码喷雾"的密码破解技术。案件也告诉我们，大企业的网络安全技术其实是一场与黑客组织的军备竞赛，尤其是那些配备了支付形式的网站，其敏感的财务数据和信用卡信息必须受到最高级别的网络安全防护。

（二）隐私数据泄露与企业技术操作的失误有密切关系，网络系统亟待技术升级

隐私数据泄露的一个重要原因是一些企业部门出现了特别重大的失误。他们直接将数据包误传到公共网络，甚至让那些没掌握黑客技术的普通网民亦可顺利获取，或者发生误发送邮件、权限设置错误和服务器配置不当等误操作，导致的数据泄露事件显著增加，反映了内部人员缺乏基本的安全意识或风险评估能力。2018年全球重大数据泄露事件统计分析显示，11.1%的事件是由于配置错误或操作不当导致的政企机构数据泄露。

案例：华住酒店网络安防缺位，致5亿条用户数据泄露。2018年8月，华住酒店集团旗下酒店用户信息在网上售卖，售卖者称数据已在8月14日脱库。身份证号、手机号一应俱全，共涉及5亿条用户信息。涉及酒店范围包括：汉庭、美爵、禧玥、诺富特、美居、CitiGO、桔子、全季、星程、宜必思尚品、宜必思、怡莱、海友。此次泄露的数据数量总计达5亿条，全部信息的打包价为8比特币，或者520门罗币（约合人民币38万元）。卖家还称，以上数据信息统计的截止时间为2018年8月14日。华住集团酒店官方微博回应此事称："已经报警了。真实性目前无法查证，我们信息安全部门在紧急处理中。"同时官方微博也呼吁，请相关网络用户、网络平台停止传播并立即删除上述信息，华住集团保留追究相关侵权人法律责任的权利。

从本报告采集到的多起酒店系统数据泄露事件来看，起因虽

为黑客入侵，但大量媒体公开披露及案情分析报告均显示，酒店系统本身的安全漏洞其实由来已久，泄露事件的发生，并非偶然，实属必然。华住公司程序员将数据库连接方式大规模地上传至 GitHub，但系统本身没有报警设施。在这样几乎不设防的网络安全措施之下，黑客无须太过高明的技术手段，只要对数据库知识简单了解，就可以轻松截获大量客户隐私数据。

根据保密原则，企业与政府数据库为了安全起见，应该只限内部 IP 访问，但华住的数据库 IP 是允许外网访问的，最夸张的是，数据库的用户名、密码简单。黑客进入企业内网毫无阻隔，如入无人之境。如果 IT 部门的网络安全工作到位，注意保密技术的升级，堵塞漏洞，黑客的得手概率会大大降低。因而，除了道德伦理和精神价值的引导、教育之外，从建设的角度看，政府、企业的互联网防护技术需要不断升级。

（三）企业对信息安全的投入与需要被保护目标的商业价值、社会价值不匹配，不能满足安全运维的需要，也是政企数据泄露的重要因素

安全投入与保护目标价值不匹配，一方面反映出企业在技术和管理层面目前仍未达到国家安全标准；另一方面反映出企业网络安全保障的意识、认知和能力均落后于信息网络技术及其应用的爆发式增长。

案例：社交网络平台以牺牲用户隐私数据为商业模式背书。2018 年 4 月，Facebook 在官网发表声明，共有 8700 万名用户的个

人资料被泄露给剑桥分析公司,这些用户主要集中在美国。事件起源于Facebook与剑桥分析公司的合作。剑桥分析公司为了学术研究,在Facebook上创建了预测用户性格喜好的App用来测试,但它不仅收集了用户的测试结果,还在未经允许的情况下收集了5000万名用户在Facebook上的个人信息。剑桥分析公司获得了5000万名活跃用户数据后,建立起用户画像,通过计算机对每个用户的兴趣爱好、性格和行为特点进行精确分析,预测他们的政治倾向,然后定向向用户推送新闻,借助Facebook的广告投放系统,影响用户的投票行为。第三方Facebook应用程序泄露了5.4亿条记录。2019年4月,安全研究人员透露,有两个第三方开发的Facebook应用程序数据库已暴露于公共互联网中。一个数据库来自墨西哥的媒体公司Cultura Colectiva,多达146GB,其中有5.4亿条记录详细记录了评论、喜欢、反应、账户名、Facebook ID等;另一个第三方应用 At the Pool 通过亚马逊S3存储桶公开访问了公共互联网。该数据库备份包含的用户信息有用户名ID、朋友、音乐、电影、书籍、照片、事件、组、签到、兴趣、密码等诸多隐私信息。

事件发生之后,Facebook在网络平台上宣布暂时关闭剑桥分析公司、战略交流实验室公司、科根和克里斯托夫·怀利的Facebook账号,同时宣布,今后6个月终止与多家大数据企业合作,以更好地保护用户隐私。"终止合作"清单上,Facebook列出9家知名大数据企业,包括安客诚、益百利、甲骨文云数据和

WPP集团。媒体推断，Facebook迫于政府和民众的压力终止与大数据企业合作，希望扭转外界对其"保护用户隐私不力"的印象。

2009年，《华尔街日报》曾有一篇名为Putting Your Best Faces Forward（展示你最好的一面）的文章。该文分析了脸书能够在当时激烈的社交媒体大战中脱颖而出，其原因就是用户基于信任而"愿意用自己的隐私换取一个基于信任的沟通平台"。与诸多的匿名平台相比，Facebook要求用真实身份信息注册，获得了用户的信任。

但是，"真实身份信息注册"是不是意味着无底线地"透支隐私"？对此，需要界定何为隐私，何为个人信息。尽管我们经常在媒体上看到隐私和个人信息的讨论，但是这两者的内涵和外延并不尽一致，甚至存在巨大差别。关于隐私的界定，我们将另撰文进行更详细的分析。

虽然本案的主要责任不在Facebook，但社交网络平台是剑桥分析公司在监测数据时最重要的依仗，Facebook有不可推卸的责任。此外，通过本案可以看出，Facebook的技术和管理有着巨大的漏洞，即与用户有关的信息，未经用户的同意，在用户完全不知情的状况下，同样可能被第三方获取，只要这个第三方经过好友的同意即可。也就是说，社交网络上的个人信息，能否被搜索到，决定权不在用户，而在搜索用户的其他人。

本案中另一个被舆论质疑的焦点是，Facebook最初似乎根本没有意识到个人隐私的外泄风险，而与类似英国剑桥分析公司这样的大量第三方公司进行合作。

在当下这样一个人人都在社交网络上的信息时代，Facebook一案的警示意义重大。在中国，所有社交网络平台的隐私保护方案可能都存在漏洞，而这些漏洞到底是客观存在的，还是平台运营方借由商业模式考量而放任其存在的，关乎所有网民的隐私安全。

案例：跨境电商网站失误致服务器泄露数百万份用户档案。2019年3月，中国跨境大卖旗下自营网站Gearbest泄露了数百万份用户的档案和购物订单。名为Elastic search的服务器每周泄露数百万条记录，包括客户数据、订单和付款记录。该服务器未受密码保护，允许任何人搜索数据。总部位于深圳的Gearbest在欧洲拥有大量业务，在西班牙、波兰、捷克和英国设有仓库，这些国家都适用欧盟数据保护和隐私法。任何违反欧盟《通用数据保护条例》（GDPR）的公司都可能被罚款，金额高达其全球收入的4%。Gearbest称自己的服务器是安全的，但是用来临时存储数据的外部工具可能已被其他人访问，导致安全性受到损害。该公司解释，使用外部工具的本意是提高效率和防止数据超载，只有在自动销毁前的三日内的数据才会存储在此类工具中。考虑到可能的数据安全漏洞，他们使用了功能强大的防火墙保护这些工具，以避免任何数据被其他人恶意破坏。

之后的调查证明，这并不是一起单纯的黑客攻击事件，更重要的原因是来自技术人员的误操作。2019年3月1日，安保团队成员错误地将这些防火墙拆除（具体原因还在调查当中）。这种不受保护的状态直接暴露了这些工具且无须进一步验证即可进行扫描和访问。

这是Gearbest多年来发生的第二个安全问题。2017年12月，该公司在所谓的"凭证填充物攻击"之后，账户被攻破。

案例：AI公司深网视界（SenseNet）360万人脸识别数据泄露。当前，人脸识别成为应用最为广泛的AI技术之一，尤其是在智慧安防中，国内大多数城市都会借助人脸识别、视频监控去打击罪犯、寻找失踪人员等。但智能化的监控也不得不面临着数据泄露的问题。荷兰安全研究人员Victor Gevers在Twitter上曝光，中国一家面部识别公司深网视界存在数据泄露问题，任何人都可以访问其人脸跟踪数据的记录。深网视界专注于计算机视觉和深度学习，主要为视频监控提供智能分析产品服务。而此次数据泄露事件涉及256万人的数据，共计680万条记录。由于开放了数据库，任何人都可以根据SenseNet的实时面部识别来查看个人的身份证信息，可以获取这些记录并跟踪个人，捕捉其行动轨迹，非常容易引发各种犯罪行为。

本研究采集案例中，有大量因操作失误或管理漏洞导致的数据泄露事件，如上面的人脸识别案例，深网视界的数据库保持公开状态长达半年之久。企业的这种疏忽可能带来巨大的危险。另如数据营销公司Exactis服务器未设置加密防火墙导致数亿条记录暴露在公众面前，招聘网站 Ladders 也没有为数据库设置访问的权限。

在黑客技术愈加高超的当下，攻破企业网站已非难事，没有安全防护的网络服务器，就像没有上锁的大门一样，而数据对于现代企业而言，可被视为最核心的商业资产，未加任何保护措施，或安保纪律松散，无异于玩火自焚。

（四）企业内部人员作案，外泄数据非法获益

内部人员在利益的驱使下铤而走险，利用职务之便非法获取大量公民个人信息出卖，已经成为数据泄露的重要源头之一。2018 年全球重大数据泄露事件统计分析显示，16% 的政企机构数据泄露事件是由内部威胁导致的，内部威胁已经成为数据泄露的第二大源头。内部人员违规操作、出卖公司利益已经成为公司数据安全的重要威胁。

案例：2017 年 11 月 20 日，趣店超过百万条学生信息疑似外泄，数据内容极为细致，除学生借款金额、滞纳金等金融数据外，甚至包括学生父母电话、男女朋友电话、学信网账号和密码等隐私信息。这家企业的内部员工称此事与企业之前的大规模裁员后抚恤金没有到位有关，可能系内部员工所为。有离职员工称，早期趣店数据管理就存在巨大安全隐患。

趣店方面后续回应称，趣店一直高度重视用户个人信息安全，不断提高数据安保能力与信息加密强度。同时，在内部建立了严格的用户信息保护制度，针对可能存在信息安全风险的用户进行安全升级提示。趣店还回应称，地下黑色产业是行业毒瘤，此前多家知名互联网企业都曾深受其害。针对地下黑色产业链中盗取用户账号资产和贩卖用户信息等不法行为，趣店将与警方密切合作，建立长效机制，进行坚决打击，切实保护用户信息安全。

作为一家互联网金融企业，用户隐私安全是所有商业模式的核心部分。企业信息保密制度不健全，用户数据管理模式疏漏松散，数据管理权限门槛过低，给内部人员窃取数据以可乘之机。很多内部员工都可导出用户数据表格，重要数据一览无遗，没有任何数据脱敏限制[1]，员工级别越高，可导出的数据就越多。趣店上市前就已经有多个高管离职，而一份用户数多达百万条的数据，则很有可能是离职高管泄露的。

案例：2018年9月，杭州警方破获菜鸟驿站信息泄露案。本案中，1000余万条快递信息被非法获取。作案人身份为菜鸟服务商，其在推广本公司的闸机、微信公众号的同时，将控件程序安装到各个驿站的巴枪，获取包裹入库数据，私自打通菜鸟驿站同微信公众号之间的数据壁垒，为以后利用微信公众号进行商业推广做准备。至2018年6月，该程序已非法获取菜鸟驿站的快递数据达1000余万条。作为菜鸟驿站的运营方，菜鸟网络在本案中有不可推卸的责任。

---

[1] 数据脱敏（Data Masking），指通过一定规则对某些敏感信息进行数据变形，实现隐私数据的可靠保护。

案例：第三方公司盗窃运营商用户账号，运营商严重违背商业伦理，涉嫌违法。自2014年起，新三板上市公司瑞智华胜及合作伙伴以竞标的方式，先后与覆盖全国十余省、市的电信、移动、联通、广电等多家运营商签订营销广告系统服务合同，为其提供精准广告投放系统的开发、维护服务，进而拿到了运营商服务器的远程登录权限。该企业开始清洗账号的登录凭证，操纵用户账户。通过cookie不需要输入账号和密码，就可以进入账号，从中获取注册信息、搜索记录、开房记录等数据，也可以用用户的账户执行加关注、刷量等操作。该企业利用用户数据，通过加粉等所谓的"互联网营销和推广"盈利。

案例：拼多多出现漏洞，千万平台优惠券被盗取。从2019年1月20号凌晨开始，拼多多网站出现巨大漏洞，用户可以领取100元无门槛券。有大批用户开启"薅羊毛"的节奏，利用无门槛券来充值话费、Q币。4角就可以充100元话费，疯狂者"一夜未眠"，利用这一漏洞给自己储备好了够用十几年的话费，有网友甚至晒出截图，表示自己账户内有超过50万Q币余额。拼多多在20日中午12点多发表《关于'黑灰产通过平台优惠券漏洞不正当牟利'的声明》，表示被盗取了数千万元平台优惠券。

电子商务和快递企业掌握着海量公民个人信息，这些信息一旦泄露将造成恶劣社会影响和严重危害。网购在线下单、仓库发货、快递物流运输、末端配送等多个环节都存在信息泄露的可能性。过去曾出现多起快递员出售信息的案件，导致大量个人、家庭信息被犯罪团伙掌握，引发巨量诈骗案件发生。我国手机用户的电话受扰率逐年走高，就与此有密切联系。

新形势下，在巨大利益驱使下，黑灰产通过平台漏洞不正当牟利。一些第三方企业铤而走险，或直接盗取算法，或借由委托项目等渠道非法获取个人隐私数据，利用隐私获取巨额利益。此类侵害的组织性更强，泄露一旦发生，对企业的商业损害更大，传播速度也更快。

案例：数据堂公司在8个月内，日均传输公民个人信息1亿3000余万条，累计传输数据压缩后约为4000GB。此次查获的数据隐私性高，案件涉及的上网URL数据包含了手机号码、上网基站代码等40余项信息要素，记录了手机用户具体的上网行为，甚至部分数据能够直接进入公民个人账号主页，危害巨大。2016年下半年，"交易"二字逐渐淡出数据堂的官方宣传和对公司的定位描述。数据堂的交易平台属性已经渐渐隐藏，但其标榜的数据服务业务仍然继续。

数据堂是一家上市公司，已采取停牌措施，各项业务受到很大影响。事件发生后，数据堂重新审视了自己的风控体系，为所有业务设定了更高标准的红线。2017年，数据堂的产品营销线和金融征信线已被关停，目前仅剩余人工智能业务维持公司运行。

其实，数据堂并非没有意识到数据交易可能涉及隐私而触雷的风险。其在2017年年报中称，"公司作为一家数据收集和交易公司，必然会和形形色色的数据打交道，国家在不断出台各种法律法规来确保数据来源及交易的合法性，因此如何合法合规地获取交易数据成为大数据企业，特别是数据资源和交易公司的潜在法律风险。"但不管宣言有多么华丽，内部也必须建立严格的制度，老老实实遵守法律法规，不踩红线，不存侥幸。数据与商业价值之间的关系必须得到有效监管，才能预防此类事件的再次发生。

四、全面推动我国数据管理升级换代，实施数据保护的全民教育

数据管理是信息时代的基础商业素养。从以上案例的调研和分析，我们看到，隐私数据泄露关涉一个国家的经济运行、商业伦理、文化安全、社会安定，乃至政治治理的众多领域。

从政治治理来看，隐私数据泄露的治理是一个全局性的国家系统工程，需要各级政府及其主管部门首先在理念上给予充分注意，认识到这个问题的严重性。目前，从政府各级官员到企业家都对这个问题认识不足，将其看成小事一桩。这是很危险的。同时，隐私数据泄露的治理也是维护人民群众根本利益的重要工作。从本研究列举的案件来看，隐私数据一旦泄露，受害面往往十分宽，社会影响恶劣，给社会舆论带来负面效应，让人民群众丧失对党和国家的信任与支持。对此我们必须有充分的认识和警觉。

文化的伟力

从经济运行来看，隐私信息泄露事件导致大型企业出现严重危机，给经济运行带来了不同程度的混乱和损失。如黑客攻破雅虎用户账户保密算法，窃得用户密码，造成30亿条账户信息泄露。这一事件是有史以来全球规模最大的单一网站数据泄露事件，最终导致雅虎关张。实际上，不仅仅是雅虎、数据堂等企业，许多互联网金融企业、跨境电商都是大数据时代的商业新形态，用户隐私安全是新型数字商业模式的核心部分。他们的成功和兴盛与否，关乎国家整体经济的升级换代与高质量创新发展，绝不可等闲视之。

从商业伦理来看，产业运行中商业道德的缺位，企业信息保密制度出现漏洞，都会带来严重问题。特别是第三方公司在巨大利益驱使下，公然盗窃运营商用户账号，严重违背商业伦理，并涉嫌违法。如新三板上市公司瑞智华胜及合作伙伴曾以竞标的方式获得多家运营商营销广告系统服务合同，为其提供精准广告投放系统的开发、维护服务，因而拿到了运营商服务器的远程登录权限。如果到此为止，瑞智华胜并未违反商业伦理和市场规则。然而，在巨额利润的驱使下，该企业共窃取30亿条用户数据。从一个营收仅187万元、净利润2万元的小公司摇身一变为互联网营销公司，营收3028万元，净利润达到令人惊异的1053万元。暴利之下，企业主或完全丧失商业道德，或根本认识不到这种做法是错误或违法的。因为很多创业者在崭新的数字环境下尚未普遍具备新数字伦理的教育素养。

从道德价值与文化伦理来看，前述案例表明，近年来我国隐私数据泄露的事件发生频繁，数量惊人。过度收集，违规甚至违法滥用用户个人隐私信息的事件大量存在，非法数据共享与交易带来的安全挑战愈加严峻。百度李彦宏在谈到数据保护和用户隐私保护的重要性时说："在过去的几年当中，中国越来越认识到这个问题，而且也一直在加强相关的法律法规的建设。"但李彦宏也表示，中国人相对开放，对隐私问题没有外国人那么敏感。"如果用隐私来交换便捷性或者是效率的话，很多情况下，他们是愿意这么做的。"[1] 美国联邦贸易委员会（FTC）通过投票批准了与Facebook达成的和解协议，对后者开出50亿美元的罚单以结束针对其隐私问题的调查。FTC的这项50亿美元罚款创下了一项新的纪录，成为有史以来该机构对违反隐私承诺的科技公司开出的最大罚单。此后，巴西司法部以同一原因对Facebook处以660万雷亚尔（约合164万美元）的罚款；欧洲隐私管制机构爱尔兰数据保护委员会也着手调查，Facebook又被罚款超过16亿美元。一系列事件影响下，Facebook股价已较年初跌了29.70%（2017年12月25日）。这一方面震慑了涉嫌违规企业，同时也维护和教育、鼓励了消费者。比起欧美国家，我国大众普遍缺乏明确的个体隐私保护意识，对于大量违背现代道德伦理和文化伦理的错误观念不敏感、不警觉；对于个人隐私权益受到侵

---

[1] 《李彦宏谈大数据：中国人不敏感 愿意用隐私换便利》，http://finance.sina.com.cn/meeting/2018-03-26/doc-ifysqfnf8646820.shtml?，访问日期：2018年3月30日。

害往往采取息事宁人的态度，维权不坚决、不在行，对于互联网信息世界复杂的运作方式会采取简单接受的态度。如前述Facebook用户信息泄露的事件就在欧美引起轩然大波。创始人扎克伯格在6份英国报纸和3份美国报纸上，采用道歉信形式为5000万条Facebook用户信息被数据公司"剑桥分析"泄露和利用一事道歉。信中，扎克伯格直接对用户表示了道歉："这是对信任的违背，我很抱歉我们没有在当时做得更多。"报纸页面用较大字体写着："我们有责任保护你们的信息。如果做不到，我们就不配提供服务。"①但在中国，尽管互联网数据泄露案件频发，但所引发的关注度却令人叹息。李彦宏所谓中国用户往往愿意以隐私来换便捷性和效率的论调引发了广泛争议，也带来了业界的深入思考。中国用户隐私泄露严重，就能够倒推得到中国用户愿意用隐私换便捷性的结论吗？其实，中国用户并不是愿意用隐私交换便捷性。当骚扰电话和骚扰邮件、骚扰微信铺天盖地，数据泄露已经司空见惯成为常态，而我们又不得不接受，不得不出卖隐私交换便捷性，而且出了问题也无可奈何，无法维权，这才是当前的现实。毫无疑问，这种不合理不道德的状况恰恰需要我们进行一场全民的学习和维权教育。

从文化安全角度来看，像密码、口令是网民、企业保护自身网络安全的第一道防护门，多数网民设置的密码、口令却十分随

---

① 承天蒙：《扎克伯格在英美9家报纸登报道歉，正式为泄密说了Sorry》，https://www.thepaper.cn/newsDetail_forward_2042694，访问日期：2018年3月26日。

意，简单重复，极易被破解。这种弱口令给大多数网民、企业带来了巨大损失，成为黑客攻击成功的关键因素。案例证明，52.2%的泄露事件是由于使用弱口令导致的。一系列的案例告诉我们，必须认真严谨地把好口令第一关。发生泄露也要迅速采取措施，如封锁IP地址、关闭一些服务器及在整个网络环境内设立进阶威胁侦测系统等。不是不能，是知不知道或愿不愿意预先设置有效的安全措施予以防范。黑客问题固然是个令全球头疼的严峻问题，而普遍的公民网络安全教育则是刻不容缓的。

从全球发展看，互联网领域发展不平衡、规则不健全、秩序不合理等问题日益凸显。不同国家和地区信息鸿沟不断拉大，现有网络空间治理规则难以反映大多数国家意愿和利益；世界范围内侵害个人隐私、侵犯知识产权、网络犯罪等时有发生，网络监听、网络攻击、网络恐怖主义活动等成为全球公害。在防止隐私数据泄露上，全球各国是一个"人类命运共同体"。2014年7月16日习近平总书记出访巴西时，就在巴西国会的演讲中指出："虽然互联网具有高度全球化的特征，但每一个国家在信息领域的主权权益都不应受到侵犯，互联网技术再发展也不能侵犯他国的信息主权。在信息领域没有双重标准，各国都有权维护自己的信息安全，不能一个国家安全而其他国家不安全，一部分国家安全而另一部分国家不安全，更不能牺牲别国安全谋求自身所谓绝对安全。"

如何落实习近平总书记的顶层规划，防范隐私数据泄露，如何全面规划网络数据安全的标准体系,从制度层面建设长效防火墙,减少和杜绝大规模的严重隐私数据泄露事件,是我们必须抓紧攻克的难关。

目前我国网络数据安全标准化工作仍存在三方面问题:一是标准体系性不强,标准制定工作缺乏统筹协调,术语定义、分类分级等基础性标准尚不完善;二是部分关键标准亟须制定,数据安全评估、重要数据保护等重点标准进展缓慢;三是部分重点领域相关标准仍存在空白,网络数据安全标准对5G、移动互联网、车联网、物联网、工业互联网、云计算、大数据、人工智能、区块链等重点领域高质量发展的支撑作用有待加强。

2020年4月工业和信息化部(以下简称"工信部")等单位编制完成《网络数据安全标准体系建设指南》(征求意见稿)(以下简称《建设指南》),通过顶层设计,制订政府引导和市场驱动相结合的网络数据安全标准体系建设方案,为行业网络数据安全管理提供有力支撑。这份征求意见稿,从标准体系入手,既为了解决当前的现实问题,又具有长远的历史意义。

工信部表示,网络数据资源与传统资源不同,其具有流动特性,需要切实加强网络数据全生命周期的各个环节的安全保护,针对各应用领域和业务场景下的不同特点,形成闭环安全管理模式,有效保护用户合法权益,切实维护国家重要数据安全。

《建设指南》指出:"到2021年,初步建立网络数据安全标准体系,有效落实网络数据安全管理要求,基本满足行业网络数据安全保护需要，推进标准在重点企业、重点领域中的应用，研制网络数据安全行业标准20项以上。"

"到2023年，健全完善网络数据安全标准体系，标准技术水平、应用水平和国际化水平显著提高，有力促进行业网络数据安全保护能力提升，研制网络数据安全行业标准50项以上。"

有了标准体系，就需要我们遵照体系要求，全面培育我国全体国民的网络安全与隐私保护意识。目前，我国社会对此危机的认识还存在许多观念和认识上的问题。隐私数据泄露者与被泄露者均十分缺乏法律意识、维权意识。相当多的人对个人或企业信息被盗的危害性认识不足，或被盗取后无法维权，对此无奈、消极。国家对防止隐私数据泄露的整体监管还存在着诸多需要解决的问题。因此，推动网络安全与隐私保护的全民宣传教育活动是十分必要的。

在2015年12月16日召开的第二届世界互联网大会上，习近平总书记指出，互联网虽然是无形的，但运用互联网的人都是有形的，互联网是人类的共同家园。让这个家园更美丽、更干净、更安全，是国际社会的共同责任。国际社会应该在相互尊重、相互信任的基础上，加强对话合作，推动互联网全球治理体系变革，共同构建和平、安全、开放、合作的网络空间，建立多边、民主、透明的全球互联网治理体系。

这就是本研究力图实现的最高目标。

看互联网用户隐私与信息安全的多重挑战及应对[①]

——以爱尔兰为例

一、必须高度关注爱尔兰——世界信息经济版图的中心之一

欧洲小国爱尔兰在全球信息经济版图中具有重要战略地位，2020年已是世界第二大计算机和信息技术服务出口国，是全球多家知名跨国公司欧洲总部的所在地。

1997年，爱尔兰通过立法决定：截至2003年，将本国公司税率从36%降至12.5%，而崛起中的硅谷正在寻求全球市场，作为英语国家的爱尔兰是欧盟成员国，拥有进入欧洲市场的便利，且税收又少，因而爱尔兰自然成了首选。2003年，谷歌（Google）进驻爱尔兰。此后十余年，谷歌在爱尔兰持续大规模投资：2010—2012年，在都柏林巴罗街总部工程投入共计3亿欧元，目前在建的都柏林西部新数据中心工程预计还将投入1亿5000万欧元，而这是包括租赁设施在内谷歌在爱尔兰的第三个

---

① 本文与吴维忆博士合著。

数据中心。从2003年谷歌率先进入爱尔兰以来，世界顶尖的30家软件、信息技术和数据服务公司中有29家在爱尔兰设立了重要分部，其中将欧洲总部设置在爱尔兰的知名跨国企业就有Google、Facebook、Apple、LinkedIn、Amazon、Twitter、eBay和PayPal等。此外，IBM、Microsoft、Google、Yahoo、MSN及Adobe等企业的欧洲的数据中心也设在爱尔兰。同样值得一提的是游戏产业巨头如Big Fish、EA、Havok、DemonWare、PopCap、Zynga、Riot Games和Jolt也都以爱尔兰为基地向全球用户提供数据支持与服务。相应地，软件和信息技术与服务产业自然也成为爱尔兰经济发展的支柱和政府扶持的重点。目前这一领域就业人数为105000人，占年出口总额的40%（720亿欧元）[1]。

除了公司税率、欧盟市场和语言便利的吸引力之外，爱尔兰民族的移民传统，特别是大饥荒时期的移民潮在美国留下的大批爱尔兰后裔和爱尔兰文化的影响也是其长期吸引大量美国信息产业资本的一个人文、心理方面的重要原因。

除此之外，爱尔兰在政策和监管方面——特别是斯诺登事件以来尤为敏感的隐私与信息安全方面——与德国等欧洲大陆国家相比拥有相对宽松的体系与氛围，这是更具有普遍意义和现实重要性的条件。近年以来，欧洲诸国多次指责爱尔兰政府信息保护

---

[1] The Global Technology Hub: How Ireland Enables Success for International and Indigenous Technology Companies, *Irish Software Association*（2014）.

当局（Data Protection Authority, DPA）对在爱尔兰的跨国企业的"宽松监管体系"（"light touch" regulatory system）[①]，使欧盟公民的海量个人信息通过 Facebook 等公司被美国情报当局轻易获取，也威胁到整个欧盟的信息安全。

2015—2016 年两年是欧盟修订《1995 年数据保护法规》（Data Protection Regulation 1995）的关键年份，长期处于美国和欧盟在信息经济与安全问题方面交锋的"正面战场"的爱尔兰更是被推到了风口浪尖。

二、作为被动的"国际监管者"的爱尔兰处在两难困境中

爱尔兰面对着众多的大型信息产业跨国公司，它们都在爱尔兰向整个欧洲市场乃至全世界提供服务，如何监管成为困难。

爱尔兰的管理机构 DPA 成立于前互联网时代的 1989 年。但现在这一部门以及相关司法和行政机构所担负的是 Facebook 和 LinkedIn 这样的信息服务商在美国本土外数十亿名用户的隐私与信息安全的第三方监管责任。互联网时代数据保护的技术难度很大，法律、伦理方面的争议颇多，并且对 DPA 日常运营的资源、人力等的投入提出更高要求，对爱尔兰政府财政及行政效率与协调能力构成持续的挑战。另外，DPA 应该如何在全球用户与本

[①] EDRi2013 年 1 月 14 日的报告（https://edri.org/council-eudatap/）获取时间为爱尔兰当地时间 8 月 23 日 21:28。

国用户投诉之间有效并合理分配其行政资源也是困难。考虑到信息产业对爱尔兰经济的重要性，DPA的处境根本上还是源自其强化监管和营造利商环境之间选择的两难。同时，DPA在维护自身独立性，应对来自商界和政界的双重干扰方面也同样举步维艰。

因此，爱尔兰如今所扮演的互联网用户隐私与信息安全"国际监管者"的角色并非其主动的选择，而是谷歌等大型跨国企业在该国大量集聚以及信息产业本身的高速流动性的自然结果。目前，由于不断被用户投诉，欧盟也屡次表达不信任，DPA深陷疲于应付的被动局面。值得注意的是，爱尔兰政府在2014年7月专门设立了数据保护部部长一职，新上任的Dara Murphy据称是欧洲第一个数据保护方面的国家政府部长，这或可视为爱尔兰主动改变其被动处境的积极尝试。同时，在财政预算方面，爱尔兰政府加大了对数据保护方面的投入：2015年供DPA用于行政资源配置方面的资金就达到365万欧元，是2014年的两倍。2017年初在布鲁塞尔召开的信息安全与数据保护的"非正式首脑峰会"传达出的信息表明，爱尔兰在欧盟饱受非议的被动地位并没有得到明显的改观。在这次峰会上提出的一站式提案建议认为自身信息和隐私遭到科技公司侵犯的个人须向该公司欧洲总部所在地的数据保护当局提出申诉，这无疑再次凸显了爱尔兰"宽松监管体系"的争议性，加大了DPA和其他司法、行政机构面临的外部压力。

三、欧盟《1995年数据保护法规》修订的复杂博弈与前景

欧盟的《1995年数据保护法规》所遵循的原则是在基本权利和欧洲人权公约的框架下处理欧盟公民个人隐私和数据安全问题。欧盟对这一"前互联网时代"法规的修订,当然是为了适应互联网时代的变革,但根本上还是针对信息经济的高度流动性和扩张性,试图以具有确定性、一致性和明晰性的法规体系构建一个统一的欧洲市场和利商环境,刺激欧洲信息产业发展并带动整体经济的发展。

具体而言,欧盟针对《1995年数据保护法规》的修订主要有以下几个值得注意的亮点:

一是新体系在追求一致性的同时也对数据保护的要求更加严格,例如公司在使用和处理数据之前必须获得明确认可,同时保证仅在必要时采集信息并将使用的信息量控制到最低,儿童信息将受到额外的保护,此外还有针对数据转移(当数据从欧盟成员国转移到欧盟之外时)和数据泄露通知等问题的严格规定。

二是欧盟公民获得"被遗忘权"——尽管这仍是法律和技术界都存在巨大争议的问题。

三是凡业务涉及欧盟公民的公司,包括在欧洲以外运营的公司都将被涵盖在内,这已经引起了美国商务部的抗议。

四是新体系将由新设立的欧洲数据保护委员会(European

Data Protection Board）执行。当某个案件的裁定涉及两个成员国时，各国法庭之间将必须沟通协调。

以上的愿景表明，此次修订必然面临极端复杂的博弈。第一，立法和执行应当坚持怎样的导向——用户、政府，还是企业。无论是从三方之间的复杂关系来看，还是从修订刺激信息经济的根本目的来看，这一问题都十分棘手。第二，以被遗忘权为例，用户隐私和网络信息安全维护还面临着诸多有待解决的技术难题。第三，原则上，知情决定权是每个人都应当享有的，但在实践中，推行的范围究竟应该或能够达到什么程度，是止于基础设施领域，还是涵盖所有私营企业。第四，如何协调不同成员国的法律、司法解释和执法上的差异，同时保证法律确定性。从欧盟协调其区域和国际事务的各种先例来看，这一问题的解决将成为实现修订或取得实质性结果的关键。

信息时代，欧盟和美国正在进行激烈的角逐。此次数据保护法规修订不是无的放矢，大部分条款显然都是针对Google、Facebook等美国信息产业巨头。美国和欧盟在隐私的界定和保护方面存在着法理上几乎不可通约的差异[1]。欧盟将信息隐私视为公民的一项基本权利，而美国则视其为一项消费者权益，由联邦贸易委员会而非国会来管理。在执法上，美国相信公司自制，而

---

[1] 美欧之间达成的现实妥协是2000年签订的"安全港"架构（Safe Harbour Framework）。另一个例子是为全球反恐而达成的恐怖分子财政追踪项目（Terrorist Financing Tracking Programme）。

这在欧洲是不可想象的，这也正是爱尔兰采取更贴近美国模式的"企业自制体系"备受诟病的原因。

2014年，针对欧洲计算机和网络技术公司的投资达到了四年来的新高，而欧洲对信息产业的投入也已经超过了美国。因此，结合欧盟提出的统一欧洲市场刺激信息经济的目标来看，在表面的立法和执法争议之下，欧洲与美国信息安全和个人隐私的争端首先是经济之争，即未来由谁主导互联网产业和整个信息经济的战略问题。当然，用户隐私和网络信息安全立法所涉及的全球规则制定和裁量权的争夺也无疑具有深刻的信息地缘政治的意义，换言之，欧盟以法规修订为代表的各种举措实际宣示的是与美国就全球治理权的争夺。

四、借鉴与启发

网络的连通性和信息资本的跨国流动决定了中国必须在国际语境下应对互联网时代用户隐私和信息安全问题，由此可以进一步追问：爱尔兰的困境以及欧盟内部的欧美间的博弈对于中国理解并应对这一问题有哪些切实的启发？

（一）隐私与信息安全：从表面争议切入政治经济与意识形态的深层

一如难民跨境流动和乌克兰危机等其他问题，互联网用户隐私与信息安全问题同样反映出欧盟以沟通寻求一致的诉求所遭遇的困境。欧盟委员会信息社会和媒体事务委员 Viviane Reding 在 2011 年接受采访时就曾明确阐述："每一个人都享有对其个人数据的权利。它们属于这个人并且只有在这个人同意将这些数据交给第三方时，该第三方才能获取这些数据。如果当公民决定从第三方手中拿回数据时，她或他就可以拿回，而只要她或他希望，就可以删除这些数据。" Reding 所阐述的原则正是倡导并维护个体利益及选择的新自由主义理念在信息时代的具体体现。从微观角度来看，坚持个人数据为私有财产并保证个体自由选择当然无可厚非。然而在实行上，它首先就要遭遇如何划定个人信息边界的技术难题和伦理难题；而更关键的，以新自由主义导向的"隐私、安全"话语无法解释互联网基础设施和各种数据、信息本身的公共产品属性，忽视了"自由软件基金会""知识共享"等非营利组织的形成背景与实际影响及其与跨国企业之间的斗争。由此可见，新自由主义理念与体制很可能对网络外部性造成负面影响，导致政府不作为或无法作为，从而最终使个体利益受损。

从 2008 年全球金融危机伊始，学界对新自由主义的批判就已经存在，互联网用户隐私与信息安全只是近期突显的新问题。2017 年 8 月，在布拉格召开的欧洲社会学协会会议上，来自不同国家、学科和研究领域的学者们近乎一致地将矛头指向了新自由主义，尖锐地批判这一理念和与之配套的政治经济体制已经走向了自身的反面，造成了对个体的戕害、经济危机的持续及社会不公的激化。此次会议主题即"差异、不公和社会学的想象力"，然而参会学者在呼吁批判理论和行动主义之外，却鲜有具体的探索和尝试，这意味着批判本身并未脱离新自由主义的思维框架，所谓的"社会学的想象力"也难以挣脱表面争议而真正撼动新自由主义和全球资本主导的话语运作，因而难免陷入理论创新的匮乏和面对现实的无力。

国际政治和学术界的现状均表明，我国在正视关于互联网用户隐私和国家信息安全的种种争议的同时，必须了解这不仅是一个法律和伦理问题，而且是一个政治经济与意识形态问题。我们必须厘清强势的"隐私、安全"话语的影响，清醒地认识到其他同等重要的问题：例如互联网基础设施建设、技术开发，相关教育资源的公平再分配，资本高度流动和新型剥削造成的信息产业劳动力的边缘化，警惕新自由主义霸权在信息时代的延续，坚持自身道路的独立性，进而在解决现实问题的过程中捍卫其合法性。

（二）探索整体、协调、动态的解题思路及建议

自由资本和个体选择相伴生的市场破碎、经济行为混乱、效能低下、政府资源再分配与公共治理无能、社会贫困和不公加剧等种种现实已经深刻地揭示了新自由主义的固有缺陷。如上所述，爱尔兰被动监管者的困境是其法律规范和行政管理能力滞后于信息产业集聚的后果，这是我国目前在大力发展互联网经济的过程中必须引以为鉴的问题，但也正是我国立足国情，发挥制度特色而探索整体、协调和动态的解决思路的优势所在。具体而

言，首先，爱尔兰数据保护当局作为被动监管者的处境提示了从整体和长远出发统筹国家经济发展战略以及协调地区之间的竞争与合作关系的重要性；其次，爱尔兰在欧美交锋中的尴尬位置则揭示了全球化进程中跨国公司和超国家治理机构对主权国家的双重挤压，这是我国必须引以为戒的重要战略问题。

（三）应对挑战的主要路径与措施

1.后发国家要建立完善信息治理的法律规范

在信息经济领导权和信息时代全球治理权的激烈角逐中，美国和欧盟无疑已经处于领先位置。尽快提出针对互联网用户隐私和信息安全的明确法规与解释，不仅是加快发展我国信息产业及互联网经济的必然要求，更将成为国际谈判与争议协调中的依据和筹码，具有维护国民利益与国家安全的重要战略意义。

在指导原则上，立法和司法部门必须引入软件、通信等领域的专业人员的智力和技术支持；学术、技术、法律和产业界要密切交流，寻求综合性的解决方案。在这一过程中，政府应当转变监管的定位，协调、促成并组织富有成效的跨界合作。在实践上，欧盟进行中的法规修订具有重要的参考价值。我国政府、法律和信息产业界应密切关注接下来的进程和关键的时间节点，特别注意一些重要条款例如针对申诉的"一站式"处理方案的详细界定和实施办法，甚至可以考虑在适当条件下对类似方案进行试点，并为立法做准备。当然，从国际政治的战略角度来看，立法之后更关键也更困难的一步是通过国际合作，至少在亚洲区域内寻求对我国提出的法规和操作方式的广泛认可,如此才能在互联网经济和规则制定的场域内真正与欧盟和美国力量抗衡。

呼应建设"服务型政府"的目标,在信息产业、互联网经济领域要特别加大对本土小微企业和自主创业者以及非营利机构的扶持力度。前者的积极活动有利于信息产品和平台等服务的多样化,尽管在体量上难以"制衡"跨国企业,但至少可以通过提供多种选择来减少跨国企业对市场的垄断。非营利机构的重要性则主要体现在两个方面:第一,通过科普教育等手段培育知情用户,即对隐私和信息安全既有知晓度,又有独立理解和分析能力的成熟的互联网用户;第二,丰富互联网知识和技术的教育、信息等资源共享的途径,补政府公共供应之不足,并提升社会效益。

2.刺激引导产业内部变革

棱镜门之后的互联网用户留下了恐慌、质疑和防御的心理轨迹。企业如不正视用户对隐私的高度关注,很可能最终在市场中被边缘化。从宏观趋势来看,后斯诺登时代隐私和信息安全问题的中心化和复杂化,必将引发整个信息产业结构和生态的变革,顺应这一趋势的先行者方能把握其中蕴含的商机。"从设计入手保护隐私"(Privacy by Design,PbD)这一解决方案的盛行就是一个很好的例证。

PbD的两个突出的创新特点是从产业内部入手和以前瞻预防取代后发监管,有七条基本原则:①前瞻和预防,②隐私保护作为默认设置，③在设计和工程阶段即引入隐私保护，④功能和隐私保护的双赢，⑤嵌入系统中的数据全周期保护，⑥可见性和透明度，⑦以用户为中心。原则贯穿了用户中心的设计思路，提出了内置手段、默认设置、适当提醒等实现途径。这种在设计和工程阶段引入隐私保护的解决途径，无疑对设计师、工程师、企业和其他运营者提出了极高的要求。目前对PbD的批评主要是针对其模糊的定义、可能造成的高额成本和有限的约束力等几个方面，这些有待进一步讨论。如果仅作为一种全新的思维范式，PbD在刺激产业内部变革和丰富应对策略方面的意义是毋庸置疑的。

PbD目前在我国的认知度还较低。我国政府应当对此类新兴的解决方案保持敏锐的意识，在充分调研、分析和试点的基础上，发挥调控的优势克服单纯市场自发调节的滞后性和分散性，刺激、引导产业内部的变革，在被动的约束和监管之外探索更为积极的解决方法。

3.强化和加深理论研究

面对日益凸显的隐私与信息安全问题，有效的解决途径除了上述实践中的探索，关键还取决于法理学、经济学和社会学等理论和软件、信息技术等研究的进展和突破。

首先在法理学研究中，有几个亟待厘清的问题。①在信息时代，如何定义隐私。应该参照从基本人权着眼的欧盟模式，抑或是从消费者权利入手的美国模式，又如何立足中国国情提出创造性的解读。②如何确定用户隐私与国家信息主权及信息安全之间的边界，如何处理两者之间交叉的模糊地带以及其中涉及的人权问题。③在立法和执行中如何应对公共意见和媒体的影响。这个问题直接关涉普通民众的日常生活，并且具有互联网时代的突出特点。对此，爱尔兰梅努斯大学法律系的学者Maria Murphy 的观点对我们充分认识这一问题提供了一种典型的西方式的经验。①在2014年的一篇文章中，Murphy将水门事件和棱镜门事件进行了对比，深入分析了关键历史性事件影响公共舆论并进而促进法律体系调整的"钟摆效应"——立法和执法的取向总是在公共舆论导向的影响下来回往复。例如"9·11"事件后英美政府以反恐为名对公民个人隐私的强硬干预以及棱镜门之后公众对政府监控的强势反弹。Murphy所讨论的"钟摆效应"再次从另一个角度说明：隐私和信息安全的争议绝不单纯是法理或伦理的讨论，更是深受政治力量和各种利益诉求影响的话语之争。尤其在全球化的今天，我们必须在国际政治的复杂语境下理解欧洲各国之间以及欧盟与美国之间的法律冲突。Murphy在文末强调法规、政策决策和信息的透明度是限制政府对隐私权干预的关键。我国参与隐私和信息安全国际规则制定也应当以增强透明度为重要诉求。

---

①Maria Murphy, "The pendulum effect: comparisons between the Snowden revelations and the Church Committee. What are the potential implications for Europe?" *Information & Communications Technology Law*. 23.no3（2014）：192—219.

在法理学研究之外,其他人文社科领域应当加强有针对性的研究。例如,经济学者应当立足现实和我国国情重新阐释信息与互联网经济的政治经济学意义,突破新自由主义框架的拘囿,以创新的观点在国际学术界发声并产生影响。另外,其他人文社科学者应特别关注被"隐私、安全"强势话语所掩盖的种种社会、心理问题以及在互联网时代人们日常生活的情感、认知及审美层面,深入分析全球化当下阶段的特点并探究知识社会的前景,从社会正义和人文关怀这一终极原则出发,关照互联网用户隐私和信息安全问题。

"虚假信息"批判及英国法律对虚假信息监管的启示[①]

网络信息的生产、传播、获取是现代社会主体信息生产与交流的重要方式,为人们提供了各领域真实有益的信息,从而服务于社会进步,但网络同时也为种种虚假信息提供了传播与扩散的便捷通道,这些网络传播的虚假信息对公民合法权利(例如名誉权、隐私权等)、社会正常秩序乃至国家安全已经或正在造成严重的危害。那么什么是虚假信息?如何通过立法加以监管?就现有法律规定来看,对于虚假信息的定义与规定尚不够清晰与准确,存在着模糊与歧义,由此带来的诸如虚假信息事实认定困难、定性定责依据不足等问题对网络虚假信息的治理与监管产生了一定的消极影响。因此,完善有关网络虚假信息及其概念的法律界定,是实现对网络虚假信息进行有效管控的逻辑前提,本文尝试就上述问题进行初步的探索,并通过解读英国法律规制网络

[①] 本论文为国家哲学社会科学重大项目"文化产业伦理研究"(项目编号:14ZDB169)及中国博士后科学基金第62批面上资助项目"媒体监督与司法正义的边界问题研究"(项目编号:2017M623142)的研究成果。本文与申南博士合著。

虚假信息的做法，给我国网络监管立法、执法及体制建设提供一定借鉴。

随着信息社会建设步伐加快，网络已深入日常生活的方方面面，成为信息生产、流通、交换的重要平台。每个网民都可以通过网络充分行使话语权，行使信息制造、发布、传播的权利。但是，如同现实生活中的信息并非总是真实的、正面的、积极的，充斥在网络上的大量信息也有不少是非真实的、负面的、消极的。这些网络虚假信息混淆视听、颠倒黑白，引发群体对立，干扰社会正常秩序。有些虚假信息的制造传播者甚至具有更为险恶的政治目的。习近平总书记指出："网络空间是亿万民众共同的精神家园。网络空间天朗气清、生态良好，符合人民利益。网络空间乌烟瘴气、生态恶化，不符合人民利益。谁都不愿生活在一个充斥着虚假、诈骗、攻击、谩骂、恐怖、色情、暴力的空间。"习近平总书记还强调："互联网不是法外之地。"这就给我们提出了严峻的任务：为遏制网络虚假信息泛滥，我们必须进一步建立与健全相关的法律和法规。

从我国已有的法律法规来看，关于"虚假信息"的法律条文还存在一些缺陷或瑕疵。本文试图从逻辑学、法律传播学和伦理学的角度探索对网络虚假信息的界定，以及监管、治理网络虚假信息的路径与思路。同时引入英国在防范监管虚假信息立法方面的做法，以对我国相关法律的完善有所启示与借鉴作用。

一、"虚假信息"界定的法律漏洞与不足

随着中国的日益开放与互联网信息技术的高速发展，网络伦理与网络安全问题成为我们必须面对的重大问题。网络伦理和网络安全的一个重要问题是网络虚假信息的泛滥。网络虚假信息往往以谣言、诽谤、信息欺诈和数字信息造假等方式欺骗网民，挑起网络事端，试图主导舆论方向，导致网络暴力的滋生与蔓延，引发社会对立。尤其在国际网络战背景下，敌对方有组织、有计划地制造与输出虚假信息，搞乱一国一地的社会、政治和经济的正常运行，挑唆与离间政府与民众的关系，制造种种网络事端，从而实现其不可告人的网络战的险恶目的。延续数月之久的香港暴力乱象，就是由虚假信息引起和激发的。

网络虚假信息准入门槛低、隐匿性强、欺骗性大、有害虚假内容甄别难，加之广大群众对它的辨识度低，很容易上当受骗。而且虚假有害信息的社会连锁影响大、追责难。随手翻阅手机中的各种网络自媒体，我们就能看到大量没有时间、没有地点、没有来源，甚至打着"新华社"、《人民日报》旗号或标称"外国媒体"的难辨真假的新闻充斥网络。虚假信息泛滥的重灾区是微信与微博，本来这两种传媒的创新形式为言论提供了宽松自由的空间，但同时也为谣言、诽谤、信息欺诈，甚至黄赌毒泛滥、网络暴力围攻、非法人肉搜索及各种网络违法行为的发生提供了舞台。当今社会，确有一些人搬弄是非、颠倒黑白、造谣生事、违

法犯罪，超越了宪法和法律界限，也突破了应有的伦理道德边界，导致非理性情绪蔓延于网络空间，形成负面舆论潮，造成公众思想的极大混乱。

为了防范网络风险，打击网络虚假信息的泛滥，维护国家利益，各国纷纷出台相应的法律法规，以法律的手段对虚假信息及其危害进行监管与治理。

借鉴各国的通行做法，我国也多次出台相关法律法规，对网络虚假信息的制造与传播进行规制，如《全国人民代表大会常务委员会关于维护互联网安全的决定》《中华人民共和国电信条例》《中华人民共和国计算机信息系统安全保护条例》《中华人民共和国计算机信息网络国际联网管理暂行规定》《互联网信息服务管理办法》《计算机软件保护条例》《互联网上网服务营业场所管理条例》等。最为明确的关于虚假信息的类似定义的表述，是《中华人民共和国刑法修正案（九）》第二百九十一条中新增一款："编造虚假的险情、疫情、灾情、警情，在信息网络或者其他媒体上传播，或者明知是上述虚假信息，故意在信息网络或者其他媒体上传播，严重扰乱社会秩序的，处三年以下有期徒刑、拘役或者管制；造成严重后果的，处三年以上七年以下有期徒刑。"

这一法律条文颁布与实施后，为甄别网络虚假信息提供了法律依据，在一定程度上对虚假信息的泛滥起到了遏制作用。当然，我们也看到，上述法律规定并非关于虚假信息的特定、专门定义，因此确实存在着如何更准确严谨的表述方面的问题。

第一，一般来说，概念的界定要符合基本的逻辑规定，即内涵与外延都必须是明确的，从上述关于虚假信息的法律规定中可以看到，其关于虚假信息的外延过窄，无法将所有发布和传播可能造成一定负面社会影响的虚假信息行为全部纳入《中华人民共和国刑法》规范范畴内。换句话说，只要编造传播的虚假网络信息不涉及险情、疫情、灾情、警情四类消息，不论是否造成恶劣后果，除被害人追究民事责任外，虚假信息发布和传播者不必承担相应的刑事处罚。然而，现今网络虚假信息涉及面极广，不仅存在于扰乱公共秩序方面，还涉及人身攻击、诽谤等情况。虽然新增条款对于遏制网络虚假信息的制造与传播有一定积极作用，但基于其对虚假信息范围划分的局限性，仍难以从根本上杜绝网络传播虚假信息可能带来的不良社会影响。

第二，概念内涵的明确是定义的基本要求。从上述法律规定来看，并无关于"网络虚假信息"内涵的基本界定，且这种定义法是列举排除法，而不是本质定义或性质归纳定义，这种法律定义的方式造成了概念内涵的模糊。笔者查阅了我国多部法律规范，发现司法机关对"虚假信息"这一概念并未做出统一的、具有排他性的、准确的概念定义与法律解释。换句话说，这一重要概念的逻辑内涵模糊不清，是可以被多重定义的，具有一定的主观性。难怪很多人望文生义，只从字面上理解，认为虚假信息就是假信息，这是逻辑上的同语反复，因此是反逻辑的。

第三，上述定义中，关于何谓"虚假"本是一个需要界定的概念，却成为前提，蕴含在类似定义的表述之中。这是违反逻辑定义规则的，至少是不够严谨的。从构词结构来看，所谓"虚假信息"由"虚假"与"信息"两个词语所构成。在《汉语大词典》中，"虚假"的解释为"假的、不真实"[①]，"信息"则是指"事物发出的消息、指令、数据、符号等所包含的内容"[②]。因此，"虚假信息"可以被理解为"不真实的消息"。《汉语大词典》中的解释是语言学意义而非逻辑学意义，做一般的理解，也并非说不过去。但从逻辑学的定义规则来看，是犯了同语反复的逻辑错误。但这并不妨碍我们用大众可以理解的"不真实"来说明什么是"虚假"。那么什么是信息的"不真实"呢？笔者认为可以提出两个条件，只要满足或不满足这两个条件，某信息是否具有"虚假"的性质大体可以确认。一是，发布信息与真实事实不符；二是，消息内容是能够证伪的，二者缺一不可。

所谓信息与事实不符至少有三种情况：其一，与已知的全部事实不符；其二，与已知的部分主要事实不符；其三，与已知部分事实不相符，但与未知主要事实是否相符不能确定。前两种情况判断为虚假信息逻辑上不存在问题。但第三种情况亦有两种可能性。其一，如果已知信息所反映的是主要的已知事实且与真实

[①] 罗竹风主编《汉语大词典》，上海辞书出版社，1986，第5074页。
[②] 同上书，第601页。

情况不相符，则可判定此信息为虚假信息。其二，某信息所反映的已知事实并非全部主要事实，则其真实性取决于其后发现或呈现事实是主要的或次要的。如果是主要事实，且与真实情况不符，则此信息为假，换句话说，某信息所反映事实只是其中的一部分，当主要事实逐渐清晰之后，可能推翻原先的判断或结论，也意味着原先的信息为虚假信息。

虚假信息应具有可证伪性。证伪主义理论是科学家波普儿提出的相对于证实而言的科学理论的逻辑证明原理，这一原理对于涉及信息真假问题有一定的逻辑借鉴意义。当引入时间概念时，一个信息的真假，在某确定的时间点上可能无法证实，也无法证伪，但从信息真伪最终形态看，它应该是可证伪的。因为如果判定了某信息具有虚假信息的性质，则必有支撑其为假的根据，这是演绎逻辑所要求的。其逻辑根据在于：如果我们假设具有P—Q之关系的命题为假，则整个命题为假的条件是，P为真，Q为假，也就是说，要证明信息为假，只有当其前提为真但结果为假时，命题为假。其他情况均为真，因此，虚假信息在充分条件下，有且仅有这个条件可能证伪。通俗地说，若一个虚假信息命题系统为假，其子系统或信息子集中必然有部分或全部为假，否则就不是虚假信息，而是真实信息了。当然，对于复杂信息而言，判定其是否虚假非常复杂。在特定的时间里，大众或媒体得到"真实"信息，可能由于后续事实不断被披露而反转，原因在于对信息的真假确认具有时空特性，这是我们判断某信息是否虚假所要考虑的因素。

二、"虚假信息"内涵外延界说：谣言、诽谤、信息欺诈

笔者梳理了近年来我国法律关于"虚假信息"定义在内涵与外延上的相对模糊性，可能造成网络法律监管的司法实践的风险——难以准确根据虚假信息定义确定网络信息有关事件的性质。因此，如何对"虚假信息"的内涵和外延做出准确定义，从而在立法上更加精准，对于我国网络环境的治理具有重大的现实意义。

（一）关于虚假信息的内涵

明确概念内涵有多种方法，可以是本质概括，也可以是关系定义、功能定义、有限列举等。例如，前述法律关于虚假信息的定义就是有限列举意义上的定义，这种定义法只明确了A是什么，却未定义什么是A，即未定义虚假信息本身。犹如古希腊哲学家柏拉图认为，如果要定义什么是美，首先应该把"什么是美"与"美是什么"区分开来，前者可以用"花是美的""雕像是美的"等来罗列。而问题在于美是什么？即界定美本身。如果在尚未定义美本身是什么的情况下，肯定无法确定哪些现象是符合关于美的定义的。同理，对于虚假信息也应该先给出定义，然后根据定义的内涵确定哪些信息具有虚假信息的特征。

如果尝试定义的话，我们可以提出几个虚假信息的特征。以

内涵特征确定其虚假的性质。毫无疑问，虚假信息的总特征是非真实性。一般伦理情况下，这是没有问题的。但作为法律定义则有所欠缺。就好比用"非假"定义什么是"真"一样，因为这里的"假"仍然需要定义，这种定义是定义中包含被定义项的典型例证。那如何定义虚假呢？我们认为可以考虑用信息所表述的内容与事实不符，也就是以辩证唯物主义认识论为基础的关于"真"的哲学解释为基本方法论，对传播学意义上的虚假信息的"虚假"进行定义。

与虚假相反的"真"，大体上有两类，一类是"事实之真"，另一类是"价值之真"。关于事实之真，哲学上是这样定义的，如果我们的认识中包含着不依赖我们主观的关于认识对象的客观成分，则这个认识中包含着真实性。关于价值之真，是指当我们确定某价值为参照系并确认此价值参照系为真时，则与此相反或相异之价值为假，通常称为负价值。依此为据，所谓"虚假信息"应该有两种定义，从事实之真角度对虚假信息的定义与从价值之真角度对虚假信息的定义。由此可以有定义1：那些不包括或未反映关于对象的部分或全部客观事实的信息，称为虚假信息。定义2：那些与已经确认为基本的、正面的价值事实相反的且为法律所禁止的信息为虚假信息。对于第一个定义，主要陈述了信息内容与对象呈现事实是否相符，比较符合人们日常关于"虚假"的常识或感觉。例如，网上关于某类食品可以致癌的信息，或某类告诉人们有50%利息的理财信息，其真实性可以用科学的或经济学的常识予以证伪。对于第二个定义,大体可以用违反价值事实的情况来确定某信息是否为虚假信息。举例来说,网上经常爆出某地强拆的信息,就信息是否真实来看,可以以图片、现场影像等证实或证伪,事实判定并不复杂。但拆迁有合法与非法之分,相关信息中是否真实反映了这一客观事实,便表现出伦理的价值判断的取向,如某一法律体系所体现的价值,因此也就有了伦理错误和信息违法的概念。从网上各类拆迁信息的传播中发现,许多具有合法性的拆迁事件,往往人为刻意忽视和遮蔽了其合法性事实,重点是着力渲染拆迁如何违反人权,如何残忍,如何使被拆迁者失去家园等,从而引发人们的非理性情绪冲动。这种与事实、与法律不符的引导性价值判断,可以判定为"价值事实"为假。因为这些信息明显具有虚假陈述的特点。当然,关于价值事实之真假定义具有一定的复杂性,会有异议存在。因为价值判断除了与价值事实是否相符之外,往往具有一定的个人主观性,这种主观性表达了信息制作、传播、接受与再传播过程中,对所判定的对象持有主观的好恶,这种主观价值倾向尚不能简单地用"虚假"来表述,而是要放在特定的语境中来甄别,因此,违反价值事实的虚假信息的性质有待于进一步研究。

(二)虚假信息的外延及其分类重点

1. 虚假信息的外延

仅仅明确概念的内涵还无法使概念清晰,明确虚假信息的外延,是进一步明确此概念的必要条件。随着上述关于虚假信息概念内涵的初步厘清,其外延的边界也大体明确了。虚假信息的上位属概念是信息,信息可划分为真实信息与虚假信息,因此,非真实信息即是虚假信息的外延边界。

2.虚假信息的分类

根据不同的标准,虚假信息这一概念外延可以划分为不同的层次和类型。本文尝试进行初步的划分。

首先,从虚假信息本身的内容划分,可依据一般性质分为政治、经济、文化、军事、科技、教育等虚假信息;根据业态类型又可以划分为工业、农业、农村、城市、商业、金融等领域的虚假信息;根据信息涉及主体划分可分为个人、公共、政府、社会等方面的虚假信息;根据传播形式可以分为新闻、广告,文字类、图片类、视频类虚假信息等。我们不可能对各类虚假信息进行全方位的监控与诉诸法律,而是根据虚假信息对社会发展、国家安全、民族团结、个人权利保障的危害程度有重点地进行监管。

其次,根据虚假信息制造与传播主体是否具有主观故意,可将虚假信息划分为"具有主观故意的虚假信息"与"非主观故意的虚假信息"。一般来说,虚假信息源的制造者首次传播都具有目的性与主观故意性,通常其动机主要是负面的、消极的、有害的。但是其后的传播者即便具有主观故意的动机,他只为传播而不为信息是否虚假负责。传播者未必知晓某信息为虚假信息,只是在"谝闲传"或"传闲话"中无意将虚假信息传播,做了无意的传播者。举例来看,某A制造的信息内容如下:某人与某女性具有特殊关系。此信息的制造者A显然具有主观故意动机,但此信息通过A传播至B再至C,且信息含量未有增减,则传播者B、C可能不具主观故意,只是好奇或"传播冲动"导致传播行为发生。区分"主观故意的虚假信息"与"非主观故意的虚假信息"的意义在于,当虚假信息造成违法后果需要追究制造者的法律责任时,制造与传播虚假信息的性质有所不同,虚假信息制造者必定具有主观故意,应负主要责任,而传播者可能起的是中介传递作用,要负道德伦理责任,而对信息本身的虚假性不负主要责任。当然,如果造成了相应的法律后果,传播者也要承担相应的责任。

再次,根据虚假信息结果的有害与无害,还可以将虚假信息分为"无害虚假信息"与"有害虚假信息"。所谓无害虚假信息是指在事实上未给信息侵害对象在财产、金钱、名誉、精神等方面造成实际的法律后果和现实损害的各类信息。虽然这类信息是虚假的,但在传播中并未给信息消费的个人、组织、社会造成现实的危害,不构成违法事实,只需承担道德伦理之责。另一类是具有明确可判定性质的有害虚假信息,它给个人、社会、团体、组织造成了现实的危害,具有明显的违法侵权事实,这类虚假信息称之为有害虚假信息。

3.有害虚假信息的主要类型的共同点及特征

从中国当前信息侵害的现实来看,谣言、诽谤、信息欺诈、数字造假等是构成"有害虚假信息"的主要类型。其共同点是：一般都具有主观故意动机且具有现实的危害性，即通过歪曲事实、以伪遮真、混淆是非、颠倒黑白，从而达到制造者与传播者逃避责任、牟取利益、打击他人、危害社会的种种阴暗目的。这些有害虚假信息之间也略有些差异，比如信息欺诈更多涉及商业与市场信息，通过发布虚假信息侵害受害者的经济权益；数字造假多发生在政府体制内因为政绩、升迁的运作中。谣言、诽谤、信息欺诈等都会对社会、国家、民族、组织、个人造成财产及精神的危害，特别是有些来自境内外的政治谣言会引起社会思想混乱、群体对立、族群分裂，乃至社会动荡的严重后果。以上是当今中国网络有害虚假信息泛滥肆虐的主要存在与表现方式，也是网络信息立法及法律监管与打击的重点。以下我们分别来看谣言、诽谤、信息欺诈的特征。

（1）"谣言"一词，主要对应国外英语文献中 Rumor 一词。在《韦氏高阶英语词典》中，Rumor 一词被解释为"通过人际传播的、尚未证实的消息"[1]；而在《汉语大词典》中，"谣言"被定义为"没有事实根据的传言"[2]，强调缺乏完整真实的事实支撑、凭空捏造，属于贬义词，具有明显的态度指向性。美国学者奥尔波特（Allport）认为，Rumor 是指一个"与当时事件相关联的命题，是为了使人相信，一般以口传媒介的方式在人们之间

---

[1] 梅里亚姆-韦伯斯特公司：《韦氏高阶英语词典》，中国大百科全书出版社，2009年，第1426页。

[2] 罗竹风等主编《汉语大词典》，上海辞书出版社，1986，第6668页。

流传，却缺乏具体的资料以证实其确切性"[1]。纳普（Knapp）认为，Rumor是一种"旨在使人相信的宣言，它与当前时事有关，在未经官方证实的情况下广泛流传"[2]。美国学者彼得森（Peterson）1951年也在《谣言与舆论》一文中对Rumor下了定义："是人们之间私下流传的，关于公众感兴趣的事物、事件或问题的未经（官方）证实的阐述。"[3]社会学家涩谷保认为，Rumor是一种"人们在非正式交往中集中智慧为对共同关心的问题构建有意义的理解而进行的交流"[4]，是人们在议论过程中产生的"即兴新闻"。

西方学者的定义更倾向于将"Rumor"作为中性词对待。这有点类似中国语言文化中的"流言"或"小道消息"。在《汉语大词典》中，"流言"是：散布没有根据的话[5]；其重点在于"流"，即"散布和传播"。事实上，流言中也可能包括一些关于事实的真实反映，但它暂时未得到官方的确认。在中国的文化中，通常认为所谓"谣言"，一般就是具有否定性的、与事实不

---

[1] Gordon W Allport, Leo Joseph Postman. "The Psychology of Rumor," New York: Holt, Rinehart & Winston, 1947, pp.33.

[2] Robert H. Knapp, A Psychology of Rumor, Public Opinion Quarterly, Oxford University Press on behalf of the American Association for Public Opinion Research, Volume. 8, Issue. 1 (January, 1944), pp. 22-37.

[3] Warren A Peterson & Noel P Gist.Rumor and Public Opinion, American Journal of Sociology, Vol57, (Sep. 1951): 159.

[4] Shibutani J. Improvised News: A Sociological study of Rumor. Indianapolis: Bobbs Merrill, 1966: 17.

[5] 罗竹风主编《汉语大词典》，上海辞书出版社，1986，第3268页。

符的信息或消息，是负面的东西。尽管上述中西定义各有侧重，但可以看出一些共同的特点：即谣言是通过人际传播、没有事实根据或未经（官方）证实的消息。一旦确定某消息为"谣言"，则必定具有与真实事实不相符的性质。

（2）诽谤。所谓"诽谤"，就是"以不实之词毁人"[①]。与虚假信息中的"谣言"相比，诽谤具有三个特征：其一，满足虚假信息特征，即诽谤的内容与事实不符或相反；其二，诽谤具有语言攻击性；其三，对被诽谤者造成社会轻视、孤立、敌视的现实后果和精神损害。在不同的文化语境中，谣言似乎是个中性词，但诽谤则被明显地定义为有害、虚假，且具有攻击性的信息。例如，英国法律使用"Defamation""Libel""slander"来称谓"诽谤"。阿特金（Atkin）爵士早在1936年就对"诽谤"做出过这样的定义："造成被社会轻视或低估的任何出版物都属诽谤。"[②]《英国1952年诽谤法案》将"诽谤"定义为"公开发表虚假内容，这些内容涉及某人的名誉，并造成他被社会正常思维人群轻视或被孤立的后果。"《英国1996年诽谤法案》认为"诽谤"是"令原告被憎恨、嘲笑或被轻视，被避而远之，被社会正义的想法降低地位，在贸易、商业、职业上被毁誉。"

（3）信息欺诈。这是一种有害的网络虚假信息，多表现为电

[①] 罗竹风主编《汉语大词典》，上海辞书出版社，1986，第6622页。
[②] Geoffrey Robertson, "Freedom, the Individual and the Law," London: Penguin, 1989, pp.3.

信诈骗。这类信息往往通过广播、电视、报纸、网络、微信、电话等传统媒体与新媒体平台传播，以营利为目的，以利益诱惑为手段，通过设置种种信息陷阱，夸大其词，欺骗社会公众，图谋钱财。这类欺诈在商业、医疗、药品、教育、金融、信贷等与大众生活密切相关的方面表现得尤为突出，对社会公众特别是普通群众的危害尤烈，信息欺诈对社会治理与政府公信力带来严重的挑战。

还有一类信息欺诈是数字造假。造假者通过篡改、编造虚假数字信息欺骗政府、组织，以达到个人或组织的特殊目的。需要特别指出的是，具有主观故意的虚假信息的发布者，可以是个人，也可以是政府、组织。常常发生政府官员出于政绩需要进行数据造假的案例，例如，在各级政府加大环境污染监测以施行科学的污染防治决策时，出现有组织、有目的地窜改环境监测数据，通过欺骗上级组织来达到逃避责任的案例。还有各类统计数据造假等。数字造假类信息扭曲人们对国情、省情、民意的判断，具有很大的危害性，需要通过立法加以约束。

上述关于虚假信息内涵、外延的分析，只是提供了一个尽可能边界清晰的定义，目的是为我国规范虚假信息的相关立法提供概念分析的依据和参考，为现实的有害虚假信息的立法监管与有效治理提供较为明晰的、具有确定内涵与外延的概念。

当然，仅仅明确虚假信息的概念还远远不够，我们的目标是面对复杂的网络媒体和信息流动，提供甄别有害虚假信息的法律规制和监管手段,从而实现网络信息传播的有序化、文明化、合法化。为此,我们可以借鉴英国在网络虚假信息立法、监管、打击非法有害虚假信息方面的做法。

三、英国对网络虚假信息的法律监管

习近平在信息化大会上指出:"利用网络进行欺诈活动,散布色情材料,进行人身攻击,兜售非法物品,等等,这样的言行也要坚决管控,决不能任其大行其道。没有哪个国家会允许这样的行为泛滥开来。"事实证明,对网络虚假信息,世界各国纷纷进行了必要的规制与约束,通过立法、司法等法律手段对谣言、诽谤、信息欺诈等行为进行了防范和打击,这已成为各国维护本国网络信息安全的重要抓手。美国、英国与欧盟等国都对此有较为详尽的规定。英国对于网络监管及网络流言侵权的处置办法,对我国的法律实践有一定的借鉴意义。本文选取英国做比较研究。

(一)严格、明确的法律规制,并应时调整以应对网络的变化

英国认为,对于有害虚假信息的打击,道德伦理的抨击与社会批评是重要的,但仅凭道德约束和谴责难以解决现实问题。社会只有更进一步通过确立相应的法律规范,才能使这些行为得到惩处和遏制。也只有诉诸法律,被侵权人的合法权益才能得到保护。英国是世界上较早对诽谤侵权予以法律规范的国家,其做法是对网络信息内容进行详细分类,实行严格的分级和信息过滤制

度，设立专门的机构对互联网进行监管，拥有大批成文法和判例对网络流言引发的侵权进行审判和处罚。

英国关于"诽谤行为"的规制历史悠久，举世闻名。几个世纪以来，关于诽谤，英国法律（成文法和判例法）都对被告适用严格责任原则，即原告不需要证明被告有破坏原告名誉的意图，只需证明被告：①发布了有损原告名誉的内容；②这些内容指向原告；③这些有损原告名誉的内容已经公开发表和传播。对被告适用的严格责任原则几个世纪以来都未曾改变，直至"雷诺兹诉《泰晤士报》"这一法律判例的出现，使得英国判例法中，对于诽谤罪的被告开始适用"过失责任原则"代替存续了几个世纪的"严格责任原则"。在《英国2009年审判和验尸法案》中，废除了在英国存续了几个世纪的"煽动和煽动诽谤罪""侮辱性诽谤罪"以及"淫秽诽谤罪"三项罪名，这是对公民自由表达权保护的巨大进步。

此外，在处理相关诽谤案件方面，英国有大量针对诽谤侵权行为的法律判例为依据，同时以《人权法案》《欧洲人权公约》和《英国1996年诽谤法案》等成文法作为补充，以限制公民在自由表达时可能带来的诽谤行为。在"保护人的名誉"和"保护言论自由"方面，英国法律更倾向于对人的名誉的保护的价值选择。一直以来，在诽谤案件的处理中所适用的法律原则是：原告只需证明被告发布的具有针对原告的诽谤性内容存在，除非被告提出其他抗辩事由，那么这个"诽谤罪"就证据确凿。这个规定是明确而严苛的。但考虑到诽谤及其传播过程的复杂性,在《英国1996年诽谤法案》中,减轻了被告非恶意诽谤和无心传播的举证责任,以平衡诽谤侵权行为与言论自由之间可能发生的冲突。

由于信息技术的飞速发展,网络虚假信息传播数量呈几何级数增长。为了应对网络情况的变化,英国又出台了《英国2013年诽谤法案》,增添、细化了关于诽谤行为认定、信息发布者的责任等相关条款。比如规定:诽谤行为的认定必须基于被告发布全部或者部分内容是否对原告的名誉已经或者可能引起实质性的伤害作为要件;对于全部或者部分涉及公共利益事件的言论,发布者必须在发表言论时尽到相关责任;对作为信息发布平台提供者的互联网服务供应商(ISP)采用事前不限制和事后审查制度,更倾向于保护作为第三方的ISP权利,以及一次出版标准等。

英国几个世纪以来的成文法和判例法对于诽谤的规制以及保护人的名誉做出了巨大贡献,在面临网络社会带来的变革时也适时做出了调整和改变,通过判例的形成和成文法的制定规范公民行为,为平衡诽谤侵权的规制以及自由表达二者间的矛盾提出了有实际意义的审视原则以及具有可操作性的规范。这为我国互联网信息监管的立法提供了不错的范本和借鉴经验。

(二)对国家安全和公共秩序的保护

英国也和世界其他国家一样,在这个信息传播方式发生天翻地覆变革的时代,既享受着网络高速信息传播带来的好处,也面临着无处不在的可能对国家安全和社会秩序造成严重后果的网络言论。例如，2011年网络煽动造成社会秩序混乱和损失巨大的伦敦骚乱，2012年英国广播公司（BBC）"新闻之夜"多次暗示麦尔卡平爵士娈童的诽谤性言论在Facebook和Twitter等社交平台引发民众大范围的抗议和攻击等。这些事件不仅对公民人格，也对社会秩序造成了极大损害。

英国在对人的名誉进行保护的同时，还有诸多成文法和判例法用于维护国家安全以及公共秩序。比如，《英国2003年通信法案》第127条规定"凡是公民利用网络发布或者在明知内容虚假的情况下依旧发布意图给他人制造烦恼、不便和不必要焦虑的信息，如果该信息具有虚假性、侵犯性、侮辱性或者恐吓性，那么一经发布即视为违法"；第98条规定英国通信管理局Ofcom（Office of Communication，英国政府授权的广播、电视以及通信产业监管机构）有权对引起公共安全、公共健康和国家安全损害的，以及对互联网用户和运营商经济与运作构成威胁的网络违法行为发布警告或者要求暂停业务；并且有权将其认定的"紧急情况"报告给相关机构进一步处理，比如英国政府通信总部GCHQ（The Government Communications Headquarters）是英国国家情报安全部门，就有权依法对违法者进行监听和监管。同时，《法院报道制度》《公共秩序法》《反恐怖法》《藐视法院法》《国家密保法》《恶意沟通法》《反骚扰法》等法律都有具体条款针对网络信息威胁国家安全和公共秩序的违法行为进行规范和处罚，处罚方式涵盖罚款、强制社区劳动以及入狱等。

在依照成文法和法律判例对网络信息进行规范的同时，许多政府机构以及半政府半民间组织也对网络信息的监管起到重要作用，比如网络观察基金会（Internet Watch Foundation，以下简称IWF）、英国通信管理局以及英国政府通信总部等。这些机构通过将信息过滤、内容分级、信息内容合法性评估等方式作为法律手段的补充，对网络信息进行监管，对公民权利、社会秩序以及国家安全的保护起到了积极作用。

四、经验借鉴与政策建议

1. 立法先行，适时调整，与时俱进

俗话说，不以规矩，不能成方圆。网络信息环境的净化与安全建设，首先，要有专门立法，才能做到有法可依。从我国关于网络立法的现状来看，我们的研究的确很深入，法律解释和界定还相对滞后。比如，在公布实施的《中华人民共和国刑法修正案（九）》中，新增了打击网络"虚假信息"的条款，但是对"虚假信息"这一概念尚缺乏一个准确的法律定义。除此之外，在已有立法中，也缺乏具体的、有针对性的和可具操作性的法律条文的精确阐释。这必然造成实际司法实践的法律依据不足与无法可依的问题。其次，我国网民众多，网络信息传播状况复杂，条块分割的监管政策与之不匹配，因此，有必要紧跟网络社会信息传播的动态，抓住变化预测方向，结合实际适时调整和修改法律，制定具有理论原则统一、多层次、系统性、可操作的法律法规。

2.合理设置机构，加强统一监管

我国目前专门针对互联网信息的国家级监管机构，主要有"中共中央网络安全和信息化委员会办公室""中华人民共和国国家互联网信息办公室"及其下属机构等一些行政部门。但从法律强制力上看，这些行政机构的监管行为和命令都没有法律的强制力来保证实施；从实践上看，也缺乏一套完善的机制先将具有潜在社会危害的网络信息报告司法部门，再由其进行联合打击。因此，设置专门的互联网信息监管机构，对网络信息内容进行过滤和分级；及时发现危害国家安全、社会秩序以及公民权利的网络信息，并将其交于职能部门进行规范和打击；从源头上治理网络环境并对网络信息发布传播过程加以规范，具有重要的社会现实价值。此外，在有害虚假信息管控方面要理顺法律与行政的关系，立法要慎重，一旦成为法律，就要严格按法律法规执法。即是说，针对有害虚假信息的立法有必要，但要掌握法律与行政处理的边界，许多虚假信息不一定造成危害，因而大量情况应该交由行政解决，这样可以缓和矛盾，增加社会和谐。

3.提高网络信息监管的精确度，将监管延伸到信息发布与传播的各个环节

与传统媒体相比，网络传播在信息制造、发布、传播等方面有许多差异。比如，网络新媒体与"自媒体"专业门槛低，人人

都是信息源、都是编辑、都是网络写手，信息制造与发布不需要庞大的体制化的采访、制作、审查系统，因此传播成本低、传播效率高、受众多。而传统媒体往往代表体制发声，是政党、政府、人民的思想与声音的传播工具。因此，在信息的采集、制作、加工、出版、发行、传播方面拥有一整套完备的稿件审查制度，保证信息有出处、责任有人负，因为传统媒体要为社会、政党、政府、人民负责。从积极的意义比较，网络新媒体在信息生产与传播方面适应了信息时代的要求，特别是虚拟技术等信息技术增加了人类认识的方式，提升了信息制作、传播方面的效率，同时也使新媒体自身成为某种独立的社会力量，成为推动社会进步和精神繁荣的新工具。从消极的意义上来看，由于新媒体发布门槛低，缺乏精准的监管与把关，某些严重的问题也日益显露出来。为了既充分尊重人们言论自由，又能够打击网络虚假信息，净化网络环境，使其成为守法的、有法可依的信息交流与文化创造的工具，就要加强网络法治建设，在网络媒体的准入、有害信息的过滤、危害结果的法律责任追究等方面汲取、借鉴传统媒体的成熟经验，特别是一些好做法，从而使网络风清气正，最大限度地压缩虚假信息的网络空间。

4.在网络监管的同时，要大力开展网络文化的伦理教育

虚假信息往往打着关心爱护或人性人道的旗号，让普通群众真伪莫辨、上当受骗。习近平指出："我们要本着对社会负责、对人民负责的态度，依法加强网络空间治理，加强网络内容建

设，做强网上正面宣传，培育积极健康、向上向善的网络文化，用社会主义核心价值观和人类优秀文明成果滋养人心、滋养社会，做到正能量充沛、主旋律高昂，为广大网民特别是青少年营造一个风清气正的网络空间。"因此我们要进行长期的有效的伦理道德教育，打破"互联网是法外之地"的错误意识，从青少年开始，从学校教育开始，从娃娃抓起，通过长期细致的理论、规则、案例的教育，让青少年在法律之外的广阔文化、伦理、审美领域树立正确的思想意识，提高辨别真假、辨别善恶、辨别美丑的能力，提高保护隐私的个体意识，并形成抵制虚假信息的普遍共识、公共舆论和社会氛围。

网络有害虚假信息对社会具有极大的危害，如果不加监管与治理，会对我国现代社会发展、国家安全，以及个人合法权益的保护产生消极影响。本文建议在关于网络虚假信息的法治建设方面借鉴国外比如英国在立法与监管方面的经验，根据我国社会、文化的特点，制定出概念明确、具有可操作性的行之有效的法律条文和规则，以实现在保护人民言论自由条件下维护公众利益和国家利益的平衡，使我国网络成为法治完备、道德完善、引领社会进步、掌握先进技术、保证信息安全的新型平台。

新业态互联网平台的主体责任建构与价值选择[①]

建构新业态互联网平台的主体责任,是关乎国家治理互联网文化产业体系和治理能力现代化的重大命题。互联网平台主体责任的提出,意味着互联网平台及其相关文化业态在角色功能、市场主体认识、内容管理方式、行业治理效果等方面均发生了重大变化。新业态互联网平台的主体责任应包括意识形态责任、经济责任、社会责任、创新责任、法律责任和道德责任,在推进主体责任建构与治理中,呈现出包容审慎、整体化治理、聚焦音视频产业、关注个人信息过度收集以及重构互联网伦理等特征。破解新业态互联网平台的主体责任建构与治理的障碍,需要厘清互联网平台娱乐与导向的安全边界、互联网平台生存与发展的成长边界、互联网平台责任与义务的法治边界、互联网平台中立与工具的道德边界等方面存在的问题。

随着我国互联网文化新业态的快速发展,强化互联网平台的

[①]本文与王林生博士合作完成。

主体责任，成为加强互联网文化产业内容管理和行业治理的重要举措。互联网平台的主体责任是我国针对互联网文化新业态在时代语境中所体现出的变革与实践提出的新型产业治理思路，特指各类依托互联网快速发展的短视频、直播、资讯、游戏、二次元等新业态平台，在秩序规范和创新发展中应承担主体责任，确保互联网新业态的健康、合理、有序发展。从这个层面来说，加强互联网平台的主体责任建构与治理，既是关乎国家治理体系和治理能力现代化的重要内容，又是促进互联网文化产业高质量发展的重要路径。

一、变革与实践：互联网平台主体责任建构与治理的时代价值

互联网文化新业态的治理，是一项涉及互联网文化产品生产、投资、传播、营销、消费等多个复杂环节的系统性工程。加强互联网平台的主体责任建构与治理，不仅仅是将互联网企业从众多要素中突出与前置，更代表着对互联网文化产业认识的转变，以及互联网文化产业治理思维方式的重大变革。

（一）角色功能的责任转变：企业行为纳入网络强国的国家战略

企业在社会经济中扮演的角色，直接关系到它承担的责任和义务。角色体现了地位的动态一面。个体被社会性地置于某一地位，并通过与其他地位的关系实现对他的占据。当他获得地位的

权利与义务的时候，他就是在扮演角色。互联网文化新业态在社会经济发展中扮演角色的功能，是在几十年的发展进程中逐渐体现出来的。互联网文化新业态从无到有，由小到大，由弱到强，影响力与日俱增。2017年，文化部出台《关于推动数字文化产业创新发展的指导意见》，作为国家层面首个针对数字文化产业发展的宏观性、指导性政策文件，成为推动互联网文化产业发展的政策风向标。在市场影响力方面，互联网企业所引领和开拓的共享经济、数字支付、跨界电商、网红经济、人工智能等新兴业态不断发展壮大，业务收入增长较快，年平均增速保持在20%以上。2019年，我国互联网数字经济增加值达35.8万亿元，占GDP的36.2%，对GDP增长贡献率达到67.7%，产业数字化增加值占整个数字经济比重的80.2%，[1]显示出较大的发展潜力，涌现出今日头条、腾讯、阿里巴巴等一批互联网"独角兽"企业。这些企业发挥着"旗舰式"的引领作用，对拓展文化消费，助力文化"走出去"以及推动文化产业高质量发展效果明显。强调互联网企业的主体责任，不仅因为企业本身是社会经济发展的组成部分，而且因为企业作为平台本身具有强大技术优势、文化优势、融资优势、传播优势等，能够在网络强国和中国经济全面转型升级发展过程中发挥企业本身的能动作用，这是对其责任和义务的认定。

---

[1]《从量增走向质升 数字经济对GDP增长贡献率达67.7%》，https://ms.mbd.baidu.com/r/Yv4AU89avu?f=cp&u=5f3cc6b745d7607b，访问日期：2020年9月20日。

(二）市场主体的认识转变：互联网企业是市场的主体之一

企业是市场的主体，是社会经济活动的最基本单位。强调互联网企业的主体责任，就是充分尊重互联网企业在市场经济活动中最为重要的主体地位。长期以来，正确处理好政府与市场的关系是推进我国国民经济体制改革的核心问题。改革开放以来，市场在资源配置中发挥"基础性作用"得到重视和强调，但随着社会发展主要矛盾由供给不足向供给失衡转变，政府干预对市场活力的束缚凸显，因此，2013年党的十八届三中全会将市场在资源配置中的基础性作用改为"决定性作用"。虽然只有两字之差，但对市场作用是一个全新的定位。

这一定位为政府与市场构建起一种"互融共生"的关系，体现出对经济建设规律认识的突破。所以，强调互联网企业的主体责任，就是要通过"放管服"减少政府行政干预的方式，发挥互联网企业作为市场主体的活力。2020年9月，国务院印发中国（北京）、（湖南）、（安徽）自由贸易试验区总体方案，明确对包含互联网文化产业在内的数字贸易、数字经济新业态、数字贸易港、文化创意等相关领域，赋予自由贸易试验区更大的自主权，进行差别化探索。这就意味着，互联网企业的市场主体地位会在自由贸易试验区建设中得到进一步强化，而其成效也会对其他领域改革创新发挥示范作用。

(三）内容管理的方式转变：从源头保障互联网文化新业态有序发展

互联网文化新业态在保持快速发展的同时，也出现了各类突破道德底线、违反法律准则的现象，如行业数据造假、侵犯知识产权、私服外挂侵权、敲诈勒索犯罪、不正当交易、不正当竞争、盗窃、涉黄赌毒、违反文化伦理等。强调互联网平台的主体责任，就是在平台自身内容产品生产、传播这一层面，通过对自身内容的审查、审核和清理，最大限度地铲除行业秩序失范依赖的土壤，抽掉不良行为滋生蔓延的"温床"。应予承认，互联网平台是网络信息和网络文化产品的集散地，因此，加强互联网平台的主体责任是从信息传播的源头治理行业秩序失范，使互联网平台本身成为遏制各种产业乱象的"第一道关卡"。"源头治理"改变了以往被动应对此起彼伏的产业乱象的治理方式，推动互联网文化产业从"管内容"向"管主体"的方式转变，有助于完善产业治理规范化的长效管理机制，顺应治理现代化的趋势。

（四）行业治理的效果转变：高效发现查处秩序失范现象

强化互联网平台的主体责任，能提高互联网企业规范运作和自我监督的意识。目前，大数据作为互联网企业进行内容生产、交易产生的痕迹，已成为产业发展的重要资源。同时，互联网企业在产业发展过程中，为保障自身权益，通过对自身大数据异常排查的"自我治理"方式，能够发现他者利用互联网平台牟取利益的隐藏问题。名噪一时的"'滴滴司机助手'外挂软件抢单作弊案""淘宝公司诉美景涉'生意参谋'零售电商数据平台不正当竞争案""爱奇艺视频节目刷流量案"的发现与查处，均源于互联网平台对后台数据的监控及平台及时向有关部门的举报。因此，强化互联网平台的主体责任有助于提升互联网平台及其相关产业的自我监督意识，及时高效地排查、发现和处理相关秩序失范行为，保障自身权益。正是这种自我监督的治理模式提高了治理的效率，是产业治理能力提升的最佳体现。

二、构成与要素：互联网平台主体责任的结构

加强新业态互联网平台的主体责任建构，有助于提升互联网文化产业的治理水平。2019年8月，国务院出台《关于促进平台经济规范健康发展的指导意见》，以及颁布实施其他相关加强平台主体责任建设的法规、条例，从国家顶层设计层面对适应新时代互联网新业态发展，创新互联网平台的监管理念和方式具有重要指导意义。从产业实践的角度解构互联网平台的主体责任，剖析主体责任的要素构成，需要多方面审视互联网平台主体与社会各领域所形成的关系。正如卡斯特所指出："我们的社会要想管理和引导好这个空前的科技创造，只有靠你、我和其他所有人为我们所做的负起责任，我们要感到我们身边所发生的都与我们的责任有关。"因此，从政策制度和行业治理角度，审视和明晰互联网平台与社会各领域形成的关系，是解构互联网平台主体责任结构性构成的必要条件。整体而言，互联网平台主体责任的分解

与建构大致包含以下内容。

（一）意识形态责任

互联网与意识形态传播的关系密切。作为意识形态传播的载体和工具，互联网是一把"双刃剑"。它既冲击着主流意识形态的安全，又为加强意识形态保护和传播提供了新技术条件。意识形态责任是互联网平台主体责任的灵魂，其核心是指互联网平台应在社会发展中发挥思想引领的作用。目前，网络信息传播的开放性、交互性、实时性、影响力等全面增强，互联网已成为意识形态话语权争夺的主阵地，尤其是以 Facebook、Twitter 为代表的西方大型传媒集团在议题设置、话语引导等方面具有强大的操控力。在此语境下，强调互联网平台主体的意识形态责任，是加强文化安全建设的重要体现。

美国历来重注对互联网意识形态的控制，小布什政府于 2003 年颁布了《网络空间安全国家战略》；奥巴马政府于 2011 年出台了《网络空间国际战略》，2016 年出台了《波特曼—墨菲反宣传法案》；特朗普政府于 2018 年出台了《国家网络战略》，且参议院通过了《网络外交法案》，均强调国家对互联网意识形态安全的维护与控制。《国家网络战略》指出制定"国家行为责任标准，维护网络空间稳定""保护美国人民、国土及美国人的生活方式"，要求美国互联网企业宣传美国"自由民主"的价值观，抵制"危害"美国国家利益的信息。2019 年 8 月，围绕香港"反送中"事件，美国 Facebook、Twitter 默契地配合美国政府相继宣布定向删除、停用936个在中国内地创建的所谓"官方背景"账号。"定向删号"事件充分彰显出Facebook、Twitter等社交平台都是美国互联网自由战略的工具，在世界推广和维护美国所谓"民主""人权""自由"等价值观、践行"两套标准"等方面始终一马当先。

由此不难看出，互联网平台肩负的意识形态责任与国家整体战略具有密切关系。所以，在美国等强势国家借助互联网进行意识形态渗透的背景下，加强我国互联网平台在意识形态领域的主体责任，筑牢第一道拦截"思想病毒"侵入的"防火墙"就显得尤为必要。这既是抵制西方价值观渗透，维护我国国家安全、文化安全的必要手段，也是对戴有色眼镜的西方媒体报道进行"纠偏"，争夺信息传播话语权，扩大我国自身影响力的重要途径。2017年《中华人民共和国网络安全法》正式实施，标志着互联网信息安全已经上升为国家战略，也意味着互联网的平台主体有责任、有义务维护国家意识形态安全。在此需要指出的是，落实互联网平台在意识形态领域的主体责任，不能仅是简单粗暴地对不良信息进行"删帖""封杀"，或陷入"口号式""自嗨式""低幼式"宣传的误区，而应深刻理解核心价值观的话语内涵，把牢正确价值导向，通过有趣味的形式和内容，构建起丰富的话语传播体系。

（二）经济责任

互联网平台的主体形式是互联网企业，企业是推动经济发展的核心力量。因此,经济发展责任是互联网平台主体责任的重要组成部分,是企业作为经营性经济组织的本质属性,也是互联网平台最不应忽视的社会关系之一。当前,随着以"互联网+"为核心的产业格局发展壮大,一批互联网新兴文化科技企业不断涌现。截至2019年12月,我国境内外互联网上市企业总数为135家,从产业规模来看,网络零售、网络游戏、网络广告、视频直播等业务发展较快,对培育经济增长点、扩大消费的带动作用明显。"双11"等营销活动对网络零售消费带动效应显著,未来的电商市场正站在新的起点,新的市场增量不断涌现,将助力中国形成一个强大的国内消费市场。互联网广告市场领域,中国已成为仅次于美国的全球第二大市场。短视频行业,用户规模从2015年的不足1亿人,至2020年3月已迅速增长至7.73亿人,成为即时通信的第二大应用类型,是产业发展新的风口。

在众多互联网企业中,"独角兽"企业对地区乃至国家社会经济发展的带动作用明显。独角兽原本是风投界术语,用来指称软件企业,但随着应用范围的拓展,泛指一切体量大、成长速度快、市值超过10亿美元、文化科技含量高、国际化程度高以及采用现代企业运营方式运营的企业。某种程度上,独角兽企业已经成为衡量城市、地区和国家创新能力和经济发展活力的一把标尺,代表着未来新经济的发展方向。发挥独角兽企业对经济的引领作用,增强独角兽企业的产业承载力、带动力、影响力,是未来互联网文化产业发展和竞争的重点。尤其在中美贸易角力、推进新旧动能转换的时代语境下,切实发挥独角兽企业的经济责任具有重要意义。2018年3月,国务院转发《关于开展创新企业境内发行股票或存托凭证试点的若干意见》,被业界视为召唤"独角兽IPO政策"。与国家对待独角兽企业所表现出的审慎态度不同,2018年6月浙江相继出台《西湖区独角兽企业培育引进工程实施意见(2018—2020年)》《余杭区关于加快独角兽、准独角兽企业培育的若干政策意见》,并成立全国首个独角兽企业园;2018年7月深圳出台《深圳市培育独角兽企业行动方案》;2019年2月,四川天府新区出台《关于支持新经济企业入驻独角兽岛的若干政策》,设立总规模100亿元"独角兽投资基金";2019年5月,济南印发《济南市培育独角兽企业行动计划(2019—2021年)》等,无疑彰显出各地在转变发展理念、培育经济发展新动能层面,将目光聚焦至独角兽企业所蕴藏的巨大经济潜能。独角兽已然成为互联网企业承担经济责任的中坚力量。

(三)社会责任

互联网平台尽管多以企业的形式存在,但作为经济社会发展的重要一分子,其所肩负的社会服务责任也不容忽视。在某种程度上,企业的社会责任,就是在谋求企业发展与履行社会责任的关系平衡中得以逐渐明晰和发展的。一般而言,企业的社会责任最早可追溯至亚当·斯密的《国富论》,"看不见的手"是企业社会责任的理论起点。20世纪20年代,工业企业造成的如贫富分化、环境污染等社会问题日益凸显,企业社会责任才作为一个学术问题被真正重视起来。在此后几十年的发展中相继出现了美国经济发展委员会提出的"同心圆模型"、卡罗尔提出的"金字塔模型"(经济的、法律的、伦理的和慈善的责任)、约翰·埃尔金顿提出的"三重底线模型"(经济底线、环境底线和社会底线)等理论。这些理论均围绕企业发展与履行社会责任的关系展开,而企业社会责任与企业追求利益最大化的博弈与对抗,无疑是所有关系的核心。"企业对社会的整体福利——不只是股东个人福利,还包括所有利益相关者的福利——关心。"社会责任无疑是企业发放社会福利的集中体现。尽管各种理论对企业社会责任的理解不相统一,但是,在此强调互联网平台主体应尽的社会服务责任,既是在理论上延续了近代以来对企业责任的一般性认知,也是对现实发展的具体呼应。

我国在阐释互联网文化新业态效益之时,通常把社会效益放在首位,提倡社会效益和经济效益相统一的文化生产原则。因此,这里的社会效益是与经济效益相对的概念,泛指带有社会性、公益性、赞助性、文化性的收益或达到的效果。在积极推动互联网文化企业更好地肩负起社会服务责任、实现社会效益层面,2019年国家出台的《数字乡村发展战略纲要》《国家广播电视总局国务院扶贫办关于进一步做好广播电视和网络视听精准扶贫工作的通知》,或与互联网企业签署的《互联网精准扶贫战略合作协议》《电商精准扶贫战略合作协议》等,均鼓励或邀请互联网企业以各自方式发挥其所肩负的社会服务职能。在此过程中涌现出"阿里农村淘宝项目""抖音文旅扶贫计划""京东生鲜""腾讯为村""山里DOU是好风光"等社会公益项目，体现出互联网平台承担社会责任多样化的实现路径。

（四）创新责任

创新是引领发展的第一动力，也是企业在市场竞争中谋求长远发展主动权和主导权的关键支撑。企业是创新的主体，企业创新行为不仅是现代经济的重要因素，也是推动社会进步的重要动力，更关系到企业本身的竞争力。熊彼特认为，"创造性破坏"通常源于生产者行为的变化，"企业家的职能是实施创新"。因此，增强企业本身的创新责任和意识，既是提升企业自身竞争力、优化产业结构乃至转变发展模式的必然要求，也是加快现代商业文明建设和提高整个社会现代化水平的必然选择。这也就意味着，以文化科技融合为核心支撑的互联网文化产业，应把科技创新和文化创新作为企业主体责任的重要内容。

互联网文化新业态在发展过程中，涌现出许多新科技和新文化内容。在科技创新层面，阿里巴巴的大数据技术、百度的"人工大脑"、今日头条的"算法及技术架构"、美团的"智能调度系统"、京东方的"数字化艺术品显示系统的应用场景、框架和元数据"国际标准等，均彰显出企业在推动产业和科技进步中发挥着主体力量。2019年3月实施的《超高清视频产业发展行动计划（2019—2022年）》，旨在通过"强化企业主体地位，促进创新要素向企业集聚"，抢占超高清视频技术及产业发展的制高点。在文化创新层面，一些沉浸式演艺、巡展或数字艺术项目，如"乐动敦煌""V故宫""凝固的时间"等，无不是文化企业或艺术家在文化的内容和形式上进行创新的产物。这些创新既实现了企业肩负的责任，又推动了文化产业的整体转型升级。

（五）法律责任

法律是产业经济健康发展的重要保障，马克思在阐释法律与经济的关系时指出："无论政治的立法或市民的立法，都只是表明和记载经济关系的要求而已。"这就意味着产业经济是法律建立与完善的基础，而法律对经济的规制与约束，本身就是产业经济主体的希冀和要求，也是产业经济主体应承担的责任和义务。法律与经济二者构成了相互呼应、相互促进的交融关系。近年来，国家为保障互联网文化产业的健康发展，制定出台了各类法律法规，《中华人民共和国反不正当竞争法》（2017年）增设"互联网专条"，对互联网领域的新型不正当竞争行为进行专门规定。除此之外，近年针对互联网垂直领域出台了《中华人民共和国网络安全法》（2017年）、《中华人民共和国电子商务法》（2019年）等法律，以及实施与直播、出版、公众号、论坛、社区、域名、音视频、区块链、个人信息保护等领域相关的多部法规。系列法律法规的密集出台与实施，从法律的角度明确了互联网平台主体的行为准则和责任义务。

法律法规的确立与完善，从立法的层面认定了互联网平台的主体责任，有助于互联网文化产业在合理、有序的区间运营和发展,同时,法律也赋予互联网平台维护产业秩序的责任。奥利弗指出:"任何一种法律制度都要包括一套由某个集团的个人来执行的规则,在这个集团里每个人都接受一些约束他自己行动自由的规则,反过来,这些规则同样也约束其他的人。"法律所约束的是其所针对的行为共同体,法律不仅能约束某一个产业经济主体,也能约束他者行为以维护自身利益。时下一些违反产业秩序的案例,如"淘宝诉美景涉'生意参谋'零售电商数据平台不正当竞争案""快手诉补刀小视频侵权案""搜狗诉百度侵犯专利案"等,都是产业主体以法律为准绳约束或规制他者的侵权行为,进而承担和实现了维护产业发展秩序的责任与义务。

(六)道德责任

以互联网平台为载体的产业经济与产业道德也存在密切的关系。产业道德是指企业在生产经营活动中自觉遵守的伦理准则和道德规范,也是产业主体在运营发展中不可逾越的底线。经营是一种社会行为,如同所有的社会行为一样,只有当一定的道德前提条件得到满足后,才可能真正运作起来。某种程度上,产业主体的经济行为本身必须是一种道德行为,产业主体在追求经济利益的同时,不能损害他者的权益,或者说,产业主体的行为选择必须考虑并合乎公认的道德准则。因此,从这个意义上说,互联网平台主体的道德责任,是互联网平台及其经济可持续发展的基础。

当前直播、短视频等各类互联网平台为争夺流量和用户"眼球",所发布或推送的内容往往以间接或"擦边球"的方式,包含某些违背社会道德的低俗、媚俗和不健康的内容,危害巨大。这就意味着,互联网平台及相关文化产业不能仅由经济规则来规制,其所有追求和行为也必须得到考虑并反映到经济行为的道德特性上来。道德是所有经济行为必要的考虑因素,2019年颁布的《新时代公民道德建设实施纲要》对互联网空间的道德建设予以关注,明确要求互联网平台将正确的价值导向和道德要求体现到经济、社会、政治、文化等各领域的新闻报道中,体现到娱乐、广告、体育等各类节目栏目中,自觉履行平台主体的道德责任。

从整体上说,互联网平台主体责任的构成,是一个关系到多领域的概念范畴,也是一个处在变化中的概念范畴,其内涵和外延将随着互联网文化新业态的发展而不断深化。意识形态责任、经济责任、社会责任、创新责任、法律责任和道德责任,是互联网文化新业态发展中必须予以考量的要素,构成了互联网平台在产业运营中最主要的主体责任。在这一结构构成中,意识形态责任无疑居于核心地位,体现了互联网平台具有的文化属性和传播属性,经济责任和社会责任是互联网平台从事文化产业生产的价值所在,创新责任构成了互联网平台从事产业生产和运营的动力,法律责任和道德责任成为互联网文化新业态发展的重要规范。六大结构要素彼此之间并非绝缘孤立,而是相互促进、相辅相成,构成了一个互为补充的有机整体。

三、特征与趋势：当前互联网平台主体责任建构与治理的实践动态

互联网平台主体责任的建构，已成为当下推动互联网文化新业态发展的关键环节。一系列相关法律法规的出台与实施，促进了互联网平台主体责任的落实与治理。从总体上看，互联网平台主体责任的建构与治理呈现出以下几个方面的特征。

（一）总体原则层面，包容审慎为主要基调

互联网平台主体责任是互联网企业在产业运营和操作中肩负的责任，2019年8月发布的《国务院办公厅关于促进平台经济规范健康发展的指导意见》，聚焦互联网平台经济这一生产力的新组织方式，着眼于平台经济本身面临的突出问题，明确提出"创新监管理念和方式，实行包容审慎监管"。这就意味着"包容审慎"是互联网平台主体责任建构与治理应遵循的主基调。之所以要以包容审慎为原则，是因为互联网文化新业态、新模式作为新生事物尚处在萌芽发展阶段，产业要素的配置并不完善，以包容审慎的原则审视新业态、新模式得以依托的互联网平台，就是为创业者提供成长空间和发展新动能的环境。同时，以包容审慎的原则审视互联网平台，也是相信市场、鼓励创新的体现。但需要说明的是，所谓包容审慎并不是完全放开，而是要为互联网平台画定一个安全底线，并以此为基础重视加强事中、事后监管和平台主体责任建设，以充分释放新业态、新模式蕴藏的活力。

（二）监管模式层面，探索整体化治理为主要方向

对互联网平台主体责任的监督与监管，往往受制于行政管理部门的条块分割，以致无法系统地对互联网平台主体责任建设予以高效监管，行政部门职能越位、缺位、错位的现象时有发生。同时，互联网去中心、去中介的内容生产、传播体制，致使传统的线性管理体系已脱节，滞后于现实发展。因此，从多头式管理、线性管理向整体化治理转变势在必行。2020年3月施行的《网络信息内容生态治理规定》，明确"以建立健全网络综合治理体系、营造清朗的网络空间、建设良好的网络生态"的总体目标，突出网络信息内容生态治理主体的多元化，以及政府、企业、社会、网民等主体多元参与协同共治的治理模式。规定对互联网文化产业的内容治理与主体责任的认定，已从过去"头疼医头、脚疼医脚"的碎片化管理模式向整体生态治理模式转变。整体生态治理旨在形成一个真正意义上的以互联网平台需求和服务为基础的治理体系。一是通过"明确底线"，拟定内容生产平台、内容管理平台应予防范和抵制的内容，简化行政部门与平台企业之间的关系；二是确定内容管理平台的主体责任，建立包括以算法推荐、人工干预、举报制度等为要素构成的网络信息内容生态治理机制，增强平台本身对技术的运用；三是建立政府、企业、社会、网民等主体共同参与的监督评价机制，构建多元共治的新治理体系。

（三）聚焦行业层面，音视频产业为主要领域

在互联网新业态中，以直播、网红为主要内容形式的短视频、音频是发展较快的行业。截至 2020 年 3 月，我国网民规模已达 9.04 亿人，其中短视频用户约占 85.5%，在线音频用户约占 50%，涌现出抖音、快手、西瓜、美拍、秒拍、喜马拉雅、蜻蜓 FM 和荔枝 FM 等一批互联网平台。音视频行业迅速崛起的同时，扰乱产业发展秩序的案件频出，如"腾讯诉游戏玩家直播《英雄联盟》案""斗鱼客户端以旁观者模式直播电竞赛事案""'桃花岛宝盒'聚合直播平台等传播淫秽物品牟利案"等。因此，强化音视频领域治理是互联网平台主体责任构建的重要内容。近年出台实施的《专网及定向传播视听节目服务管理规定》（2016）、《互联网直播服务管理规定》（2016）、《网络表演经营活动管理办法》（2017）、《网络音视频信息服务管理规定》（2019）、《网络短视频平台管理规范》（2019）、《网络音视频信息服务管理规定》（2020）等法规，均与互联网音视频行业平台主体责任的建构密切相关。加强对互联网音视频行业平台主体责任的建构，有助于规范音视频产业的市场竞争秩序，及时协调和处理该行业存在的市场竞争争议和违法问题，进而推动音视频在各文化领域的深度应用与音视频产业的转型升级。

（四）关注内容层面，警惕对个人信息过度收集为主要议题

随着移动互联网时代的到来，各大互联网平台均开发出相应

的App客户端，但在App客户端推广和应用过程中，对个人信息的过度收集与索权成为行业发展普遍存在的现象。尤其是个人信息构成的各类数据成为重要的商业资源之后，个人信息所蕴藏的巨大价值被充分释放，"对个人数据的收集、分析和解释，已经发展成为一个'数据淘金'产业。"因此，防范互联网平台对个人信息的过度收集，过度索权，保护个人隐私，推动这一"数据淘金"产业的有序发展就成为当下互联网平台主体责任重点关注的内容。2019年，中央网信办等四部门开展"关于App违法违规收集使用个人信息专项治理"，发布《App违法违规收集使用个人信息行为认定方法》，以及《最高人民法院、最高人民检察院关于办理非法利用信息网络、帮助信息网络犯罪活动等刑事案件适用法律若干问题的解释》等，标志着对用户个人信息与隐私的保护纳入互联网平台主体责任建设的范畴之内。

近年来，治理互联网平台对个人信息非法收集与交易，保护互联网个人数据和隐私，也得到世界其他各国的重视。2017年日本施行新版《个人信息保护法》引入"个人信息数据库"的概念，保护利用由互联网而产生的个人信息。2018年欧盟通过《通用数据保护条例》（GDPR）明确"自然人享有的个人数据保护的权利"的保护，并为企业在收集和利用个人数据方面制定了严格的规则。2019年新加坡修订并发布新版《个人资料保护条例》，将对互联网平台的监督机制从合规性监督转变为问责制监督。而2020年1月1日正式生效的《加利福尼亚州消费者隐私法案》(CCPA)，这一被美国称为"最严厉、最全面的个人隐私保护法案"，不仅明确界定"个人信息"，而且"全面加强消费者对其个人信息的控制"，是一部"着重处理企业与消费者之间关系的'消费者保护法'"。可以说，对互联网用户个人信息的收集、使用与保护，已成为重要的发展趋势，各个国家均通过法律法规体系的完善来推动互联网平台主体责任的建构与治理，以规范和强化互联网平台及相关产业的运营，促进互联网相关产业的健康发展。

（五）价值观念层面，互联网伦理重构是主要挑战

互联网平台肩负着道德伦理构建的职责，但这种道德伦理依托的具体环境是互联网，语境不同，道德伦理的准则就不同。"道德问题必须在对具体环境的复杂解释中，通过诉诸相关的历史和文化传统，参考批判性的、体制的和职业的规范及美德，主要依靠比较案例分析方法来得到解决。"当前，随着互联网人工智能技术的广泛应用，出现了"一键换脸""一键脱衣"和"逢脸造戏"等引发国内外广泛讨论的问题事件。这些事件涉及的道德伦理问题已不能简单地用衡量"人与人"关系的传统道德标准如良心、诚信进行检验，而是凸显出技术尤其是人工智能系统在新历史语境下的道德选择。因此，在互联网平台主体责任建构的价值导向上，重构道德伦理已成为时代的命题。

世界各国对互联网道德伦理建设均给予了高度关注。2017年，英国成立数据伦理与创新中心，作为"'世界第一个（数据伦理领域的）咨询机构'，审查当前的'治理格局'，并就'包括人工智能在内的数据伦理、安全和创新使用'向政府提供建议。"《英国人工智能发展的计划、能力与志向》，认为需要更完善的伦理以保护人工智能的数据和竞争。2018年，德国成立数据伦理委员会，并于2019年10月发布《数据伦理委员会建议》，认为互联网平台的"数据"和"算法系统"在互联网平台运行中"代表着两种不同的道德话语"，道德原则应在对互联网的监管中得到执行。我国在探索互联网伦理领域方面基本与国外同步。2017年7月，我国提出组建"国家科技伦理委员会"，并发布《新一代人工智能发展规划》，这不仅是一个产业发展规划，也对人工智能伦理问题做出明确要求，提出重视人工智能法律伦理的基础理论问题研究，开展人工智能行为科学和伦理等问题研究，建立伦理道德多层次判断结构及人机协作的伦理框架。由此可见，互联网道德伦理已成为互联网平台、互联网产业、互联网科技发展过程中不容回避的重大问题。它不仅仅是构建一种全新的道德伦理体系，更是要以全新的视角重新审视和构建互联网技术与互联网产业主体、产业、政治、社会、经济、文化、法律等各领域间的关系。

某种程度上，我国在围绕互联网平台主体责任的建构与治理过程中，呈现出的主要特征与趋势，既体现了我国互联网文化产业发展和决策治理的特殊性，也彰显了世界面对时代转型所遇问题和所采取措施的普遍性和一般性。因此，对互联网平台主体责任的建构与治理，并不是一项独立于世界的、封闭的命题，而是新历史语境下各个国家及其互联网平台主体要共同应对的新挑战。

四、问题与思路：互联网平台主体责任建构与治理的着力点

互联网平台主体责任的建构与治理，是一个多方共治的整体性概念体系。它既涉及国家主体，即互联网平台应承担起维护国家网络信息和意识形态安全的责任，又涉及行业产业发展，即需要相关法律法规保障、创新驱动、产业规范等要素的支撑，还涉及互联网用户，即在满足互联网用户文化娱乐需求的同时，应确保内容健康和价值引领。因此，从这个层面来说，互联网平台主体责任的建构与治理，需要协调统筹各利益攸关方，共同破解主体责任建构与治理中遇到的障碍与问题。从总体来说，互联网平台主体责任的建构与治理应着力厘清与之相关的"四种边界"。

（一）明确互联网平台娱乐与导向的安全边界

各大互联网平台在承载信息传播功能的同时，以"互联网+娱乐"为核心的泛娱乐产业崛起，互联网的内容产品日益娱乐化。从本质上来说，这种娱乐化并不只是互联网作为一种媒介为我们展示出娱乐性的内容，而是互联网媒介把娱乐本身转为表现一切内容的形式。正是在这一总体趋势下，"一切公众话语都日渐以娱乐的方式出现，并成为一种文化精神。我们的政治、宗

教、新闻、体育、教育和商业都心甘情愿地成为娱乐的附庸,毫无怨言,甚至无声无息,其结果是我们成了一个娱乐至死的物种。"波兹曼这一预言绝非危言耸听,"某相声演员荤段子调侃京剧艺术前辈"等乱象,无不是把以娱乐为导向的价值原则推向极端的体现。同时,利用互联网优势加强对我国进行意识形态的渗透和大数据的收集,成为西方某些国家文化殖民的新战略,所采取的方式也随着娱乐化表现形式的包装变得更加隐蔽,对我国互联网安全、文化安全乃至国家安全提出了较大挑战。

因此,加强互联网平台主体责任的建构与治理,把握文化娱乐和价值导向之间的平衡,是维护互联网文化健康与文化安全的核心要义。实现这一平衡,一方面互联网平台应强化对自身的内容审核和安全管控,加强行业自律和自我监管,改善内容推荐算法,及时排查隐患,坚决摒除各类有害信息,坚持正确的平台责任导向;另一方面要为互联网提供"寓教于乐"的文化内容,不断优化和提升内容供给的品质,让更多吸引人、鼓舞人、感动人的优质的文化产品占领互联网文化平台,压缩境外和境内滋生与传播的各类不良信息的空间。所以,明确互联网平台娱乐与导向的安全边界,是互联网平台建构与治理的基础。互联网文化产业发展也只有立足和确保信息内容健康、文化安全的互联网平台,才具有可持续性。

(二)明确互联网平台生存与发展的成长边界

互联网平台以产业实体的形式存在,生存权是其最基本的一项权利。只有充分保障其生存权，互联网平台才有可能最大限度地发挥其所肩负的各类主体责任。互联网平台在激烈的市场竞争中得以生存与发展，源于依托其存在的互联网文化产业不断在内容和技术等层面的创新。这种创新不仅源于内在的"创造性破坏"，还源于跨区域、跨行业、跨部门的知识融合。目前互联网文化产业在快速发展的过程中，却出现忽视内在和外在的知识创新与创造，盲目追求企业市值和规模的不良倾向。"暴风影音"从2015年上市后被冠以"妖股"，到2019年6月"第三次被列入失信者名单"，再至2020年8月最终退市，"造福神话"破灭。"暴风影音"的大起大落绝非个案，体现出互联网文化产业在资本的推波助澜下，忽视创新驱动，放弃自身产业定位，过分依赖资本，加之"自我膨胀又想凭运气"的做法，终会损害产业生态，催生巨大的资本泡沫。

互联网文化产业的发展应是可持续性的，挣快钱、高溢价收购等不应是产业谋求发展的路径，也非真正的成长之道。文化产业改革要去"虚胖"强"筋骨"，把工作重心放在创新供给上，真正培育和发展对产业和社会具有巨大带动作用的独角兽企业。所以，明确互联网平台生存与发展的成长边界，旨在强调互联网平台及其相关产业应始终保持理性思维，去伪存真，警惕泡沫繁荣，把内容和技术创新视为产业成长的真正根基。

（三）明确互联网平台责任与义务的法治边界

互联网平台的主体责任与义务应有明确的法律依据，只有建立在法律之上的主体责任才具有真正的约束力。《中华人民共和国网络安全法》《中华人民共和国电子商务法》尽管对互联网平台主体责任的建构与治理具有重大意义，但是法律制定与实施本身具有先天滞后性，所以在面对信息互联网、消费互联网向产业互联网全面转变，新业态、新模式不断涌现的语境下，现行法律法规针对性与操作性不强、法律效力层级较低的缺憾便凸显出来。一方面，法律的规定过于宽泛，缺乏配套的法规和标准。尤其在产业和市场细分的整体趋势下，对某些框架性界定的司法解释或法律间的衔接关系到互联网主体责任的认定。如"诉斗鱼客户端以旁观者模式直播电竞赛事案""《奇迹神话》游戏画面抄袭案"等均涉及"类电影作品"这一概念的理解。另一方面，相较于实施的法律，对互联网主体责任认定的部门法规数量居多，这就决定了其效力层级较低，同时《中华人民共和国公司法》对我国企业社会责任、道德责任的认定也是一种倡导性条款，缺乏必要的强制约束力。这也就意味着，对互联网平台主体责任的建构与治理存在无法可依、有法难依的尴尬困境。

因此，明确互联网平台责任与义务的法治边界，就是从法律的角度明确互联网平台主体责任的内容及其相关监督机制。这既是健全与完善互联网法律法规的重要内容，有助于提升互联网文化产业的治理能力和治理水平，也能够确保互联网平台及其相关产业本身在合法有序的区间运营。韦伯指出："在完全相互依赖的市场上，有许多情况是立法者所未料的，因为市场是建立在私人利益基础上的。正是这些怀有私人利益的当事人会千方百计地歪曲法律的真正意义。"因此,正确理解法律法规的内涵和外延,规避对法律条文的误解、曲解,破解互联网平台主体责任建构与治理的尴尬困境,一方面需要根据现实的发展变化尤其是大数据、人工智能、短视频等互联网垂直领域及时进行立法、修法,且根据已发生的案件"以案释法",加强司法解释,防止不良产业实体对法律法规恶意曲解,实现有法可依。另一方面,加强执法力度,完善《网络安全法》确立的"1+N"①网络安全和相关监督管理机制,高效促进互联网平台履行主体责任。

(四)明确互联网平台中立与工具的道德边界

互联网平台应坚守产业的道德底线,产业的伦理与道德对规范产业平台的运营和维护良性的竞争秩序意义重大。与互联网平台应包含的其他内容主体责任相比,道德责任更多地体现为行业自律以及各产业链条共同遵守的价值观念。尽管相关行业主体发布一些行业公约,如《中国新闻工作者职业道德准则》《北京网络直播行业自律公约》,但违反产业伦理与道德的事件层出不穷,如2019年《甘柴劣火》引发的"洗稿"争议,彰显出道德责任在产业发展中的缺位。究其根源,道德缺位不仅是互联网平台在经营运作中只顾及法律的约束而自动放弃了对道德的诉求,"而且反映了企业内部缺乏一种机制给予道德因素和财力因素相同的

---

① "1"指国家网信部门负责统筹协调,"N"指国务院电信主管部门、公安部门和其他有关机关在各自职责范围内负责网络安全保护和监督管理工作。

重视与考虑，也体现了企业内部人员缺乏进行公开道德推理论证的能力与自信。"易言之，互联网平台尚未完全建立起道德约束机制，尤其在"科技中立"观念的影响下，一些互联网平台从"工具—独立"的视角出发，提出"用隐私交换便捷"等论断，出现"大数据杀熟"等现象，把平台本身从社会构成中剥离出来，把互联网技术视为纯粹的工具，未把道德视为互联网平台整体运营的重要组成部分。

所以，明确互联网平台中立与工具的道德边界，就是在整体社会经济活动中，坚决破除"科技中立"的不良价值观念，把技术或平台本身作为与社会经济发展具有密切关系的变量，凸显平台或技术本身的道德责任。从互联网平台主体责任建构与治理的层面来说，强化互联网平台的道德边界意识，一是加强平台本身的自律意识和内部管理，恪守道德底线，如建立总编辑内容管理负责制、先审后播制度等，增强平台自我管控能力；二是加强对核心算法的改进与设计，树立"算法善用""科技向善"的价值理念，寻找技术与传播内容、价值观之间的平衡，切实发挥互联网平台作为技术中介的最大社会效用；三是行政监督部门应开展定期与不定期的专项整治行动，遏制互联网平台利用平台优势侵犯用户隐私、利用大数据优势侵犯用户权益等行为。

从整体而言，互联网平台主体责任建构与治理过程中遇到的多方面问题，体现了这一命题的复杂性和综合性。因此破解这一命题面临的问题与挑战，需要从国家高度进行顶层设计，在法律法规完善、行政管理体制改革等层面战略性地调整行业的治理体系，提升治理能力；需要从行业发展的视角，履行平台肩负的各种主体责任，平衡源自各方面的利益诉求；还应注重用户反馈对互联网平台及其治理体系自我完善的重要性。由此可见，互联网平台主体责任的建构与治理始终处在发展变化中，是一个伴随互联网实践不断进行调整、开放的范畴体系。

结语
坚守核心价值观，深研文化产业伦理

本书花了大量篇幅研究文化产业伦理。

文化产业伦理是完善现代文化市场体系的重要内容，也是推动文化产业成为国民经济支柱型产业的关键性要素。从宏观层面来说，文化产业伦理维度首先关注中国特色社会主义核心价值观的建设和弘扬，以高度的问题意识和现实紧迫感，关注当前以诚信为重心的全民族文化伦理建设，撷取中西伦理文化的精粹，构筑当代中华民族的审美伦理文化心理结构。

文化产业伦理研究是一个运用经济学、文化学、伦理学、哲学和美学等学科的观点，研究文化产业伦理构建、培育、特征及其内部规律的重要课题。文化伦理在理论层面的抽象性，以及文化产业在实践层面的实践操作性、发展性，使得文化产业伦理在内涵和外延上呈现十分复杂和宽泛的特征。本书以较小篇幅，概括地关注了以下几个方面的主要问题：

国际视野，前沿关注。从时代发展的背景，尤其是在现代民族、国家对文化治理体系的现代化建设和文化产业作为国民经济支柱型产业的宏观视域下,分析阐释文化产业伦理建设对于提升国家、产业、文化服务能力的路径和重要性。

顶层设计,高端思考。从弘扬中国特色社会主义核心价值观的文化战略发展高度,在借鉴西方国家文化产业伦理建设的基础上,于政治、经济、社会、文化、生态"五位一体"的视野下,探讨我国传统伦理文化现代化,分析文化产业伦理与哲学、文化学、产业经济学等多个学科的复杂关系,打开关乎全局的文化产业社会伦理、社会责任和社会效益新局面。

构建文化产业自身的伦理文化系统。从在市场化推进中文化产业伦理构建的角度,分析阐释文化产业在自身创意、传播、营销和运营中的伦理维度、道德关怀和人民基点。

媒介伦理构建。以传统媒介与新媒体在市场条件下的融合发展为背景,分析媒介产业因媒介革命带来的职能转变所产生的伦理问题。

审美文化伦理构建。大众文化往往在产业化的运作下,在消费主义逻辑的影响下出现了有违审美教育伦理的现象。对当代中国现实产业伦理的批判与反思,引导形成的中华民族审美文化伦理的集体心理结构等构成了本部分的主要内容。

具体来看,我国文化产业伦理建设主要关注如下内容:

一是关注五大关系。我国文化产业发展中的经济效益、市场运营与社会伦理、社会公平、社会效益的平衡协调问题,文化创意产业的市场化与公共文化服务体系的公益性的平衡协调问题,文化创意产业发展与中国传统伦理文化的融合创新问题，文化创意产业与非物质文化遗产保护的平衡协调问题，文化资源适度开发与生态环境承载力的平衡协调问题。

二是关注当前我国文化企业在文化产业运营中的企业社会责任缺失与大量失信问题。如互联网诈骗、虚假广告宣传、不实承诺、新型电子诈骗、电子商务购物诈骗、公民个人信息泄露与买卖等诸多现实问题。

三是关注传统媒体与新媒体的媒介伦理问题。如媒介人职业操守、新闻传播道德与窃听手段、网络新媒体中互联网"谣言"传播问题，网络信息安全的伦理道德问题，网络"黑客"问题；青少年网络游戏沉迷与网瘾问题，网络"人肉搜索"等侵犯隐私权问题。

四是关注知识产权保护中的盗版泛滥问题。中国在加入世界贸易组织后，尤其是近年来，加大了对盗版的打击力度，但是因为文化观念和制度法规滞后，在反盗版方面一直受到国际社会的质疑，也因此遭受了一些经济、政治和文化方面的损失。

五是关注我国文化产业发展中暴露出来的不良发展趋势。如文化产业的过度娱乐化和突破道德底线问题，文化产品内容的极端商业化与劣质化，甚至"三俗"化问题，文化产业发展中出现的"黄赌毒"问题，各路明星涉黄涉毒涉赌的"负能量""示范"作用及对青少年的影响。

正是在这种背景和时代要求下，笔者对文化产业发展中所出现的伦理问题进行了相关研究分析。客观地说,文化产业伦理的建设是一项十分复杂的系统工程。它不仅涉及传统伦理文化资源的挖掘、调整与转化,也涉及文化产业伦理在当代社会发展中的培育,涉及产业自身、媒介以及大众文化等众多领域。从整体来说,推进文化产业伦理建设,是国家文化治理能力和治理体系现代化建设的需要,是新历史条件下促进文化大发展大繁荣的重要内容,是大力发展文化产业,增强文化产业对社会、经济和文化积极影响的动力性支撑,更是从产业发展内部优化自身发展环境、调整自身发展节奏、明确产业发展方向,从而提升我国文化产业发展质量和发展水平的重要举措。对于这样一个宏大的课题,尽管笔者和笔者的团队做了巨大的努力,但与课题之浩瀚相比,仍然是很小的,而且是初步的。

文化产业伦理随着文化产业的发展而出现。一方面,基于产业自身的发展需要产业伦理的规范,构成了与法律保障不同的另一条秩序规范,是内在于产业自身发展的伦理。另一方面,产业发展的现状,出现了一系列有悖于正常文化产业发展伦理的产业现象和文化现象,如各种"圈地运动"、盗版屡禁不减、景区过度开发、文艺低俗之风盛行等。为了剖析文化产业发展所需要的内在秩序,促进文化产业理论的不断完善和产业的健康发展,诸多研究者进行了探讨。

传统伦理文化向现代的转化是文化现代化的重要内容。近年来,随着大众文化的流行和文化产业的快速发展,传统伦理文化现代化的问题受到人们的特别关注。从西方现代环境伦理学或生命伦理学视角来看，中国丰富的传统伦理文化资源必须进行现代转换。中国传统文化的元哲学观点、元伦理学观点是中国生态文明发展和道德文化体系建设的重要资源。我国社会经济发展正处于发展理念选择的重要节点，迫切需要能够融合中国传统人文情怀与西方现代发展理念的年轻人才，构建马克思主义基础上的新型文化价值体系。随着中国伦理现代性的不断推进，也迫切需要将责任伦理纳入传统伦理的价值元素中，使之与信念伦理共同发挥作用并协调一致。然而在市场经济环境下，市场伦理与传统伦理本质上存在着巨大差异。因此我们在建构社会主义市场经济伦理体系时，必须认真梳理传统伦理和市场经济伦理的区别与差异，以更好地利用传统伦理中的积极成果，达到真正意义上的批判继承与发展。

发达国家对文化创意产业、创意经济中的伦理问题有丰富的研究成果。研究者们主要从产业经济学、制度经济学和政治经济学的范畴切入研究，涉及制度设计和公共管理、文化政策等学科和领域。在文化伦理的研究中，一个重要的内容是有关环境和遗产保护的内容，拥有大量的文献。这从一定程度上反映出国外对于文化产业发展伦理问题的研究比较注重创意经济与文化的协调发展，特别关注应用领域，即实用性和操作性，这对中国完善制度、法规和具体操作的借鉴性很强。与文化生态环境和遗产保护一样，知识产权保护是另一个占很大比例的研究主题，同时知识产权和相应的反盗版问题也是文化产业发展的一个核心问题。欧盟经济和社会委员会以及地区委员会发布"在知识产权单一市场化下,推动创造力和创新能力为欧洲带来经济增长和提供高质量的就业岗位,以及提供一流的产品和服务"的2011—2020年报告,强调在创意经济中进一步加强知识产权保护对欧盟各国的重大意义。

国际上媒介伦理研究起步较早,已经基本建构起了比较完整的学科体系,媒介伦理研究主要包括对传播内容的讨论和争议、媒介从业人员例如记者的职业操守,而与互联网等新兴媒介以及信息产业相关的内容,主要涉及隐私保护、信息安全以及频繁出现的媒体记者窃听等问题。我国互联网新型媒体发展迅速,在5G背景下,已经居于全球前列。然而,我国新媒体仍然面临着重大危机。在文化产业发展的伦理危机之下,我国互联网新媒体正面临着历史性的巨大变革。

一些研究者将眼光集中在赛博伦理、信息伦理、信息安全、防止黑客入侵等新兴产业中的文化伦理问题。为增强从业人员的职业道德和伦理意识,各国都全力开展互联网伦理研究。笔者和笔者的团队也特别关注并倾心研究了互联网时代的新型文化伦理问题,以大数据与社会学调查方式研究了互联网伦理中的一个重要核心——个人信息泄露与防范的制度安排、企业责任和全社会的保护。这是全球各国政府都十分关注的治国理政的重大课题。我们对此做了一些研究。囿于篇幅限制,不能在这里一一展示了。

进入一个新的更深入的领域去学习,去探索,去创造,是一项令人激动的事业。在今天面对这些成果的时候,笔者也感到无比喜悦。

道之所在,虽千万人吾往矣。